Sección de Obras de Historia
LA PRIMERA GRAN EMPRESA DE LOS ARGENTINOS

JORGE SCHVARZER
TERESITA GÓMEZ

LA PRIMERA GRAN EMPRESA DE LOS ARGENTINOS

El Ferrocarril del Oeste (1854-1862)

Fondo de Cultura Económica

México - Argentina - Brasil - Chile - Colombia - España
Estados Unidos de América - Guatemala - Perú - Venezuela

Primera edición, 2006

Jorge Schvarzer y Teresita Gómez
La pimera gran empresa de los argentinos : el Ferrocarril del Oeste (1854-1862) - 1ª ed. - Buenos Aires : Fondo de Cultura Económica, 2006.
280 pp. ; 21x13,5 cm. (Colec. Historia)

ISBN 950-557-679-X

1. Ferrocarriles Argentinos-Historia. I. Gómez, Teresita María Celia II. Título
CDD 385.098 2

D. R. © 2006, FONDO DE CULTURA ECONÓMICA DE ARGENTINA, S.A.
El Salvador 5665; 1414 Buenos Aires
fondo@fce.com.ar / www.fce.com.ar
Av. Picacho Ajusco 227; 14200 México D.F.

ISBN: 950-557-679-X

Fotocopiar libros está penado por la ley.

Prohibida su reproducción total o parcial por cualquier medio de impresión o digital, en forma idéntica, extractada o modificada, en castellano o en cualquier otro idioma, sin la autorización expresa de la editorial.

IMPRESO EN LA ARGENTINA - *PRINTED IN ARGENTINA*
Hecho el depósito que marca la ley 11.723

ÍNDICE

Introducción 9

I. Un proyecto ferroviario en medio
de la fiebre de renovación urbana (1853-1854) 17

II. El prolongado ensayo de construir diez kilómetros,
desde El Parque a San José de Flores y La Floresta
(1854-1857) 47

III. El avance hasta Moreno con fondos estatales
(1857-1860) 105

IV. El avance hacia Chivilcoy y la propiedad de la tierra:
el debate de 1860 165

V. Tres años de negociaciones sobre el futuro de la empresa
(1860-1862): Subsidios, garantías y propiedad estatal 199

VI. La Sociedad Anónima del Ferrocarril del Oeste: capital,
directivos y venta al Estado 239

Bibliografía 259

INTRODUCCIÓN

El ferrocarril fue uno de los mayores instrumentos de cambio en el siglo XIX. La idea que hoy puede resultar pueril de colocar la máquina a vapor sobre ruedas y combinarla con el sistema de rieles permitió ofrecer por primera vez en la historia un transporte seguro, masivo y rápido de mercaderías y personas. No resulta extraño que la expansión de ese medio fuera tan inmediata como vertiginosa. Las enormes ventajas económicas y sociales que ofrecía el nuevo sistema convirtieron a las vías férreas en las mayores obras de infraestructura que se construyeron en aquel siglo; ese proceso consolidó la marcha ya iniciada por la Revolución Industrial, cambiando la geografía y las escalas productivas mientras ampliaba a ritmo febril las comunicaciones y los montos intercambiados entre los seres humanos. Pero su efecto no se agotó allí. La expansión ferroviaria promovió el desarrollo de las industrias que abastecen al sistema, desde la siderurgia hasta la mecánica; al mismo tiempo, incentivó la formación de los grandes mercados financieros, que eran necesarios para captar y agrupar el capital requerido para lanzar el sistema, cuya magnitud superaba todo lo conocido hasta esa época. Buena parte de la gran industria mecánica europea fue una consecuencia del desarrollo ferroviario en el viejo continente. Análogamente, la City de Londres se consolidó, y Wall Street creció desde la nada, cuando se descubrió que esos mercados del dinero daban la posibilidad de captar recursos masivos para lanzar las grandes sociedades anónimas que se creaban para construir los ferrocarriles y ofrecer servicios de transporte. Los impactos no se agotaron en estos ejemplos. Con el paso del tiempo, las empresas ferroviarias se convirtieron no sólo en las más grandes de cada economía nacional, sino también en las más complejas y difíciles de operar. Superar los desafíos derivados de su tamaño y carácter llevó a una serie de experimentos que culminaron en la creación de la gran empresa moderna, con su lógica de dirección y sus formas especiales de organización y control interno.

En muy breves trazos puede decirse que los ferrocarriles nacieron como una innovación técnica que logró impactos clave sobre el ritmo y la orientación del desarrollo fabril (conocidos en la literatura como "impulsos hacia atrás en la estructura productiva"), generó mayores facilidades en los intercambios de mercaderías y personas (que son "impulsos hacia delante"), promovió la expansión y la diversificación de las actividades financieras en general, incluyendo el desarrollo de los mercados de capitales (impulsos "hacia los costados") y la creación de la gran empresa moderna (que fue un impulso transversal e indirecto hacia una definición de los aspectos gerenciales y de control de la organización que culminaron en una reforma profunda del sistema de empresas que caracteriza al capitalismo). La importancia de esa secuencia original en el estudio de las transformaciones del capitalismo no se puede ignorar. Tampoco puede imitarse, y ella no tiene por qué repetirse en todas las economías. En teoría, puede ocurrir que reformas en otros ámbitos de los países menos desarrollados tengan efectos semejantes en el conjunto del sistema productivo. Aun así, el predominio histórico de los ferrocarriles es un hecho objetivo que conviene tener en cuenta cuando se analiza la evolución de las economías nacionales.

Un par de décadas después de que los ferrocarriles comenzaron a expandirse en lo que hoy son las naciones desarrolladas, empezaron a hacerse ensayos para traerlos a América Latina. El riel era visto como una forma condensada del "progreso", en general, pero, sobre todo, como la manera más práctica para superar las grandes distancias que impedían articular las sociedades y la producción de la región. Alberdi fue uno de los grandes intelectuales que proclamaron esa necesidad con mucha pasión y vigor, convencido de que "el gran mal de la República Argentina es su extensión"; lo acompañaron en esa visión muchos patriotas que contribuyeron a desarrollar el ferrocarril. Esos esfuerzos fueron fructíferos y las redes ferroviarias se crearon y expandieron en todo el continente durante la segunda mitad del siglo XIX. Sin embargo, sus efectos, aunque positivos en una gran cantidad de aspectos, no fueron semejantes a los logrados en las naciones industriales del mundo que, a partir de ellos, crearon un sistema integrado de desarrollo.

Esa divergencia de caminos no era esperada. El propio Marx llegó a decir alguna vez que los ferrocarriles serían los precursores del desarrollo industrial capitalista de la India;[1] en esa frase con su típico tono provocador, desplegaba una imagen que trasladaba mecánicamente la idea de que la transformación de las fuerzas productivas contribuía a transformar, de manera automática, las relaciones sociales. Se trataba de un pronóstico sin mayor elaboración, por supuesto, cuya falencia radicaba, visto en perspectiva, en que el problema era mucho más complejo que esa simple relación directa. La implantación de los ferrocarriles sólo podía ofrecer todos sus frutos en un sistema integrado, donde las interacciones entre distintas áreas permitieran construir el círculo virtuoso del desarrollo. Por eso, explicar las causas de esa diferencia de resultados entre avance ferroviario y desarrollo económico entre las naciones de América Latina y las avanzadas sigue siendo una tarea que no está terminada.

Ensayando explorar esas influencias recíprocas entre los rieles y el desarrollo, este libro analiza la historia de la primera empresa ferroviaria argentina que se creó en el Estado de Buenos Aires en los primeros años de la década de 1850. Impulsado y controlado por un grupo de porteños, el Ferrocarril del Oeste (FCO) rápidamente se constituyó en la mayor empresa local y la máxima portadora de esa nueva tecnología originada en Europa pero que ya era encarada decididamente en los Estados Unidos. El FCO era una empresa privada y sus promotores organizaron una sociedad anónima para concretarla, una de las primeras de este carácter conocidas en el ámbito local (aunque no la única) y destinada a ser la mayor de todas hasta que se concretaron

---

[1] Tomado de C. Marx y F. Engels, *Sobre el colonialismo,* México, Cuadernos de Pasado y Presente, 1975.

nuevas iniciativas semejantes. La empresa actuó durante casi una década, de comienzos de 1854 a fines de 1862, construyendo y operando la primera línea férrea de la provincia, que también lo era del país. Luego fue comprada por el Estado provincial, que se dedicó a expandir sus dimensiones y alcances, ya en abierta competencia con otras líneas de capital privado. Un cuarto de siglo después, en 1889, esa red fue vendida al capital inglés y quedó inmersa en la estructura y los intereses de ese origen.

Este estudio muestra que esos primeros años fueron decisivos. Prácticamente nadie en el país tenía conocimientos de los temas ferroviarios y el proyecto era una apuesta a lo desconocido, más interesado en captar los beneficios de una inversión como ésa que en conocer y controlar la tecnología. Esa primera experiencia resultó exitosa en muchos sentidos. Luego de una larga etapa de escarceos y conflictos, el balance de esa operación provocó un impulso posterior hacia la expansión del sistema que no puede desdeñarse. En las décadas siguientes, la Argentina, que había entrado más tarde que otros países de la región a la era ferroviaria, se convirtió en una de las naciones con mayor extensión de vías en el mundo. Pero el ensayo original no fue sencillo ni estuvo libre de errores, dudas y ensayos. Por eso, el estudio detallado de la empresa como tal, desde su formación hasta que termina el proceso de control privado de la línea férrea, permite detectar las claves que movilizaron a los agentes económicos de aquella época y los criterios básicos que adoptaron para poder llevarlas a cabo. El análisis no se reduce a la empresa en sí porque su creación y evolución posterior genere un verdadero aprendizaje social en torno del tema. Los debates de la época sobre las demandas y problemas del FCO, y las otras líneas que se fueron esbozando en la segunda mitad de la década de 1850, ofrecen elementos apreciables para comprender cómo se fue consolidando la perspectiva de las elites locales en torno de cómo afrontar los costos y captar las ventajas del desarrollo ferroviario, así como los medios para impulsarlo.

La dimensión de esos proyectos, respecto a la economía argentina, exigía analizar una variedad de temas relacionados con ellos. Los mayores, sin duda, eran los referidos a las características de los mercados de capital y a los problemas planteados por la producción agraria, incluyendo la posibilidad potencial de dividir la tierra para impulsar la agricultura, beneficiaria mayor del nuevo sistema de transporte. El debate fue difícil porque afectaba ideas e intereses creados. Las características que ya había asumido la propiedad de la tierra en la provincia de Buenos Aires y, sobre todo, su valorización acelerada e intensa apenas se acercaba la vía férrea, aparecieron como datos básicos. Ellos definieron algunas estrategias que se fueron repitiendo a lo largo de todo el posterior desarrollo del riel en el país y que, en esencia, tendían a permitir que los propietarios existentes captaran la casi totalidad de ese beneficio. Por otro lado, las elevadas tasas de ganancias generadas por los negocios locales ya existentes contribuyen a explicar el escaso interés de los porteños por invertir en los ferrocarriles. Los enormes beneficios sociales creados por el riel resultaban muy superiores a los beneficios que podía captar el sector privado, de modo que estos agentes no veían estímulos para lanzarse a dicha aventura. Esas relaciones, que aparecen ya en el esbozo de la primera línea, permiten explicar la muy rápida tendencia a definir una especie de división de tareas entre los capitales argentinos y los británicos, en la que cada uno asumía una función. Esta estrategia posibilitó que ambos captaran ganancias apreciables, con profundas consecuencias posteriores sobre el sendero que recorrió el desarrollo nacional.

La historia del FCO está relatada en diversos estudios que se basaban en los escasos informes sobre la empresa que se preservaron. Esos elementos eran insuficientes y se requería revisar otras fuentes de información que son, precisamente, las que se usan en este texto. Esas falencias en los archivos utilizados, combinadas con visiones particulares, hicieron que se difundiera una serie de argumentos más parecidos a una fábula que a la realidad; por eso, se hizo necesario revisar con mucho detalle las fuentes disponibles, que van desde las informaciones periodísticas hasta los debates en las sesiones de la Legislatura. La combinación de esos elementos permite cubrir los vacíos de estudios previos y ofrecer un panorama exhaustivo de las motivaciones de los directivos y los medios que eligieron para llevarlas a cabo. La presentación detallada de esos criterios pretende superar diversos mitos difundidos en la literatura y aporta una visión renovada del proceso y de la época en que se concretó.

El análisis de este contexto, que permite relacionar la evolución de la empresa con la visión de la elite económica y política local, ofrece indicios razonables sobre la forma en que se consolidaron los mayores elementos de la política ferroviaria argentina en el resto del siglo XIX. En otras palabras, el análisis de la empresa original que creó el FCO permite avanzar en el conocimiento de las formas que fue adoptando la política económica argentina y, en cierta medida, ayuda a revisar las razones por las cuales el ingreso del ferrocarril en la vida nacional no tuvo el mismo impacto que en los países desarrollados.

No hay en ese sentido afirmaciones absolutas. El devenir de los ferrocarriles, igual que el de la Argentina, no estaba escrito en la década de 1850, pero hay suficientes indicios de comportamientos (muy fuertes en cuanto a proteger el sistema de propiedad vigente al mismo tiempo que ignorantes del valor de la tecnología como fuerza social) que adelantan algunos aspectos ocurridos más tarde, cuando el proceso de crecimiento basado en la fertilidad de la pampa permitió hacer creer a la elite argentina que no hacía falta hacer nada más para ser un país rico.

Este trabajo nació como un proyecto de investigación en el ámbito de la Universidad de Buenos Aires que se titulaba "El Ferrocarril del Oeste como agente del desarrollo argentino" y cubría todo el período 1853-1889, definido por la propiedad local (privada primero y estatal después) de la empresa. En el curso del trabajo se localizó una enorme masa de información, distribuida sobre todo en los periódicos de la época, cuya riqueza justifica que los resultados finales se hayan dividido en etapas. Este libro se limita, por las razones mencionadas más arriba, a cubrir el período 1853-1862. El período siguiente, no menos valioso en experiencias, queda para ser presentado en detalle en un trabajo posterior.

Al tratarse de un proyecto apoyado por la Universidad de Buenos Aires se pudo contar con la colaboración de un grupo de jóvenes, algunos todavía en su etapa de estudios de grado y otros ya recibidos, cuya extensa y meticulosa tarea de revisión de archivos y materiales periodísticos resultó sumamente valiosa para el resultado final. Esos jóvenes incluyen a María Jaunarena y Mariana Rojas Breu (ambas con becas sucesivas de la Facultad de Ciencias Económicas para realizar esas tareas, entre otras), a la profesora de historia Viviana Barry, a la licenciada en sociología Dalia Guterman (que trabajó en especial en la recopilación y selección del material gráfico) y a los estudiantes de la carrera de Historia (algunos en proceso de graduarse en el momento de publicarse este libro) Juan Pablo Fasano, María Mercedes Lesta, Mario Ayala y Fernando Ortega (que hurgaron en los archivos nacionales en busca de los materiales necesarios). A todos ellos se les agradece los servicios prestados y se los libera de los posibles errores u omisiones del texto, que caen sólo sobre el director y la vicedirectora del proyecto, que firman el libro.

I. UN PROYECTO FERROVIARIO EN MEDIO DE LA FIEBRE DE RENOVACIÓN URBANA (1853-1854)

EL ÁMBITO DE REFERENCIA DEL PROYECTO DEL FERROCARRIL

EL INICIO de la experiencia ferroviaria no puede separarse de la evolución política y social de la Argentina. La caída de Rosas, en 1852, abrió una nueva etapa de cambios aunque no contribuyó a asegurar de inmediato la unidad nacional. Por el contrario, pocos meses después ocurrió la separación de la provincia de Buenos Aires del resto del país. A partir de entonces, y durante casi una década, hubo dos gobiernos distintos, basados en dos ciudades diferentes, que se consideraban parte de una misma nación, pero que no parecían dispuestos a transar sobre ciertos temas políticos y económicos que consideraban esenciales. En particular, ambos disputaban el control de la recaudación aduanera, originada en el comercio exterior (que era la fuente casi exclusiva de los ingresos públicos); pero había otros temas conflictivos, entre los cuales se destacaban los criterios sobre las prioridades a otorgar al acceso a los territorios inmensos y escasamente poblados del interior del país, que necesitaban comunicaciones y transporte para integrarse a la nación. De allí que la competencia natural entre ambos gobiernos por el control de la (potencial) nación unificada derivó en una serie de decisiones adoptadas por cada uno de ellos; las referidas a los proyectos ferroviarios constituyeron un elemento clave que se destaca en éste análisis.

El ferrocarril estaba madurando en Europa como sistema de transporte y ya había comenzado a entrar en América Latina, donde era visto como un símbolo del "progreso". Los tramos, cortos pero decisivos, ya instalados en Cuba, Chile, Perú y el Brasil actuaban como un poderoso ejemplo de que esa técnica era posible, y deseable, en la región. Naturalmente, los argentinos y, en especial, los porteños, trataron rápidamente de incorporar ese nuevo sistema de comunicación y transporte. Buenos Aires era una ciudad rica y potencialmente atractiva para ese tipo de proyectos, que en la década de 1850 se embarcó en obras tan numerosas como diversas. En materia de transporte, por ejemplo, ya en 1853 se habilitó la primera línea de ómnibus a caballo que unía Retiro con la Plaza de Mayo, a la que pronto seguirían otras para atender la demanda de desplazamientos en ese enorme espacio urbano, que ya albergaba alrededor de 100 mil habitantes. Ese mismo año, se otorgó la concesión a la Compañía Primitiva de Gas, que construyó un gran gasómetro en la zona de Retiro para que ese combustible pudiera iluminar la ciudad (hasta ese momento atendida con lámparas alimentadas con aceite de potro). En 1854 se derribó el antiguo Fuerte y en su lugar se levantó el nuevo edificio para la Aduana, con un original diseño de hemiciclo frente al río; además, se inició la construcción de un muelle, que pronto avanzaría 200 metros sobre las aguas, para facilitar el arribo, y la partida, de pasajeros. Otras obras, como la construcción del primer Teatro Colón, marcaban el entusiasmo por el futuro de una ciudad que se sentía preñada de progreso. Ese enérgico proceso de reorganización urbana incluyó la reserva de dos amplios espacios en la periferia que ya se estaban utilizando para la recepción de mercancías: la Plaza Once de Septiembre, hacia el Oeste, y la Plaza Constitución, hacia el Sur. En ambos lugares confluían los dos mayores caminos trazados por el lento paso de las carretas que llegaban desde el interior del país, necesitadas de espacio para el descanso de los animales de tiro y las actividades de carga y descarga. En esas grandes plazas se organizaron muy pronto sendos mercados, donde se efectuaba la compra venta de los bienes cargados por esos transportes.

En medio de esa fiebre renovadora, que alentaba y era alentada por el aumento de la población, las oportunidades de negocios y el incremento impetuoso del precio de la tierra urbana, el ferrocarril aparecía como una extensión casi natural de aquellos proyectos, como una forma adicional de ese fenómeno del "progreso". Los primeros esbozos, mencionados en los diarios hacia 1853, imaginaban tres trazados, mucho más claros en sus objetivos estratégicos que en su definición concreta. Uno, hacia San Fernando, para unir la ciudad con el rudimentario puerto que atendía el tránsito fluvial de la amplia cuenca del Plata; otro, hacia Ensenada, bahía natural para el puerto que se proyectaba para el comercio de ultramar; y el tercero, hacia el Oeste, dirección inicial de las carretas que conectaba Buenos Aires con el resto del país. Buenos Aires se imaginaba así como la bisagra entre el país y el mundo.

Los proyectos sobre ferrocarriles eran acompañados por la presentación de otros de diverso carácter, como la construcción de muelles y puertos que permitieran integrar el sistema de transporte.[1] En respuesta a esas inquietudes, el gobierno emitió un decreto que llamaba a los potenciales inversores "locales y extranjeros" a presentar propuestas.[2] Pocos días antes, un selecto grupo de comerciantes porteños había ofrecido construir una línea ferroviaria hacia "el Oeste". La imprecisión de la propuesta original sugería desde el vamos que los firmantes estaban más deseosos de obtener la concesión para asegurarse el negocio, frente a otros intereses potenciales, que convencidos de las ventajas económicas que ella podría acarrear. El proyecto presentado era más genérico que concreto y no analizaba los numerosos aspectos que debía responder una empresa como ésta; la oferta, sin embargo, parecía suficiente para iniciar el trámite y solicitar, a cambio, ciertas prerrogativas al gobierno como condición para llevar a cabo dicho servicio. La iniciativa era una más de tantas otras, como las mencionadas, referidas a la modernización de Buenos Aires, y confirma que ese ámbito urbano, inquieto y fértil, era ya propicio para el ferrocarril.

---

[1] *La Tribuna* del 22 de septiembre de 1853 hace un listado exhaustivo de esos proyectos, donde había tres referidos a ferrocarriles (uno "al Oeste" y otro a Flores, competitivos del que se aprobó), nueve de muelles (uno de ellos en la Boca), dos de puertos, tres de teatros y hasta uno de mercado, que "habían sido elevados a la superioridad" el año anterior y dormían, esperando una aprobación.

[2] Véase *La Tribuna* del 30 de septiembre de 1853.

El gobierno provincial tomó el proyecto con entusiasmo, aunque pronto surgieron dudas sobre si esa obra llegaría a ser la primera en el ámbito de la nación. En efecto, todavía se tramitaba su aprobación cuando apareció otra propuesta, esta vez dirigida al gobierno de la Confederación, basado en Paraná, para estudiar el trazado de una línea férrea destinada a unir la ciudad, y puerto, de Rosario con la de Córdoba. Esta propuesta, que intentaba fundar el primer ferrocarril en la Argentina, difería de la porteña en sus dimensiones y estrategia inicial. El proyecto del FCO ofrecía iniciar la marcha hacia el corazón de la zona pampeana, pero limitaba su primer paso a un tramo de apenas 20 kilómetros de longitud. El presentado en Paraná, por su parte, proponía avanzar hacia el interior nacional, con una extensión inicial muy superior, porque la zona que proponía servir no ofrecía puntos intermedios de interés más o menos inmediatos para la carga y el pasaje. Aun así, ambos proyectos enlazaban la introducción de la vía férrea al deseo de continuarla hacia el Oeste. En el imaginario social ya figuraba la intención de seguir hasta el Pacífico, con el objeto de unir con el riel ambos océanos, aunque la concreción de esa obra no fuera fácil ni inmediata.

El proyecto Trasandino, como se lo llamaría más tarde, era una idea fuerza más que una realidad, dadas las distancias que se debían atravesar. Llegar a Chile, desde el litoral argentino, implicaba cruzar un verdadero desierto, del orden de 1.000 kilómetros de longitud, para salvar, luego, la barrera natural de la cordillera de los Andes. Las enormes dimensiones físicas y económicas del proyecto no impidieron que esa perspectiva casi utópica repercutiera en los dos gobiernos que competían por el control de la Argentina, así como ambos pujaban por quién sería el primero en inaugurar una línea férrea.

Las utopías eran grandes pero la realidad planteaba limitaciones. La modesta idea inicial para el FCO era de 20 kilómetros, pero la primer parte de la obra se inauguró en 1857, con apenas 10 kilómetros de extensión. Ese tramo, a duras penas suficiente para salir de la ciudad de Buenos Aires, constituyó sin embargo el paso inicial de ese esfuerzo gigante que marcaba las ambiciosas expectativas de la época.

La competencia entre los dos gobiernos se extendía al ámbito internacional hasta abarcar las relaciones con Gran Bretaña, la potencia dominante en el mundo. Esa nación tenía una presencia decisiva en la región del Plata, y era proveedora de buena parte de los créditos y las mercaderías demandadas por la Argentina. En ese período, dichas relaciones estaban influenciadas por las complejas, y oscuras, polémicas en torno del empréstito Baring, que había sido contratado en 1824 y acumulaba ya tres décadas de moratorias de pago y frecuentes renegociaciones de plazos y cuotas. Ese empréstito, solicitado por Buenos Aires en nombre del país, presentaba el dilema adicional de quién asumiría su compromiso en el caso de una separación nacional. La provincia aceptó esa responsabilidad, decisión que fortalecía su presencia diplomática y sus demandas futuras de crédito, y encaró la renegociación de montos y formas de pago desde el momento de su separación del resto del país. No se dispone de suficientes rastros documentados sobre el complejo cruce de relaciones diplomáticas, comerciales y financieras que matizaron esa etapa, pero todo sugiere que lograr la "buena voluntad" de dicha potencia fue una causa más de los arreglos financieros que se estaban negociando. Las buenas relaciones políticas y financieras eran parte de esos ensayos cuyos objetivos tendían a facilitar importaciones (entre las que se contaría, por ejemplo, el material ferroviario para concretar el proyecto del FCO) y agilizar potenciales aportes de capital de dicha nación (que se verificaron más tarde), que podrían servir para consolidar el poder político en el ámbito nacional o local.[3]

---

[3] E. A. Zalduendo (*Libras y rieles*, Buenos Aires, El Coloquio, 1975, p. 248) afirma que "los promotores del ferrocarril no fueron ajenos" a los intentos de un arreglo con Baring, puesto que querían emitir títulos en Londres. En todo caso, estos promotores incluían a dos individuos que tuvieron participación en las tratativas en torno de ese empréstito, y que mantenían estrechas relaciones financieras con el mercado de Londres, de manera que conocían muy bien el tema. Es posible que el retraso de esas tratativas, junto con el comienzo de la guerra de Crimea, cerraran la posibilidad del mercado financiero londinense y fueran parte de las causas que llevaron al FCO a organizarse como una sociedad local, como se verá más adelante.

Los dirigentes de Buenos Aires llegaron a imaginar la creación de un Estado autónomo que requeriría, a su vez, el reconocimiento de Londres para su concreción; el arreglo de temas referidos a las finanzas y el comercio con Gran Bretaña formaban parte de ese proyecto, que fortalecía la posición provincial en las tratativas con el resto de la nación.

La importancia de Buenos Aires como centro comercial y productivo se afianzó con ese reconocimiento de la deuda (que fue luego aceptada como propia por la nación, ya unificada, en 1867); ese contexto explica, en buena medida, las razones de su éxito político. La capacidad económica de la provincia posibilitó que el FCO fuera la primera línea del país y que comenzara a construirse hacia 1855; esos tímidos pasos iniciales fueron acompañados por otros, probados en la provincia a partir de observar el éxito de dicha experiencia, mientras se dilataba la concreción de la línea de Rosario a Córdoba. Esta última recién comenzó a construirse a mediados de la década de 1860, luego de que la nación se unificara y después de negociaciones tan extensas como agotadoras en torno de las seguridades pedidas por los promotores para garantizar al máximo posible la rentabilidad del proyecto. Recién entonces, se logró el apoyo necesario para encarar su construcción, hasta que fue inaugurado en 1870.

Entre los elementos de contexto que explican la aparición del proyecto del FCO, cabe agregar, por último, el empuje de gestores y contratistas de obras ferroviarias que buscaban nuevos mercados para su actividad. Los denominados gestores eran un grupo reducido de individuos con capacidad de gestión, visión de futuro, y excelentes y estrechos contactos públicos en Londres con las elites políticas y financieras británicas, que buscaban oportunidades para crear negocios rentables en la región, utilizando aquellos contactos que le abrían las puertas de las elites latinoamericanas. El segundo grupo estaba formado por especialistas en la construcción de líneas férreas, que contaban con la experiencia necesaria y los equipos humanos para llevarlas a cabo, y se movilizaban por el deseo de buscar trabajo en nuevos mercados ante la reducción de esas actividades en Gran Bretaña una vez que culminó la fase acelerada de expansión ferroviaria en aquel país. Este fenómeno se observó hacia fines de la década de 1840, impulsando a varios de esos personajes a salir a buscar oportunidades; su activo entusiasmo explica la mayoría de los diversos proyectos concretados en la región en el curso de la década de 1850 y que aparecieron en forma más o menos simultánea: México inauguró su primera línea en 1850; Perú, en 1851, el mismo año que Chile; mientras que el Brasil concluyó la suya en 1854, adelantándose a la Argentina, que habilitó el primer tramo del FCO en 1857.[4]

La propuesta del Ferrocarril del Oeste

El pedido de concesión para construir un ferrocarril "al Oeste" se presentó en septiembre de 1853. La carta enviada por un grupo de empresarios locales proponía, y ofrecía, una serie tan detallada de condiciones para la obra en temas legales y formales que su contenido no deja dudas de que resumía conversaciones previas con autoridades de la provincia.[5] El reducido número de miembros que formaban la elite política y comercial local favorecía dichos contactos y es un elemento en favor de esa hipótesis. El otro se basa en la actividad y los orígenes de los firmantes de la propuesta, que incluye a individuos con negocios múltiples, entre los que se cuentan el comercio, la ganadería y las finanzas, ade-

[4] Estos contratistas están bien descriptos en L. H. Jenks, *The Migration of British Capital to 1875*, Londres, Jonathan Cape, 1938, p. 137. Jenks destaca su disposición por salir al exterior de Gran Bretaña con el objeto de construir ferrocarriles, tratando de convencer de las ventajas del nuevo medio de transporte a los presuntos interesados; "su prestigio", dice, "facilitaba la actitud favorable de los gobiernos en cuanto a conceder privilegios de construcción, así como la disposición del público a comprar acciones" de las empresas que se formaban para ello.

[5] No se trata sólo de una deducción teórica. Un mes antes que esta carta formal de los empresarios, que tiene fecha 17 de septiembre de 1853, *La Tribuna* del 14 de agosto de 1853 comentaba que la propuesta ya habría sido presentada al gobierno. El texto completo de la propuesta figura en *Antecedentes legales del Ferro-carril del Oeste*, Buenos Aires, Escuela de Artes y Oficios de la Provincia, 1885.

más de su participación en cargos públicos (antes y después de la propuesta). Algunos de ellos figuraron durante un largo período como miembros del gobierno y directores de la empresa que se crea, sin que se mencionen presuntas incompatibilidades entre ambos cargos.

En el cincuentenario de la inauguración del FCO, una nota periodística recordaba que los proyectos para Buenos Aires "se cocinaban en la casa de Manuel José Guerrico", quien habría encontrado "un inglés" que preparó un presupuesto para esta obra; la posibilidad de llevarla a cabo fue discutida en 1853 en reuniones entre el dueño de casa, Llavallol, Peña, De la Riestra, Vélez Sarsfield (que tenía "la voz cantante") y otros miembros prominentes de la elite local.[6]

El grupo de siete firmantes de la carta, que se presentan como promotores de la obra, incluye a varios de los mencionados, entre los que se destacan tres que parecen paradigmáticos por su presencia política y social:

- *Felipe Llavallol,* ministro de Hacienda de la provincia en 1852, diputado en 1853 (cuando se presenta la carta) y senador entre 1854 y 1856; llegó a gobernador provisorio en 1859-1860. Fue el primer presidente de la Bolsa (fundada en 1854) y administrador de la Lotería. En diversos textos se lo confunde con su hermano Jaime, que también actuó como empresario y fue presidente de la Compañía de Gas, creada en 1854. Jaime fue director del Banco Provincia en diversas ocasiones durante la década de 1850 y en 1864 asumió como presidente de esa institución; desde allí jugó un rol decisivo en el financiamiento de la expansión del FCO cuando éste fue estatizado.
- *Norberto de la Riestra*, diputado en el momento de la propuesta, juró como ministro de Hacienda de la provincia en febrero de 1857, cargo en el que permaneció hasta noviembre de 1859. Como ministro, participó en los actos de inauguración del primer tramo

---

[6] Véase *La Nación* del 30 de agosto de 1907 sobre el cincuentenario de la inauguración del Ferrocarril del Oeste. El rol de Guerrico como promotor del proyecto fue destacado también por Sarmiento, como se menciona en la nota 10.

de la línea y tomó diversas medidas en apoyo de la empresa. Había vivido en Londres y tenía contactos directos y estrechos con las finanzas británicas, experiencia que le ayudó como negociador del empréstito Baring (en un arreglo que firmó en noviembre de 1857, tres meses después de que se inaugurara ese primer tramo del FCO) y, más tarde, como ministro de Hacienda del gobierno nacional (1861-1862) y representante financiero en Londres (1865-1869). Allí, negoció diversos empréstitos para la Argentina, y se afirma que jugó su crédito personal para consolidar la obra del Ferrocarril Central Argentino (FCA).

- *Daniel Gowland*, comerciante británico radicado en la ciudad, conocido como patriarca de esa comunidad, fue presidente del Committee of British Merchants de Buenos Aires (1841-1878, aunque no con ese cargo nominal durante todo el período) y uno de los fundadores de la Bolsa de Comercio; intervino en las negociaciones sobre el empréstito Baring y fue comisionado por el Estado de Buenos Aires para negociar la paz con la Confederación. Un decreto de enero de 1855 recompensó este servicio con 12 leguas cuadradas de campo (30 mil hectáreas) en Santa Fe.

Los otros cuatro firmantes son también conocidas figuras del medio social: Mariano Miró, Adolfo Van Praet, Manuel Guerrico y Bernardo Larraude. El primero era pariente de Llavallol, mientras que el segundo era cónsul de Francia y de Bélgica, con estrechas relaciones con comerciantes y financistas de aquellas naciones; más tarde, se agregaron a la lista original de promotores otros cuatro miembros: Vicente Basavilbasso, Esteban Rams y Francisco Balbín (miembro de la Cámara de Representantes provincial). Todos ellos exhiben historias de vida semejantes a las anteriores.[7]

---

[7] Debe señalarse que se indican solamente diez nombres porque no se registran otros en las actas originales ni en los textos oficiales, aunque diversos textos mencionan que hubo treinta hacendados y comerciantes locales asociados al proyecto: E. A. Zalduendo, *op. cit*, p. 265 y M. J. López, *Historia de los ferrocarriles de la Provincia de Buenos Aires*, Buenos Aires, Lumiere, 1991, p. 35.

La propuesta ofrecía construir un camino "de primer orden" *(sic)*, operado con "locomotivas", con una longitud total de 24 mil varas, que equivalen a 20 kilómetros. La extensión proyectada se asemeja a la observada en otros países de América Latina cuando se ensayaba construir una primera línea férrea. Su escasa dimensión se explica por el objetivo de acotar el monto inicial a invertir (que depende de la extensión asignada a la línea) frente a la incertidumbre del negocio y aparece como un tanteo razonable para iniciar esa actividad. En cambio, resulta curiosa la elección de los puntos de origen y destino del proyecto, dado que las líneas férreas que se instalaban en esa época en el continente se dirigían desde un puerto hasta un destino cierto, que asegurara el transporte de cargas en una u otra dirección. Ése fue el criterio que dio origen a la primera vía de Latinoamérica, instalada en Cuba en 1837, para llevar el azúcar hacia el mar, al igual que el aplicado en la línea que unía al puerto del Callao con la ciudad de Lima, que permitía llevar a esa urbe los bienes importados de Europa. En contraste con esas experiencias, la propuesta del FCO parecía tender a unir dos puntos en el vacío. La línea iba a partir de algún lugar, no definido todavía, del difuso borde urbano de la ciudad de Buenos Aires, hacia el pequeño poblado de Morón, 20 kilómetros al oeste.[8] El trayecto resultaba demasiado breve para el desplazamiento de mercancías; tampoco llegaba o salía de alguna terminal que originara o recibiera cargas masivas. La zona que planeaba atravesar tenía escasa producción y su mayor actividad era la ganadería, cuyos animales podían ser movilizados de modo autónomo, y a bajo costo, hacia los saladeros y el abasto de la ciudad. Había, también, en el área de Flores, pequeñas quintas, cuyos frutos se trasladaban por entonces en carreta a Buenos Aires.[9] En ese sentido, y a

---

[8] *El Nacional* del 17 de noviembre de 1853 consideraba que Morón podría ser el futuro Mercado de Frutos, lo que explica esa decisión.
[9] Un reciente estudio sobre el área de Flores observa la presencia en esos momentos de la agricultura en pequeña escala para abastecer a la ciudad. Se trata de M. V. Ciliverto, "La agricultura a las puertas de la ciudad: arrendatarios, pequeños propietarios y grandes chacareros", en *Quinto Sol*, Revista de Historia Regional, año 4, núm. 4, 2000.

falta de explicaciones concretas en la carta, el proyecto sólo puede explicarse como un primer ensayo que combinaba el tren y el tranvía urbano, tal como se mencionó en algunas críticas de la época.[10] Los textos disponibles son confusos y ello dificulta seguir el trazado previsto en el proyecto inicial. Su conjunto sugiere que todavía no estaba decidido o bien que sus promotores no creían conveniente hacerlo público entonces. La carta propone salir del suburbio sin mayor aclaración; la concesión oficial, a su vez, establece que deberá "salir" de alguna de cinco calles que menciona explícitamente. Es muy curioso que esa norma sólo mencione paralelas (que corresponden a las que van actualmente en sentido Este-Oeste desde Alsina hasta Presidente Perón); es decir que ningún texto indica la transversal que definiría el punto de partida. Este último no quedaba acotado por un criterio más o menos verificable. Más tarde, Alsina reconoció que la confusión no era ingenua; el ferrocarril, dijo, "estaba autorizado a empezar donde le diera la gana".[11]

La orientación hacia el Oeste implicaba el paso por el Mercado del Once, que quedaba en el eje de la franja de calles autorizadas, aunque no se lo mencionara al comienzo. Allí llegaban las carretas con sus cargas y allí se había forjado ya uno de los mayores mercados de bienes del país (que se complementaba con el otro en la Plaza Constitu-

---

[10] No se trata de un caso único, aunque sí lo era en América Latina en esa etapa. El trazado "abierto" de este nuevo ferrocarril se asemejaba en ese sentido a algunos construidos en el Oeste de los Estados Unidos, que asombraron a los observadores; un periodista del *Times* de Londres llegó a comentar que algunas líneas iban "desde ninguna parte en particular hasta ninguna parte en absoluto" (citado por D. J. Boorstin, *Historia de los norteamericanos. La experiencia nacional*, Buenos Aires, Tipográfica Editora Argentina, 1973, p. 347). Sarmiento dice lo mismo en un elogio a Guerrico, a quien considera el real inspirador del FCO: "y Guerrico se salió con la suya y hubo ferrocarriles con asombro de todos [...] que conducían a la Floresta, *es decir a ninguna parte* [...] pero que hoy es el padre de todos los ferrocarriles argentinos" (discurso en homenaje a Guerrico en su entierro, el 25 de febrero de 1876, tomado de *Obras Completas*, t. XXII, *Discursos Populares*, vol. II, Buenos Aires, Editorial Luz del Día, 1951, p. 35; el subrayado es nuestro).

[11] Nota en *La Crónica*, 4 de julio de 1854.

ción, hacia el Sur); desde allí, el camino seguiría la cresta natural de tierra que hacía de divisoria de aguas entre la cuenca del Riachuelo y la del Maldonado (hoy entubado a lo largo de la Avenida Juan B. Justo) y que había sido adoptada, por eso, como camino natural de acceso a la urbe. El camino no era fácil de recorrer, y de allí que las intenciones del proyecto incluyeran el estrechar el contacto entre la ciudad y la campaña, superando los obstáculos que presentaba ese "lago de fango, imposible de atravesar, que detenía o hacía costoso el transporte, aniquilando la agricultura".[12]

Las intenciones de seguir hacia el Pacífico no figuran en el texto, que limita su propuesta a ese primer tramo. Y lo hace con cierta razón, ya que apenas a 200 kilómetros al Oeste de Buenos Aires se estaba en la frontera imprecisa con los indios, zona de malones, saqueos y conflictos, cuya traza real se desplazó en una u otra dirección hasta la campaña final de la denominada "Conquista del desierto", en 1879. Ir a Chile implicaba mucho más que atravesar el fango; requería cruzar el amplio espacio controlado por los indios y, luego, la Cordillera. Una obra como ésa era un enorme desafío técnico y social, sin hablar de las magnitudes de la inversión requerida; en el mejor de los casos, esa tarea se remitía a un futuro lejano.

La propuesta no establece parámetros económicos ni dimensiones explícitas del negocio. No menciona inversiones ni aspectos técnicos y tampoco habla de tarifas, aunque aclara que la empresa estaba dispuesta a fijarlas de modo "competitivo", como se diría hoy. Es cierto que era difícil ser más preciso en aquellas condiciones, pero parece evidente que los socios iniciales de esa nueva actividad no habían avanzado demasiado, todavía, en algún esquema de cálculos de costos e ingresos ni, mucho menos, en definir quién y cómo la financiaría. En todo caso, el tema ni siquiera se mencionaba en la carta que

---

[12] La cita está tomada de un comentario escrito de la época, citado por S. Brian en *Celebración del 50° aniversario de su primer ferrocarril 1857 –30 de agosto– 1907*, Buenos Aires, 1907, y por Rebuelto en E. Shickendantz y E. Rebuelto, *Los ferrocarriles en la Argentina*, Buenos Aires, Fundación Museo Ferroviario 1994, p. 69; expresa gráficamente cómo se veía entonces la problemática del transporte a la salida de la urbe.

propone el proyecto. Todo estaba presentado como si la confianza en el progreso nacional resultara más fuerte que las cuentas de beneficios. Recién un par de años después surgieron las primeras estimaciones escritas sobre el negocio, dentro de la imprecisión imaginable en un proyecto de ese carácter, que serán analizadas más abajo. La Sociedad Anónima "Compañía del Ferrocarril del Oeste" pide una concesión de cincuenta años y ofrece al gobierno, en contrapartida, el transporte gratuito de la correspondencia, de las Fuerzas Armadas y de materiales de guerra. A diferencia de la práctica que se haría común más tarde en esta clase de proyectos, los promotores no piden garantías de rentabilidad, como si ésta estuviera asegurada. La propuesta, si bien de orden económico, venía acompañada por la esperanza de que el ferrocarril actuara como instrumento de control militar, o de "paz y progreso", como se decía entonces. Un folleto de la Sociedad escrito en 1855 insistía en esas ventajas del ferrocarril, que abarcaban hasta la esfera política: su "benéfico influjo hará imposible para siempre nuevos disturbios políticos; será la más formidable barrera que pueda alzarse contra nuestra proverbial falta de quietud!". La relación entre el negocio, como tal, y las implicancias militares y políticas del proyecto eran tan intensas que los promotores lo mencionaban en una publicación dedicada a atraer inversores a la empresa.

Los trámites del proyecto

El proyecto pasó rápidamente por el Consejo de Obras Públicas, que dictó su resolución favorable en octubre de 1853, a menos de un mes de presentada la carta.[13] El Consejo se limitó a hacer algunas observaciones menores sobre el punto (indefinido) de origen de la línea, ade-

[13] Las opiniones oficiales y los resúmenes del debate figuran también en los *Antecedentes legales...* ya citados. El Consejo de Obras Públicas era un organismo casi fantasmal, creado por decreto, pero que no tenía local ni presupuesto para operar, según *La Tribuna* del 5 de octubre de 1853. No resulta extraño, entonces, que sus actividades no incluyeran un control minucioso de un proyecto como éste.

más de pedir que la empresa otorgara una fianza de ejecución para asegurar la realización de la obra (sugerencia que no fue tomada en cuenta en los trámites siguientes). La información sobre el proyecto era tan poco precisa que el Consejo se limitó a suponer, por ejemplo, que la propuesta de "un camino de primer orden" dejaba "entrever la idea" de que habrá "dos huellas, la una de ida y la otra de vuelta". Esa parte de la conclusión parece apresurada, dado que la doble vía no parecía estar en el ánimo de los iniciadores, ni tampoco se justificaba en función del tráfico que podía esperarse en la primera etapa. Es innecesario agregar que la interpretación del Consejo no encontró eco en los análisis subsiguientes de la Legislatura.

El informe del fiscal Ferrera, en cambio, fechado en el mes de noviembre, resulta mucho más crítico del proyecto. El fiscal se quejó de que no hubieran intervenido otros organismos conocedores del tema, que debían emitir su opinión al respecto; además protestaba, en principio, frente a la ausencia de planos y detalles de las obras a realizar. Sin esos documentos, planteaba, no se podía formar un juicio racional sobre el proyecto, elemento decisivo para que fuera aprobado. Con cierto tono didáctico, dicho funcionario explicaba que esa carencia repetía lo ocurrido con otras obras importantes ya realizadas, que debían servir de experiencia para el futuro. Los comentarios de este probo funcionario, que tampoco fueron tomados en los análisis oficiales, sugieren que la audacia era una característica general de los grandes proyectos de aquella época, lanzados muchas veces sin estudios concretos ni cálculos de costos y beneficios; o, al menos, sin que esos cálculos fueran aportados por los interesados ni pedidos oportunamente por quienes tenían la responsabilidad del gobierno.[14]

---

[14] Esos raptos de entusiasmo explican que Sarmiento protestara poco después frente al "fracaso" de los grandes proyectos como el ferrocarril, el gasómetro, el muelle y el Teatro Colón. Es un "disparate", decía con cierto dejo irónico, que se tenga "una Aduana concebida sin muelle, un muelle sin agua, un ferrocarril sin accionistas, la iluminación a gas más espléndida del mundo sin contribución de alumbrado, una draga para deshacer el delta de un río" (texto del 25 de agosto de 1856, citado en L. E. Gondra, *Historia económica de la República Argentina*, Buenos Aires, Sudamericana, 1943, p. 410).

Luego de aquellas definiciones que son casi de principios, el fiscal analiza puntualmente los artículos de la propuesta. En primer lugar, reclama que se fije un punto exacto de partida, criterio que considera sustancial para que luego el gobierno no se obligue a "comprar casas para derribar" en lugar de solares desocupados. Además, dice, se debe establecer un ancho necesario para el camino, y protesta frente a las "vaguedades" del texto, que suponen que "no se ha calculado ni aproximadamente las necesidades de la Línea". Pide que ese tema se establezca con precisión, igual que los referidos a la "capacidad y comodidad del convoy", tanto como a su seguridad, dado que esos criterios no se presentan en la propuesta.

Además, el fiscal se expide en contra de conceder el negocio por un plazo de 50 años, que considera demasiado largo. Al referirse al artículo 6º de la propuesta, que propone que el Estado compre la línea al término de ese período, pide que se establezca que el valor del material rodante al término de la concesión sufra un descuento del 10% para definir su precio final. Si se tiene en cuenta, explica, que "el Estado compra siempre a los precios más altos", quedarían pocas dudas de que, al finalizar la concesión, esos equipos "contendrán piezas nuevas, viejas e inservibles aunque todo será tasado como nuevo o noble".

Luego de ese notable anticipo de lo que ocurriría efectivamente un siglo más tarde, en 1947, sugiere también que las tarifas que se apliquen deben ser controladas por las autoridades. En particular, pide que sean aprobadas por la Cámara de Representantes luego de que pasen cinco años de operación. El texto lo muestra convencido de que ellas serán "más ventajosas" de lo esperado, a medida que se consolide el progreso de la provincia.

Los comentarios del fiscal Ferrera sorprenden por la razonabilidad de sus demandas. Como reflejo, ellas dejan entrever la racionalidad (o la falta de ella) en ciertos grandes proyectos y decisiones de la época. La urgencia "por hacer", o la incapacidad de controlar, generaba conductas que daban paso a la arbitrariedad, bajo la intención de apostar al futuro del país. La posición del fiscal no parece haber tenido influencia; sus ideas no fueron tomadas en cuenta en el debate que siguió ni en la aprobación final del proyecto.[15] Es de notar que el mismo silencio marca la actitud de la mayoría de quienes estudiaron luego la marcha de esta empresa, que no se refirieron, o no parecen haber asignado importancia alguna, a las críticas y los análisis de ese prudente funcionario.

En su propuesta, la Sociedad "ofrece" al gobierno el derecho de tomar hasta una tercera parte de las acciones. Éste lo acepta en una curiosa inversión de criterios; de acuerdo a la versión del miembro informante del Senado, los promotores "conceden este derecho al gobierno [que] ha creído conveniente aceptarlo". El único inconveniente mencionado para esa decisión radicaba en las restricciones presupuestarias; el déficit de 4,5 millones de pesos del erario era un factor que no podía olvidarse, según se menciona en el debate.[16]

El cuadro adjunto permite seguir en detalle las propuestas de la Sociedad y las correcciones efectuadas por la Legislatura hasta aprobar la ley que otorgó la concesión para el camino de fierro. Las diferencias son menores y no merecen mayores comentarios.

EL ESTUDIO ECONÓMICO DEL PROYECTO

El estudio económico del proyecto no era fácil. Era posible estimar la inversión, pero su rentabilidad dependía de la evolución futura del tráfico, que estaba sujeto, a su vez, de la evolución de la población, la

[15] Una situación semejante ocurre cuando el fiscal Ferrera debe opinar, en marzo de 1855, sobre las tierras pedidas para hacer la terminal en El Parque. El fiscal considera que se trata de un pedido "exorbitante", que la superficie de terreno que demanda la Sociedad es demasiado extensa y que sólo se debe entregar lo necesario para la estación, porque, afirma "los derechos públicos son sagrados". La concesión se decide finalmente de acuerdo a lo pedido por la Sociedad, y sin referencia alguna a esos comentarios.

[16] Afirmación de Vélez Sarsfield en la sesión del Senado, según *El Nacional* del 3 de enero de 1854.

producción y el consumo provincial. La pobre realidad de las cargas en esa época contrastaba con las expectativas de crecimiento. Las proyecciones hacia el futuro estaban más basadas en el optimismo generalizado que en las realidades del país, aunque ellas fueran confirmadas, y sobrepasadas, más adelante. Las exportaciones de la provincia estaban formadas por cueros y carne salada (tasajo), extraídas del ganado que llegaba caminando por sus propios medios hasta los saladeros, ubicados sobre las márgenes del Riachuelo. El bajo costo de ese transporte, dado por la facilidad operativa para movilizar a esos animales, reducía el atractivo potencial del ferrocarril en ese rubro. El ganado no iba a cargarse en tren hasta dos décadas después, cuando este medio de transporte comenzó a consolidarse; el primer registro de una operación de ese carácter en el país data de 1877. La segunda fuente potencial de demanda eran las exportaciones de lana, todavía incipientes pero en crecimiento dinámico. Los despachos de lana representaban el 10% del valor total del los embarques al exterior hacia 1851, pero su magnitud apenas llegaba a 10 mil toneladas a mediados de esa década. Las ovejas se criaban en una amplia zona de la provincia, de modo que sólo la parte de la producción lanar que estaba en la zona de influencia de la vía podía ser captada y transportada por el FCO; esa magnitud de carga no debía parecer, todavía, demasiado atractiva para la oferta del ferrocarril. Es cierto que la oferta de lana se multiplicaría por cinco, en volumen, desde entonces hasta 1865, y llegaría a 91 mil toneladas en 1875, pero ese futuro no estaba escrito en ninguna parte.[17]

El panorama no era mucho más optimista en lo que se refiere al tráfico que se podía generar en dirección a la campaña, basado en buena medida en las importaciones. La demanda estaba limitada por la escasa población que se repartía entre ciudades muy pequeñas y

---

[17] Las cifras de producción están tomadas de H. Sábato, *Capitalismo y ganadería en Buenos Aires: la fiebre del lanar, 1850-1890*, Buenos Aires, Sudamericana, 1989, que analiza con gran detalle el desarrollo de la ganadería ovina y su comercialización en el siglo XIX.

paisanos muy dispersos. La unidad productiva, formada normalmente por una estancia de una legua cuadrada (2.500 hectáreas), permitía que pastaran 5 mil ovejas, que eran controladas por apenas tres hombres. No se notaba, todavía, la presencia de la agricultura que exigiría un trabajo más intensivo del suelo y una ocupación más densa del espacio. En esas condiciones, el mayor desafío para la distribución de las mercancías consistía en superar la dispersión geográfica, en contraste con la dirección específica y localizada de una línea férrea.

Todos esos factores dificultaban calcular la magnitud de la carga, que pocos se atrevían a pronosticar. Un comentario crítico de la época afirmaba que el tren "no tenía nada que llevar".[18] En marzo de 1854, en cambio, el grupo promotor estima que se podían cargar unas 14 mil toneladas desde la campaña (de las cuales, la mitad podía ser trigo) y unas 2 mil hacia ella, valores que se alcanzaron, efectivamente, recién después de 1860, cuando la línea había llegado a Moreno.[19]

En el primer momento, como se mencionó, la propuesta no estipulaba montos de inversión. El avance en la elaboración concreta del proyecto al ser presentado a las autoridades no parecía suficiente como para establecer cifras. El primer indicio sobre los montos previstos recién surge en el estatuto de la sociedad anónima, creada al efecto en febrero de 1854, que establece un capital de 10 millones de pesos. A las cotizaciones de entonces, ese monto equivalía, aproximadamente, a 500 mil pesos oro o a unas 100 mil libras esterlinas.[20] La magnitud

---

[18] Citado por R. Valeri en "La polis del Plata", en: J. L. Romero y L. A. Romero (dirs.), *Buenos Aires, Historia de cuatro siglos*, Buenos Aires, Abril, 1983.

[19] La estimación está en una nota de *El Nacional* del 23 de marzo de 1854. El tonelaje surge de las estadísticas de cargas del Ferrocarril del Oeste y responde a una estructura de transporte superior a la prevista inicialmente puesto que, para entonces, la línea ya tenía 40 kilómetros.

[20] La confusión entre distintas monedas es constante en los informes de todo ese período. Las cifras se presentan de modo indistinto en pesos papel, pesos fuertes y pesos oro, mientras que las equivalencias entre esas tres monedas fluctúan de manera continua. En estos casos se ha optado por simplificar las cuentas, tomando, de modo general, al peso oro como igual al peso fuerte (las variaciones entre ellos no son superiores al 5%) y a ambos como equivalentes a 20 pesos papel en la década de

de capital aprobada hace pensar que esa primer estimación se basaba en proyectar un valor promedio del orden de 5 mil libras a invertir por kilómetro de vía, criterio de cálculo medio que se aplicaba antes de realizar presupuestos con cierto detalle.

El tema de los costos estaba presente en el debate público y diversos medios trataron los montos posibles de inversión y la rentabilidad del proyecto. *El Nacional* afirmaba, en fecha tan temprana como noviembre de 1853, que la topografía pampeana aseguraba costos muy bajos para realizar la obra. "No hay que vencer ríos, ni perforar montañas, ni subir pendientes peligrosas, ni combinar el camino con recodos agudos, que hacen indispensable las obras de arte tales como los puentes, túneles y viaductos. El terreno está ahí, preparado por la mano de Dios, esperando que el hombre siente sobre él los *rails*."[21] La misma nota dice que el costo de los 20 kilómetros originales no debería pasar de 198 mil pesos fuertes, "que es el máximo costo de un camino de hierro de dos vías en Francia, cuando el camino requiere obras de arte". El articulista afirma que en los Estados Unidos el costo es de 16 mil pesos fuertes "para arriba", por milla, pero, "entre nosotros, donde el precio del terreno es nulo... debe calcularse un costo mucho menor". El texto agrega una estimación de ganancias, cuya magnitud "no tendría ejemplo entre nosotros, si se exceptúa el de la Sociedad Rural cuyas acciones llegaron a producir el 45%".

Por su lado, Carlos Pellegrini presenta una estimación propia en su *Revista del Plata,* donde llega a valores más elevados.[22] Su largo artículo

---

1850 (dado que el cambio no se modifica demasiado en esos años). Luego ocurren variaciones más intensas –hasta llegar a los 30 pesos papel por peso oro en 1880, antes de la crisis, que modifica las relaciones monetarias de manera mucho más profunda– que se tratan más adelante. Por último, adoptamos el tipo de cambio, redondeado, de 5 pesos oro (o fuertes) por libra esterlina, para esta etapa que no ofrece variaciones de más de un porcentaje mínimo respecto a los valores del mercado. Se pueden confrontar las tablas de cotización de monedas en R. Olarra Jiménez, *Evolución monetaria argentina*, Buenos Aires, Eudeba, 1968, y en el cuadro que presenta H. Sábato, *op. cit.,* p. 254.

[21] *El Nacional,* 19 de noviembre de 1853.
[22] *Revista del Plata,* núms. 4 y 5, diciembre de 1853 y enero de 1854.

dedicado a los ferrocarriles estima el costo de una vía entre Once y Flores, "en línea recta, atravesando sin estorbo, sin encontrar una casa, el suelo virgen y parejo de todas las quintas". Su cálculo de materiales y tareas lo lleva a la conclusión de que esas dos leguas costarían 200 mil duros y que podrían arrojar el 10% de beneficio con los recursos a captar. Unos meses más tarde, Pellegrini recuerda esos cálculos, que, según él, insinuaban la ventaja de "reducir la escala de la obra" y limitarla a la tracción por caballos (curiosamente, similar a la propuesta que, en efecto, realizó la Sociedad en esa misma época).[23]

La primera estimación formal de costos y rentabilidad que se conoce se publica cuando el proyecto está más avanzado, a comienzos de 1855.[24] Un folleto de la Sociedad, dirigido al parecer a atraer inversores, afirma que la obra está en marcha y que pronto el ferrocarril será una realidad (lo que era correcto si por "pronto" se entiende dos años más). Ese primer análisis con cierto detalle de los requerimientos para la línea hasta San José de Flores estima 3 millones de pesos para construcción (de los cuales un tercio corresponde a rieles de hierro y durmientes de madera). Las compras de terrenos son mínimas, explica, ya sea porque algunos son "donados por los propietarios" o porque los entrega el gobierno, y menciona que algunas parcelas fueron pagadas con acciones de la Sociedad. No hay indicaciones sobre superficies ni valores de éstas.[25] Los cos-

[23] *Revista del Plata*, núm. 13, septiembre de 1854. Pellegrini era uno de los pocos conocedores locales de temas de ingeniería y su opinión era bastante respetada. En este caso, resulta extraño comprobar que su detallado análisis de los costos para instalar el ferrocarril no incluye estimaciones sobre cantidad del material rodante necesario ni menciones claras a su valor, pese a la importancia de éste (véase también la *Revista del Plata* de diciembre de 1853 y enero de 1854). Sus resultados, sin embargo, eran semejantes a los anteriores si se tiene en cuenta que un duro era equivalente a un peso fuerte.

[24] Se trata de *Ferro-carril al Oeste* (1855), que relata el proyecto y cuyo contenido se trata en los párrafos siguientes.

[25] Años más tarde, la *Memoria leída en la Asamblea general de accionistas del Ferrocarril del Oeste el 18 de junio de 1860* (Buenos Aires, Imprenta del Comercio del Palta, 1860), detalla que se entregaron 24 acciones en pago de tierras, lo que arroja

tos de construcción se presentan con una detallada apertura de rubros, pero ese listado de obras, y valores, contrasta con la imprecisión de las estimaciones referidas al material rodante; este último se valora en 640 mil pesos, sin que siquiera se indique cantidad de unidades a incorporar, ni los precios de cada una. A partir de esas cifras globales, el folleto estima que el tramo siguiente, hasta Morón, tendría un costo de 6,7 millones de pesos. Este último valor, que no se explica, duplica largamente el costo por kilómetro estimado para el primer tramo, aunque el material rodante (que se compra una sola vez) debería encarecer el primero respecto del segundo. Es curioso que, sumados los dos tramos, el costo final se mantiene de modo significativo muy cerca de los diez millones previstos originalmente, de modo que es probable que haya más tanteos de precios que cálculos reales.

El folleto también explora la rentabilidad del proyecto. La Sociedad calcula que el ferrocarril podrá llevar 23 mil toneladas de mercancías (unos dos millones de arrobas, según el texto), que sería el total de la carga que se desplazaba en el trayecto por medio de carretas; esta estimación ya supera el 50% lo calculado un año antes y señala los cambios de expectativas con el mero paso del tiempo. Esa magnitud de carga, multiplicada por un flete "igual al que cobran las carretas", permite estimar un ingreso anual del orden de 1,5 millones de pesos para el tramo hasta Flores y de 2 millones para el tramo que seguirá a Morón. El optimismo puesto en el nuevo sistema lleva a los autores a añadir que esas cargas se captarán desde el "día siguiente a la apertura" del servicio. Para calcular el beneficio final se descuentan

---

un total de 60 mil pesos de valor nominal, aunque no especifica ni el número de personas ni el tamaño de las fracciones. En un anexo a la *Memoria* de 1866 figura un listado de nombres de propietarios de tierras compradas, más otras donadas por el gobierno, que formarían parte de los materiales documentales que el Directorio cedió a la provincia luego de vender la empresa. Lo cierto y significativo es que la compra de tierras fue muy escasa, gracias a donaciones oficiales y privadas, y contribuyó a reducir los costos de la obra, fenómeno que se repitió en las sucesivas extensiones de la línea.

los gastos operativos, estimados en el 30% de los ingresos potenciales (relación que ese informe considera "exagerada"); de ese modo concluye que el negocio dejará una rentabilidad del 28% anual para el primer tramo, y del 20% para el segundo. Esa rentabilidad, satisfactoria para esa época, sería de mínima, según el folleto. A los ingresos se les debe adicionar, explica, el tráfico de pasajeros, no mencionado por carencia de datos, y el crecimiento posterior del tráfico de carga, que debería "cuadruplicarse o quintuplicarse" en el futuro, como ocurre donde se instala un ferrocarril. Estos resultados llevan a un alegato final de llamado a los potenciales accionistas: "la indiferencia no será ya posible. ¡Quién puede ser indiferente cuando se trata de servir a su país, haciendo a la vez producir su capital!".

El entusiasmo de estas proyecciones estaba reñido con su escasa precisión. Las estimaciones eran más certeras en lo que respecta a inversiones que al tráfico y los ingresos y las exageraciones parecen evidentes.[26] En todo caso, esos cálculos no parecen haber convencido a los potenciales socios. Hubo pocos interesados en adquirir acciones de la Sociedad del FCO, y la empresa recurrió una y otra vez al sostén oficial, de modo que los aportes públicos resultaron decisivos para que la obra llegara a su término. Aun así, la escasez de capital fue una causa de atrasos durante todo el período de instalación del nuevo sistema.

LA EMPRESA: ORGANIZACIÓN

Una de las recomendaciones de la Legislatura para otorgar la concesión consistió en pedir a la empresa que se organizara como sociedad anónima. La idea no estaba acompañada de precisiones legales y, como otras ya señaladas, se refería a la expectativa de acompañar el progreso regis-

---

[26] Los gastos operativos reales estuvieron entre el 50% y el 60% de los ingresos durante los primeros años del servicio, de modo que la rentabilidad final resultó menor a lo mencionado, aunque no puede comprobarse si los promotores exageraban el beneficio posible para atraer inversores.

trado en otras naciones. Las sociedades anónimas, en particular, habían aparecido en la década de 1840 en Gran Bretaña para atender la demanda de empresas que debían movilizar grandes capitales y requerían autorización específica del Parlamento; su difusión fue impulsada sobre todo por la demanda de los ferrocarriles, de modo que se generó una convergencia aparente de imagen entre esta novedad técnica y el sistema de propiedad por acciones. Es interesante destacar que recién en 1855 se dictó una ley general sobre estas sociedades en Gran Bretaña, o sea que su normativa formal no estaba definida cuando se ensayó este primer experimento en Buenos Aires.[27]

El argumento utilizado por Vélez Sarsfield para promover una sociedad anónima consistía en que así se eliminaba la imagen de que se otorgaba un privilegio odioso a unos pocos a costa del pueblo. La sociedad por acciones permitía que el pueblo tomara parte en la empresa y se beneficiara con la compra o venta de títulos; además, el reparto de las utilidades diferenciaba lo que ocurriría con una empresa individual.[28] Los promotores aceptaron este pedido y prepararon un estatuto específico, que fue aprobado en febrero de 1854, apenas un mes después de que fuera solicitado por la Legislatura. Ese estatuto propuso emitir 4 mil acciones, con valor unitario de 2.500 pesos cada una, para formar el capital previsto de 10 millones de pesos. El valor de las acciones no debía ser integrado en el momento de la suscripción, sino en cuotas, acompañando el proceso de inversión física en la obra.

El estatuto resuelve, asimismo, que esas acciones tendrían "garantizado un rédito" del 6% anual desde la entrega del dinero, que sería contabilizado como gasto de la sociedad; recién después de ese cargo, se determinaría la utilidad final de la empresa. El 80 % de ésta debía distribuirse en efectivo, mientras que el 20% restante quedaría como reserva.

---

[27] La referencia al origen de estas sociedades proviene del cuidadoso análisis al respecto desplegado por E. A. Zalduendo, *op. cit.*
[28] Véase la versión de la sesión de la Sala de Representantes en *El Nacional* del 3 de enero de 1854.

Conviene observar que este primer ensayo no solicitaba garantía alguna del gobierno, a diferencia de las demandas que aparecieron, y se aceptaron, en la casi totalidad de los proyectos ferroviarios propuestos y aprobados más adelante. En cambio, la propia Sociedad "garantiza" una tasa mínima de rendimiento a la inversión accionaria que, espera, crecerá a medida que las utilidades sean buenas. Esa garantía de la Sociedad no tiene sostén concreto y es difícil presumir que los directores estuvieran dispuestos a soportar ese costo en el caso de fallas en el proyecto.[29] En el mejor de los casos, dicha cláusula sugiere cierta preocupación razonable por convencer a quienes quisieran entrar en la empresa de la posibilidad de obtener un beneficio mínimo; la hipótesis alternativa sugiere que los promotores sostenían la esperanza implícita de que el Estado asumiera esa garantía, como ocurrió finalmente.

El segundo intento aparente de garantizar la renta en el estatuto consistió en exigir que se repartiera el 80% de los beneficios en efectivo; en contrapartida, ese criterio dejaba escasos márgenes para expandir la empresa en el futuro mediante el conocido método de destinar los beneficios a la inversión (aunque esa contradicción no estaba en la experiencia de la época ni parece haber sido percibida en ese momento). El proyecto oscilaba entre las demandas lógicas de beneficio líquido de los potenciales inversores y las necesidades objetivas de expansión futura de la línea, que contribuyeron, con el tiempo, a modificar su lógica de funcionamiento.

El estatuto privilegia a los accionistas locales, como fuera propuesto desde el origen. Ese privilegio incluye a los extranjeros con negocios en el país, lo que se explica por la composición social de la ciudad y la estructura misma del grupo fundador. La Asamblea tendría quórum con cien votos y nadie podría acumular más de cinco votos, más allá del número de acciones que poseyera. Es decir que veinte accionistas bastarían para asegurar la realización de una asamblea (si cada uno tuviera al menos cinco acciones) sobre el máximo potencial

---

[29] Zalduendo dice que se asemejaban a las acciones preferidas emitidas por las sociedades anónimas, pero éstas nunca abarcan a todo el capital pues, en ese caso, no hay ganancias para distribuir de modo "preferencial".

de 4 mil según la emisión. La restricción de votos para quienes tuvieran más de cinco acciones parece un intento de proteger a las minorías, aunque no tuvo aplicación real en los hechos.

El estatuto establece que la Comisión Directiva actuará de modo "gratuito", y que sus miembros podrán ejercer la administración sin asumir responsabilidad personal o solidaria con la empresa. Luego agrega que la Comisión Directiva inicial, formada por los promotores, se mantendrá en su cargo "hasta un año después de puesta en ejercicio toda la vía". Esta regla aseguró el control operativo de la empresa al grupo fundador, incluyendo todas las tareas de la definición final del proyecto y el manejo de las inversiones. La expresa intención original de excluir de las decisiones clave a los accionistas que pudieran ingresar se cumplió con creces. En los hechos, el grupo promotor mantuvo el control de la Sociedad durante casi una década, manejando todos los aspectos del negocio hasta la venta de la empresa al Estado.

La Comisión Directiva asumió la estrategia de la empresa y sus decisiones fueron siempre reservadas. En rigor, la sociedad anónima no fue más que una forma con poco contenido como lo sugieren diversos indicios. Ya hacia fines de 1854, un accionista de la Sociedad (que también lo era de la empresa del alumbrado a gas) expresó sus quejas al respecto en una nota periodística. A quienes invierten su dinero, decía, "se les niega tomar parte en la sanción del reglamento social, y en el nombramiento del personal administrativo"; por eso, pedía que los directores "abandonen sus exageradas pretensiones" y cedan sus "justos derechos" a los accionistas. La creación de la sociedad anónima, agregaba, ha derivado, "por la poca práctica que en estas materias han demostrado nuestras autoridades [...] en un regalo hecho a unos cuantos negociantes experimentados, convirtiéndose a la vez en una traba a las mismas empresas que se ha querido proteger con la influencia poderosa de la autoridad".[30] Un mes después, otro periódico local protestaba ante el secreto que rodeaba las decisiones

---

[30] "Correspondencia: A los señores empresarios y administradores de las sociedades del ferro-carril y alumbrado a gas de esta ciudad", en *El Nacional*, 3 de noviembre de 1854.

de los administradores (y que es una de las causas que impide todavía hoy conocer numerosos detalles concretos de esa gestión). "Hay mucha gente que duda aún de la erección del camino de hierro del Oeste", decía, "y gente que desea, aun con sacrificios retirar sus capitales de allá; tal vez, si la comisión se dignase dar cuenta de sus trabajos, y sus contratos en Europa, las cosas mejorarían y los intereses serían menos perjudicados."[31]

El secreto era real y se explicaba porque el control de las decisiones podía aportar beneficios privados a los promotores por dos caminos distintos. Uno eran las compras de materiales y equipos, que ofrecían la posibilidad de excelentes comisiones; el otro radicaba en el control del trazado, que incidía en el esperado aumento del valor de las tierras sobre las que pasaría el ferrocarril desde el momento mismo en que comenzaran las obras, y que generó tantas expectativas como especulación. Esa estrategia debió formar parte de los proyectos de los promotores, aunque no fueran explícitos; en todo caso, esos objetivos surgen claros de algunas polémicas ocurridas al comienzo del proyecto.

[31] *El Mercurio*, 15 de diciembre de 1854.

Apéndice

Cuadro 1. *Comparación de la propuesta del FCO (17 de septiembre de 1853) con la concesión otorgada por el gobierno (9 de enero de 1854)*

Propuesta	Concesión
Informa constitución de la Sociedad del Camino de Fierro de Buenos Aires al Oeste.	1. Autoriza al P. E. a conceder licencia a los individuos que han propuesto la construcción de un Ferro-carril al Oeste, *para formar a ese objeto una Sociedad Anónima por acciones, previa al conocimiento de los reglamentos que ella se diere.*
Pide la concesión de un camino proyectado, por ahora, de la Ciudad al Oeste, en la extensión de *veinte y cuatro mil* varas.	2. Autoriza para conceder el privilegio para la construcción de un Ferro-carril al Oeste de veinte y cuatro mil varas de extensión, bajo las bases siguientes:
1. El Gobierno concede a la Sociedad una de las calles que parta de un punto de los suburbios de la Ciudad, que la Sociedad hallase más aparente para construir en ella, el camino, otorgando el ancho correspondiente a la vía pública, pudiendo tomar sobre los terrenos particulares, lo que estos hubiesen usurpado a la vía pública.	4°. El camino *deberá arrancar de una de las calles siguientes:* Potosí, Victoria, Federación, Piedad y Cangallo, con dirección al pueblo de Morón y sus inmediaciones.
2. Si en la distancia en la que debe establecerse la circulación, es decir, de un extremo a otro, se presentasen algunos terrenos de propiedad particular, el Gobierno deberá proceder a la expropiación del terreno necesario a la Sociedad, la cual satisfará su valor, fijado por dos peritos, y si	5°. Si en las diferentes estaciones que hubieren de establecerse en el curso del Ferro-carril, se encontrasen terrenos de propiedad pública, el P. E. los cederá a la Sociedad para el solo fin de asentar las construcciones necesarias para los depósitos de mercaderías transportables.

continúa

Propuesta	Concesión
en la extensión de la línea, el Estado fuera poseedor de una cuadra o dos de terreno, la cederá a la Sociedad en la misma forma que cede la calle pública en el artículo 1º, para sentar en ellas, los locales o construcciones necesarias para los depósitos de las mercancías transportables.	6º. Si para la construcción del Ferro-carril fuese necesario ocupar terrenos de particulares el Gobierno usará del derecho de expropiación para objetos del servicio público, siendo a cargo de la Sociedad satisfacer las indemnizaciones correspondientes.
3. El Superior Gobierno concede a la Sociedad el privilegio del camino por el término de *cincuenta* años, dentro de los cuales, la Sociedad podrá extender la línea a mayor distancia en los mismos términos.	7º. El Gobierno podrá conceder a la Sociedad el privilegio del Camino hasta por el término de cincuenta años.
4. La Sociedad se compromete a construir un camino de primer orden, cuyas conducciones se efectuarán por locomotivas, tanto para el transporte de los viajeros, como para toda clase de mercancías, ida y vuelta.	7º. *(Sigue.)* Comprometiéndose la Sociedad a construir un camino de primera clase, por el cual las conducciones puedan efectuarse por locomotivas a vapor tanto para el transporte de los viajeros como para toda clase de mercaderías.
5. Si el Superior Gobierno necesitase mandar fuerza armada o artículos de guerra por el camino, la Sociedad se compromete al transporte gratuito en toda su extensión, como también la correspondencia pública.	8º. La Sociedad deberá comprometerse a conducir gratis por el Ferro-carril, la correspondencia pública y la fuerza armada, o artículos de guerra, toda vez que el Gobierno determinase hacerlo.
6. Al término de la concesión y privilegio otorgado por el Superior Gobierno a la Sociedad, ésta hace abandono a favor del Estado, del camino, los edificios que se hubiesen construido y terrenos comprados, percibiendo únicamente la Sociedad, por tasación, el valor del material movible.	9º. Al término de los años de privilegio, la Sociedad cederá a favor del Gobierno, el Camino y los edificios construidos por ella, como los terrenos comprados, teniendo sólo derecho a ser pagada por tasación de los objetos móviles.

Propuesta	Concesión
7. Si el Gobierno deseara asociarse a la Empresa, tendrá derecho a tomar un número de acciones que no exceda de la tercera parte.	2º. El Gobierno al entregar el privilegio podrá reservarse el derecho de tomar el número de acciones que juzgare conveniente con tal que no exceda la tercera parte de ellas.
8. Deseando la Sociedad hacer participar de esta Empresa a la mayor parte posible de los habitantes de la Confederación, en particular en el caso de extender la línea, todas las acciones que se emitan para cubrir su costo, serán de preferencia emitidas en el país, a la par.	1º. La suscripción de las acciones de la Sociedad será a la par y libre para todos, prefiriéndose sólo a los individuos que existan en la provincia o que tuviesen en ella casas de comercio o bienes territoriales u otro género de establecimientos.
9. La Sociedad se compromete a tener el camino en obra dentro del término de dos años y, en caso de no verificarlo, quedará el privilegio sin valor.	3º. El trabajo del Camino de fierro deberá *principiar a más tarde dentro de un año,* desde que a la Sociedad le fuera otorgado el privilegio de hacerlo.
	13º. Si la Sociedad discontinuase o suspendiere el trabajo del Camino por el término de un año, cesará el privilegio que se le concede, *salvo si fuera por casos fortuitos* o de fuerza mayor.
10. En el caso de que se propusiese al Gobierno en adelante la construcción de uno o más caminos de fierro, fuera de los límites de éste, ya sea en la misma dirección al Oeste o en otra dirección en relación con este camino, esta Compañía tendrá la preferencia en igualdad de condiciones.	10º. La Sociedad del Ferro-carril al Oeste tendrá preferencia en igualdad de condiciones para la construcción de uno o más Caminos que en lo sucesivo quieran hacerse por Empresas particulares, como también para la construcción del Ferro-carril al Oeste o de sus ramificaciones para otras direcciones.
11. Todos los artículos y demás útiles necesarios para la formación y consumo	11º. Serán libres de derechos de introducción todos los artículos y útiles nece-

continúa

Propuesta	Concesión
del camino, que se introduzcan del exterior, serán libres de derecho. [sobre la tarifa] no la ofrece porque no le es posible fijarla, pero en cambio puede asegurar a V. E. que la mente y resolución de la asociación, es bajar a un punto tal el precio del transporte, que se haga innecesario todo otro medio de vehículo en la inmediación del Ferro-carril.	sarios para la formación y consumo del Ferro-carril.
	12°. *Los valores de los inmuebles o muebles de la Sociedad serán igualmente libres de toda contribución.*

Notas al cuadro 1
1. Los artículos están ordenados de acuerdo a la propuesta de la Sociedad. La ley tiene dos artículos y 13 incisos.
2. Los textos subrayados en el texto aprobado marcan las correcciones que decidió la Cámara de Representantes al proyecto de la Sociedad.
Fuente: Antecedentes Legales..., op. cit., 1885.

II. EL PROLONGADO ENSAYO DE CONSTRUIR DIEZ KILÓMETROS, DESDE EL PARQUE A SAN JOSÉ DE FLORES Y LA FLORESTA (1854-1857)[1]

LA EMPRESA: TECNOLOGÍA

LA COMISIÓN DIRECTIVA atendió ciertos temas clave, como la traza de la vía, y se volcó a los aspectos contables y financieros (más allá de las relaciones políticas, que no eran de menor importancia para sus fines). En cambio, debido a la ausencia de expertos en su seno, relegó las decisiones técnicas a posiciones secundarias. Algunas veces, la Comisión retrasó decisiones de ese carácter por su propio desconocimiento; en otras, adoptó decisiones sobre esos temas, generando costos adicionales y atrasos en las obras; por último, a veces eligió contratar ingenieros para que se encargaran de esas tareas, aunque con escasa vocación para dejarlos actuar de manera independiente. Desde el mismo comienzo, los promotores sugirieron que el proyecto sería "fácil" de realizar una vez que llegaran los profesionales necesarios. La visión de la época suponía, con cierto ajuste a la realidad, que la tecnología y los conocimientos de manejo de una empresa como ésa se incorporaban de modo directo junto con los individuos contratados para llevar a cabo las tareas específicas. Un siglo más tarde, esa operación se denominaría como de compra "llave en mano".

---

[1] El primer tramo de vía llegó en 1857 a La Floresta –a 10 kilómetros de El Parque–, un lugar donde todavía no había población a un par de kilómetros más allá del pueblo de Flores, aunque esta última localidad es mencionada muchas veces en la literatura como la primera terminal. Los textos del propio ferrocarril dan lugar a esa confusión puesto que señalan a Flores, por lo que se mencionan ambos lugares en el título como homenaje a la tradición.

El ingreso del ferrocarril marcaba un cambio profundo en la experiencia comercial, empresaria y tecnológica de Buenos Aires. En primer lugar, no había en la ciudad talleres cuyos equipos fueran impulsados por máquinas a vapor, y los primeros serían instalados en esos mismos años al amparo del impulso de modernización. No había fábricas, todavía, que merecieran ese nombre; las escasas máquinas a vapor existentes se encontraban a bordo de un puñado de barcos que servía el tráfico fluvial. Tampoco había máquinas, ni nada parecido a los elementos que definían el panorama de las naciones en proceso de industrialización. En 1854 había entrado al país la primera máquina de coser, cuya presencia generó alarma entre las costureras del país.[2] Es decir que la locomotora no se sumaba a un desarrollo paulatino de la producción y la técnica local, sino que planteaba un cambio drástico, mayor, sin duda, que el ocurrido en aquellas naciones donde los equipos a vapor y las máquinas en general ya tenían cierta presencia.

El contraste era dramático. Los mayores establecimientos manufactureros de la época eran los saladeros, cuyo carácter artesanal y primitivo provocaba una mezcla de asombro y espanto en los extranjeros que los visitaban. Los saladeros eran grandes empresas locales, pero no tenían más equipos que los necesarios para hervir las grasas, y su funcionamiento se basaba en una organización tan rudimentaria como las tareas que llevaban a cabo. Hacia 1850, se contaban 15 a 20 de esos establecimientos en la ciudad, en su mayoría sobre el Riachuelo, que ocupaban entre 3 mil y 4 mil personas, lo que arroja un promedio de 200 trabajadores en cada uno. Esos grandes establecimientos, que dominaban uno de los mayores negocios locales en esa época, quedaban empequeñecidos frente a la magnitud del ferrocarril, tanto en lo que se refiere a montos a invertir como a demanda de empleo y complejidad técnica.[3]

---

[2] Véase A. Dorfman, *Historia de la industria argentina*, Buenos Aires, Losada, 1940, p. 61.

[3] El número estimado de personas trabajando en los saladeros figura en H. Sábato y L. A. Romero, *Los trabajadores de Buenos Aires. La experiencia del mercado: 1850-*

Por otra parte, el país no tenía caminos, puentes, canales ni ninguna obra significativa llevada a cabo por la mano del hombre para asegurar el transporte en su amplio territorio. Es decir que el ferrocarril no llegaba para reemplazar a otros medios de transporte sino que debía crear su demanda desde la nada. Su trazado debía partir de la evaluación técnica del terreno, dada la falta de antecedentes, o aceptar las sendas naturalmente trazadas durante décadas por el paso de las rústicas carretas en el empeño por cumplir sus tareas.[4]

En definitiva, para llevar a cabo el ferrocarril había que crear una empresa (aunque, por entonces, se pensó en su forma jurídica antes que en los temas organizativos, que recién aparecerían mucho tiempo después), dominar la tecnología, forjar un camino sobre una ruta casi inexistente, desarrollar el tráfico y manejar una actividad cualitativamente diferente a lo habitual en el medio.

El desafío era claro, aunque esas razones no estaban siempre presentes en el debate local. Resulta notable, en ese sentido, que el primer especialista fue contratado, al parecer, porque estaba en Buenos Aires. Pero se necesitaba algo más de conocimientos profesionales y, lentamente, la Sociedad buscó a los expertos que llevarían a cabo esta obra; el siguiente fue un ingeniero de origen francés, al que luego remplazó un inglés. El tercero fue el definitivo en la construcción de la primera etapa y asumió como contratista para terminarla cuando el proyecto enfrentaba serios problemas de atrasos y definiciones. Esta secuencia generó una serie de decisiones técnicas cuyas razones no

---

1880, Buenos Aires, Sudamericana, 1992, p. 69. El carácter artesanal y primitivo del saladero se destaca en diversas obras y se resume, como parte de la historia de la industria argentina, en J. Schvarzer, *La industria que supimos conseguir. Una historia político social de la industria argentina*, Buenos Aires, Planeta, 1996.

[4] El recorrido de la senda de carretas entre Rosario y Córdoba, por ejemplo, era de 103 leguas, hasta que Timoteo Gordillo, uno de los primeros que ofreció un servicio de pasajeros mediante diligencias antes del ferrocarril, logró que se trazara un camino de sólo 72 leguas (véase sus *Memorias* en *Todo es Historia*, núm. 185, octubre de 1982). El trazado del ferrocarril poco tiempo después, permitió reducir el recorrido entre ambas ciudades a unas sesenta leguas en total.

son bien conocidas por falta de documentos y de referencias; ellas tuvieron gran incidencia en el desarrollo posterior de la empresa y, más aún, en todo el sistema ferroviario local, como la definición de la trocha, y se verán a medida que se avance en el análisis del proceso de concreción del FCO.

1854: TANTEOS CON LA TRAZA Y ESPECULACIÓN CON LAS TIERRAS

El primer año de la concesión se fue en tanteos de los promotores sobre la manera de concretar el proyecto. Una de las dudas se refería a la clase de equipos a emplear y llevó a que, en agosto de 1854, la Sociedad solicitara que se modificase el permiso de modo que pudiera prestar el servicio con coches tirados por caballos. El remplazo de la locomotora a vapor por el método que la propuesta denominaba el "nuevo sistema *americano*", que estaría en uso en los Estados Unidos, ofrecía un método más económico y que tendría la ventaja adicional de que "no descarrila", según decía. Para justificar el pedido, la nota reconocía que esa alternativa era más lenta, pero afirmaba que tampoco hacía falta mayor rapidez; frente a la escasa demanda "nada se aventajaría con un locomotor movido a vapor que pueda hacer varios viajes entre esta Capital y Morón, porque no tendría objeto ni utilidad en ello". Una ventaja del cambio propuesto, explicaba, consistía en que el mismo capital permitiría construir más kilómetros de línea, de modo de derramar beneficios en una zona más vasta de la campaña.

Es evidente que la empresa estaba buscando alternativas, luego de ganar la concesión, sin decidirse por una de ellas. Es probable que la mayor razón de esas exploraciones, aparte del evidente deseo de reducir el capital a invertir, radicara en las dudas sobre el manejo de la máquina a vapor y el potencial del negocio. El ministro de Gobierno explicó en la sesión de la Legislatura que discutió esa reforma de la propuesta que el gobierno había pensado al comienzo que no era posible llevar a cabo la empresa, pero "creyó su deber, sin embargo, no oponerse a ella para que no creyeran que [...] quería paralizar los patrióticos esfuerzos de la sociedad directiva, dejando que el tiempo y la experiencia produjeran el reconocimiento". Por eso, decía que ahora debía aprobarse el nuevo método propuesto, por "justo y benéfico al país".[5]

El relativo pesimismo del pedido mencionado, que recibió la aprobación de las Cámaras, contrasta con las expresiones más optimistas que se difunden el año siguiente. A mediados de 1855, la Sociedad estaba más dispuesta a realizar el proyecto y sus cálculos ofrecían un panorama más promisorio, aunque la decisión final por el vapor no se adoptó realmente hasta fines de ese año.

El trazado de la línea planteaba al menos dos temas importantes: uno era la cuestión técnica, que debía resolver un ingeniero (o un especialista); el otro era la forma de beneficiarse con el valor de la tierra, ya fuese acercando la traza a las propiedades de quienes la decidían o bien comprando los lotes clave por anticipado. Para esto último, el secreto era decisivo y, en efecto, la traza real fue uno de los temas más oscuros del proyecto de la empresa durante todo 1854, y aun después, como se verá.

Hacia comienzos de dicho año, el ingeniero Verger, al parecer contratado para ello, levantó un plano más preciso del proyecto que habría permitido especificar mejor el recorrido, preparó los planos y redactó una memoria explicativa.[6] Esa tarea técnica, de la que no se conocen detalles, quedó disimulada por una especie de *campaña* de la Sociedad tendiente a destacar continuos avances de la obra, aunque ésta, en realidad, no se había iniciado. Esa campaña

---

[5] Sesión de la Cámara de Senadores según está registrada en *El Nacional* del 13 de septiembre de 1854.

[6] No se han encontrado otros antecedentes de Verger, que presentó los planos completos el 28 de mayo, junto a una memoria explicativa que, supone, "fijó las ideas de la Comisión Directiva, induciéndola a recabar de la Legislatura la ley del 14 de agosto". Véase *La Crónica* del 20 de octubre de 1854; este diario, a su vez, pide disculpas por las críticas al proyecto que había realizado "un suscriptor" y fueron publicadas el día 15 de octubre de 1854; agrega el editor: "ignorábamos que el Sr. Verger era el encargado de los trabajos del ferrocarril".

se puede seguir en las columnas de *El Nacional*, donde se repiten afirmaciones durante el año 1854 como: "se terminó la nivelación" o "se están ejecutando" las obras, que luego son corregidas por otras, no menos optimistas, que indican que en "unos días comienzan los trabajos" y, más concretamente, que "se va a comenzar la nivelación".[7]

En medio de esas noticias de una actividad que se presenta más dinámica que lo real, en junio de ese mismo año, la comisión promotora pide llevar la línea más cerca de la ciudad, avanzando desde el Mercado del Once hasta un terreno, al lado de un zanjón, en El Parque. La propuesta es aceptada, y la estación cabecera fue ubicada sobre un terreno público donde hoy se levanta el Teatro Colón (aunque la puja real en torno de esta decisión siguió durante cerca de dos años, como se verá). La línea, en definitiva, va a nacer en El Parque y pasará por el Mercado del Once, centro de operaciones de carga y descarga de mercaderías, donde se construiría una parada de la línea que más tarde se convertiría en cabecera del ferrocarril. La vía seguiría, luego, en línea recta y paralela al camino de carretas hasta San José de Flores, pequeña urbe de 2.300 habitantes ubicada a unos 7 kilómetros del punto de partida, donde se ubicaría otra estación (aunque luego se instalaron otras intermedias). Más adelante, la línea continuaría avanzando hacia el Oeste, siguiendo la divisoria de aguas entre el Riachuelo y el Maldonado. La nota aclara, por primera vez, que la línea se extendería a Morón más tarde, dando a entender que el proyecto original era superior a las posibilidades inmediatas y que se pensaba concretar sólo una primera etapa.

La cabecera elegida en El Parque quedaba sobre el borde oeste de la trama urbana y unos 500 metros al Norte de la franja autorizada en la primera versión del proyecto. El predio quedaba a algo más de un kilómetro de la costa, para llamar de algún modo a la franja de barrancas y barro que separaba el este de la ciudad del Río de la

---

[7] Notas en *El Nacional* del 17 de noviembre de 1853, 12 de abril de 1854 y 10 de octubre de 1854, respectivamente.

Plata.[8] Al no avanzar más hacia el Este, se evitaba que la línea atravesara la zona de mayor densidad de población. La medida protegía a la urbe de los posibles impactos negativos de la vía férrea, que preocupaba a los porteños. Al mismo tiempo, esa traza reducía la posibilidad de captar para el riel las cargas del comercio exterior, dado que éstas debían atravesar por otro medio de transporte la franja entre El Parque y el puerto.

La mención al puerto no implica que éste existiera como tal, aunque seguía presente la necesidad de llevar a cabo las obras, propuestas al menos desde la década de 1820. El proyecto de un puerto adecuado a la necesidad de enlazar a la ciudad con el mundo siguió pospuesto, pese a su importancia, por otras tres décadas. En su lugar, se encaró la construcción de un muelle de pasajeros, que sería seguido por otro de carga, años más tarde, ubicados frente a la Aduana Nueva; ambos intentos buscaban aliviar, aunque no resolver, los problemas de carga y descarga de viajeros y mercancías. Es decir que la opción de mantener la línea alejada del puerto se contraponía a la lógica de la época así como a las decisiones que se tomaron más adelante, dado que todos los ferrocarriles proyectados pocos años después en la provincia buscaban llegar al puerto (tanto al existente como a sus posibles alternativas), como factor esencial de sus operaciones.[9] La otra excepción fue el Ferrocarril del Sur (FCS), que nació en Plaza Constitución para dirigirse al Sur, pero que muy pronto buscó la salida hacia un puerto. El FCO fue el único que se mantuvo durante una larga etapa de espaldas al río.

[8] Como ya fue señalado, El Parque no figura explícitamente en la primera propuesta, que se limita a mencionar que el origen de la línea estaría en algún lugar del suburbio de la ciudad. Al año siguiente, ya avanzado el proyecto, la Sociedad pide específicamente que se le permita llegar hasta El Parque, a lo que agrega el pedido de concesión de la fracción de tierra necesaria para ubicar la estación cabecera, que es objeto de otra decisión afirmativa de la Legislatura.

[9] La conexión con el tráfico de vapores era un tema vigente, a tal punto que la nota ya citada de *La Tribuna* del 14 de agosto de 1853 mencionaba que, junto a la línea al Oeste, habría otra, "subalterna", que saldría hacia el puerto de Tigre. Ese ramal fue objeto de diversas variantes posteriores, pero se concedió más tarde a otra línea independiente, que partió de Retiro, como se verá luego.

Como se dijo, la concesión fue modificada para permitir la extensión de la línea hasta El Parque, que quedaba sobre la actual Tucumán, fuera de las calles autorizadas en la primera decisión y más cercana a la ciudad que lo previsto originalmente. Más tarde, se concedió a la empresa un predio en dicho lugar, que se consideraba poco valioso por estar sobre "un zanjón" que lo atravesaba.

Estas definiciones contrastan con la imprecisión y la confusión en torno del trazado de la línea durante los primeros meses del proyecto y se explican por la puja en torno de la valorización de las tierras. Desde la presentación, como se mencionó, la propuesta dejaba abierto el punto de partida tanto como el de llegada. Ese aspecto tampoco quedó aclarado en la concesión (9 de enero de 1854), que seguía estableciendo un límite Norte-Sur para el nacimiento de la línea, pero no uno en el sentido Este-Oeste.

En el debate en la Legislatura, Vélez Sarsfield reconoció que "el Consejo de Obras Públicas y los empresarios habían omitido el punto de partida del ferrocarril" pero aclaró que había conversaciones oficiosas en torno del tema con algunos interesados así como con los "socios más respetables" de la empresa. Señaló que había "edificios costosos" en la dirección de las calles Federación, Victoria y Piedad que perderían valor si el ferrocarril se estableciera en otra parte. Fue así que logró convencer a los promotores, prosigue el exponente, de la "conveniencia de no tener por enemigos a los dueños de esos valiosos establecimientos de comercio" y, más aún, de las ventajas de elegir la traza de modo de atraer su cooperación, "pues sería indudable que esos propietarios serían los primeros en contribuir a este objeto". Con esos argumentos habría conseguido que los empresarios "se conformen con la designación del punto de partida que fija el artículo".[10]

---

[10] Esta versión de la presentación de Vélez Sarsfield figura en *El Nacional* del 3 de enero de 1854, pero no en su transcripción oficial en los *Antecedentes legales del Ferro-carril del Oeste*, Buenos Aires, Escuela de Artes y Oficios de la Provincia, 1885.

Las negociaciones prosiguieron dentro del mismo secreto que la definición original. En junio, *El Nacional* afirmaba que no había dudas sobre la traza entre Flores y Once, dadas las facilidades del terreno y la existencia del Mercado del Once, sobre el "que reposa el porvenir de la empresa". En ese tramo sería fácil "expropiar los terrenos de los propietarios particulares" dado que la línea haría "acrecer el valor de todos los terrenos adyacentes". Agregaba que se estudiaba la extensión hasta El Parque y no le encontraba mayores problemas. Pero los conflictos prosiguen y, dos días después, el mismo diario publica una carta que pide "se esclarezca" el punto de partida. Los remitentes dicen que el tema es tan decisivo que "puede hacer fracasar la empresa del ferrocarril dado que casi todos los grandes capitalistas tienen propiedades en la zona de la plaza Once de Setiembre".[11]

El 26 de junio se publica la autorización a la empresa a prolongar la línea hasta El Parque y ese mismo día aparece una carta de protesta firmada por "cincuenta propietarios de las inmediaciones del Mercado del Once de Setiembre" que suponen una serie de desgracias comerciales en ese caso: "ruina de casas de comercio, almacenes, depósitos y propietarios de la zona [...] despoblamiento del barrio", etc. La extensión, dicen, tiene como objeto "favorecer a propietarios de terrenos que hoy no valen nada en las inmediaciones de El Parque [...] [que deben] ser los únicos interesados en la autorización pedida". En lugar de salir en dirección a la campaña, como conviene al país" –agregan con cierta ironía–, "el empeño de la Comisión se reduce a traerlo al centro de la Ciudad".[12] La empresa responde señalando que el Once es importante para la carga pero que El Parque es beneficioso para los pasajeros, y que no hay contradicción entre ambas propuestas.[13]

[11] *El Nacional*, 19 y 21 de junio de 1854.
[12] *El Nacional*, 26 de junio de 1854.
[13] Estas afirmaciones figuran en el debate en Diputados y en el Senado, que están bien reflejados en *La Crónica* del 18 de junio y del 4 de julio de 1854, respectivamente.

Los comerciantes que firman la carta mencionada agregan una amenaza. Tras aclarar que ya han suscrito 300 acciones para el ferrocarril, afirman que están dispuestos a retirar su aporte si no se toman en cuenta sus intereses. Suponen que lo mismo harán otros aportantes potenciales, y concluyen que, en ese caso, el ferrocarril "quedará reducido a simple proyecto y jamás se llevará a efecto".

Dos días después, el periódico desestima el tono negativo de esa crítica y explica que los vecinos del Once están dispuestos a suscribir un millón de pesos si la traza del ferrocarril sigue su deseos, pero los promotores sólo "aceptan la suscripción sin condición alguna".[14] El comentarista se postula como árbitro y pide que se siga con la suscripción hasta los dos millones de pesos, de modo que una asamblea de accionistas decida luego la traza final y elija la comisión directiva de la sociedad que se hará cargo de llevarla a cabo; de ese modo, los propietarios de la zona adyacente se apresurarán a suscribirse –explica– tomando tantas acciones como puedan para que sus votos sean los que definan el resultado.[15]

En agosto, el mismo diario relata que los propietarios del Once habían llegado a un acuerdo, que no explica, con los promotores del ferrocarril y que aportarían capitales a la obra. Lo importante, agrega sin disimulos, es que el camino se haga para que se valorice la tierra: "el verdadero negocio de las empresas de ferrocarriles, que muchas veces se enriquecen, aun quebrando, pues el aumento del valor de las propiedades adyacentes y el incremento de las transacciones exceden siempre a las pérdidas".[16] Cuatro días después, el diario informa que el Senado

---

[14] *El Nacional*, 28 de junio de 1854.

[15] *Ibid*. El redactor jefe de *El Nacional* era Palemón Huergo, un personaje ligado a los promotores del Ferrocarril del Oeste, así como a Vélez Sarsfield, que era uno de los propietarios del diario. Por su posición social y laboral, Huergo debía saber que los estatutos de la Sociedad dejaban en manos del primer directorio la conducción directa de la empresa hasta que se terminara la obra, puesto que esa cláusula bloqueaba cualquier decisión distinta de parte de los accionistas. Su artículo puede leerse como un llamado a efectuar nuevos aportes a la empresa a cambio de un potencial control futuro, que sólo aparecía como una promesa.

[16] *El Nacional*, 12 de agosto de 1854.

aprobó sobre tablas las modificaciones a la traza una vez que se aclaró que los propietarios del Mercado del Once estaban conformes.[17] Los acuerdos no parecen concretarse mientras prosiguen las indefiniciones y protestas. En diciembre, un periodista reitera la necesidad de que se haga conocer la traza de la línea, puesto que "nadie sabe hasta hoy el punto de partida", pese a que debe estar definido; ese secreto hace que "capitales que se habrían aventurado sobre la empresa relativa a los terrenos del Once de Setiembre, están comprometidos, paralizados y aún desalentados".[18]

Las críticas al manejo de la traza definitiva por la Sociedad revelan el esperable interés de los propietarios de las tierras cercanas a la línea por la valorización de sus activos, que dependía de su ubicación respecto de ella, como ocurrió efectivamente. Los promotores no estaban menos interesados en esas especulaciones, y el secreto parece ser parte de sus estrategias de rentabilidad personal. La consecuencia de esas pujas de intereses es que todavía hoy resulta difícil conocer algunas de las razones de la traza así como las fechas reales de comienzo de las obras (cuyo presunto avance, al parecer, se utilizaba como argumento de facto para frenar algunas críticas al proyecto).[19]

1855: ENSAYOS DE AVANCE CON LA CONEXIÓN FRANCESA

El ingeniero Verger se retiró del proyecto tan sigilosamente como había llegado y era necesario un remplazante. Hacia fines de 1854, la Sociedad, aprobada la concesión y sus modificaciones, decidió buscar un experto en Europa. El elegido fue el ingeniero Mouillard, de origen francés, que arribó a Buenos Aires en febrero de 1855, trayendo

[17] *El Nacional,* 16 de agosto de 1854.
[18] Nota ya citada de *El Mercurio* del 15 de diciembre de 1854.
[19] En 1862, el diputado Gorostiaga explica que la definición previa de la traza obliga a pagar más por la tierra. Por eso, dice, el trazado del Ferrocarril del Oeste se definió luego de comprarla. Véase la sesión de Diputados de la Nación del 29 de agosto de 1862, que trata la concesión al Ferrocarril Central Argentino.

diversas herramientas y acompañado por cinco ayudantes.[20] Mouillard trabajaba con la Compañía General de Ferrocarriles del Mediodía de Francia y llegó con un contrato personal que fue firmado por Van Praet y Guerrico, ambos promotores del FCO, en un viaje a Francia. Van Praet, cónsul francés en Buenos Aires, también compró parte de los materiales necesarios para la obra, que llegaban aquí destinados a su nombre.[21]

El momento era propicio para las obras en la ciudad que se modernizaba a pasos rápidos. En octubre de 1854 se había constituido la sociedad para el alumbrado a gas, y en febrero de 1855 había "150 obreros demoliendo el fuerte" para dar paso a la Aduana nueva.[22] El FCO era parte de ese impulso renovador, y la Sociedad se preocupaba por dar signos de decisiones aun cuando éstas no siempre habían sido tomadas. En enero anunció que, además de contratar al ingeniero, había comprado ya los rieles "en Europa", suficientes para una extensión de "dos leguas" (algo más de 10 kilómetros). En un tono técnico, agregaba que "habían renunciado al uso de la madera de quebracho [que] no es adecuada por su mucha desigualdad", y que, en su lugar, traerían

---

[20] *El Nacional* del 8 de noviembre de 1854 anuncia que "está por venir el ingeniero, los operarios y los materiales", y confirma la llegada de éstos en su edición del 1º de febrero de 1855. Meses antes, el 3 de abril de 1854, *La Crónica* había dicho que venía "el Comisionado y el material de Liverpool", aunque es probable que esa información fuera parte de la "campaña" que insistía en el avance de las obras durante ese año.

[21] Las referencias a los antecedentes de Mouillard figuran en un informe de la Comisión Directiva del Ferrocarril del Oeste publicado en *La Tribuna* el 14 de febrero de 1855. Ahí se dice que Mouillard "conserva su relación" con la compañía ferroviaria francesa, sin especificar cómo es el contrato que lo liga con el Ferrocarril del Oeste. La intervención directa de Van Praet en la selección de Mouillard figura en una carta de alguien, no mencionado, que colaboró con él en dicha tarea, según *El Nacional* del 2 de febrero de 1855. El arribo de diversas mercancías para el Ferrocarril del Oeste que vienen a nombre de Van Praet se comenta en *La Tribuna* del 14 y el 18 de febrero y del 8 de marzo de 1855, así como en *L'Union, Journal Politique, Commercial et Litteraire* del 20 de noviembre de 1855.

[22] Véase *The British Packet and Argentine News*, del 28 de octubre de 1854 (sobre la creación de la compañía de gas) y del 3 de febrero de 1855 (sobre las mejoras en la ciudad).

maderas de Francia "sumergidas en cobre y alquitranadas para aumentar su duración". La Sociedad considera que "la mano de obra es cómoda y fácil en Europa, mientras que aquí es difícil y cara. Es por esto que de allí debe venir el camino preparado y que aquí sólo habrá que establecerlo".[23]

La llegada del ingeniero francés tuvo un impacto no esperado sobre la organización jerárquica de la empresa. Una de sus primeras actividades consistió en convencer a los directivos de la Sociedad de la importancia de una nueva "organización administrativa y el arreglo de los gastos en general" para la ejecución de la línea, con propuestas que, seguramente, seguían la lógica de su país para estas operaciones. En Francia se le otorgaba ya un rol decisivo a los ingenieros en todas las decisiones técnicas (supeditado, por supuesto, a las consideraciones de los financistas en lo que respecta a costos). Los directivos habrían aceptado formalmente esas normas, aunque las fricciones entre ellos y este profesional fueron constantes en torno de las decisiones clave, como se verá más adelante.[24]

Mouillard comenzó rápidamente con sus trabajos que, presumiblemente, se limitaban a nivelar la zona del camino y proyectar las medidas necesarias para salvar ciertos inconvenientes, como pequeños arroyos y cañadas. En mayo de 1855 llegaron 258 trabajadores en dos vapores, contratados para los trabajos del FCO.[25] Ese dato per-

---

[23] Estas consideraciones presuntamente "técnicas", que preceden a la llegada de Mouillard, originadas probablemente en la misión de Van Praet (y quizás algún otro miembro de la Comisión) en Europa, están registradas en *La Tribuna* del 14 de enero de 1855 y en *El Nacional* del 12 de febrero de 1855. Era obvio que el ferrocarril debería construirse en Buenos Aires y que la importación se limitaría a los materiales y equipos, pero esas ideas señalan la preocupación de la Comisión frente a la carencia de mano de obra preparada en la ciudad.

[24] La aceptación de las propuestas de Mouillard por la Comisión Directiva, aunque sin detalles sobre la misma, figura en *La Tribuna* del 14 de febrero de 1855. Los criterios franceses sobre las decisiones técnicas en los ferrocarriles pueden seguirse en la bibliografía sobre la historia de esos emprendimientos; véase, por ejemplo, G. Ribeill, *La révolution ferroviaire. La formation des compagnies de chemins de fer en France (1823-1870)*, París, Belin, 1993.

[25] Noticia en *El Nacional* del 9 de mayo de 1855.

mite suponer que se había decidido ejecutar las obras bajo la dirección del ingeniero francés.

Un folleto de la Sociedad mencionaba, en junio, los logros de esos últimos "tres meses": "El plano ha sido levantado, el proyecto está hecho, la línea trazada, valizada, nivelada y los obreros trabajan". En "algunos meses", agrega, estará lista la obra, puesto que "está casi concluida" la fabricación de los rieles pedidos a Inglaterra y "se está comprando" la madera.[26] El folleto afirma que el proyecto de la empresa consiste ya en llegar "a Mercedes"; acorde con esa idea, Mouillard parte, en agosto, en un viaje de inspección, o de reconocimiento, hacia aquella localidad para estudiar dicha etapa de la obra.[27] Ese optimismo de avanzar hacia la campaña contrasta con la realidad; las obras se mantenían dentro de un tramo reducido y se tardaría todavía varios años hasta que el ferrocarril hiciera un salto de magnitud y alcance geográfico.

Los primeros tramos de la línea no presentaban grandes problemas técnicos. El suelo era plano, se necesitaban pocos desmontes y escasos terraplenes y no había ríos de importancia para cruzar. Durante el avance de las obras se mencionaron algunos problemas como la escasa consistencia del terreno (que provocó la caída de algunos terraplenes) y el efecto negativo de las inundaciones; los textos disponibles mencionan que esos factores retrasaron el proyecto, aunque todo indica que no fueron más importantes que en otras obras similares. Parece más probable que la propia empresa haya presentado argumentos de "fuerza mayor", como las inundaciones, para justificar sus retrasos, dado que la concesión fijaba un plazo para la obra que resultó muy inferior al tiempo real demandado en los hechos para concluirla.[28]

[26] Folleto citado en *El Nacional* del 28 de junio de 1855. El silencio sobre locomotoras y equipos sugiere que no se había decidido nada sobre ello, aunque la Sociedad no hacía menciones al respecto.

[27] Véase la partida de inspección de Mouillard en *El Nacional* del 17 de agosto de 1855.

[28] Todos los historiadores de la empresa han tomado como ciertos los argumentos sobre las lluvias y el mal tiempo como causa de los atrasos, pero se trata de una ingenuidad. No eran ésos los problemas que enfrentaba el Ferrocarril del Oeste; el clima porteño no fue, ciertamente, la causa de que llevara tres años construir apenas 10 kilómetros de camino férreo.

En septiembre se había terminado la nivelación del camino desde el Once hasta Flores, pero faltaba construir alcantarillas y puentes para salvar los obstáculos en el camino. El avance de las obras se veía afectado, en parte, por un problema jurídico surgido cuando se intentó atravesar una fracción de terreno, perteneciente al señor Terrero, que se negaba a permitir el paso de los trabajadores por su propiedad.[29] La empresa solicitó al juez de paz que le intimara a entregar la franja necesaria para tender la vía, según lo convenido en la concesión. Terrero respondió que se resistía a hacerlo hasta que no se demostrara que la obra iba a hacerse realmente; su nota señalaba que todavía faltaban varios trabajos a realizar en la línea (como los puentes y otros elementos) y que esperaba que llegasen los rieles para estar seguro de que el ferrocarril se haría, antes de ceder su dominio sobre la franja de terreno demandada.[30]

Terrero no se limitó a la protesta formal. También, según cuenta la prensa de la época, "arrancó los mojones puestos por sentencia judicial e hizo a sus peones hacer las necesidades en los agujeros vacíos, para que quedasen sus excrementos, como entre los romanos el carbón y el ladrillo, de testigos, no del acto judicial, sino del desacato del malvado que se preparaba así, a exigir, cuando él mandase, el respeto ciego a la autoridad". Su protesta contrasta con actitudes anteriores; se recuerda que cuando fue "encargado de abrir y empedrar el camino de San José de Flores para embellecer su propia quinta, no preguntó de quiénes eran las propiedades por donde enderezó el camino a su casa".[31] Terrero fue uno de esos propietarios recalcitrantes al nuevo

[29] Noticia de *La Tribuna* del 4 de septiembre de 1855. Ciertos indicios sugieren que no fue el único que se opuso, pues hubo al menos otros tres casos de vecinos que se resistieron a que la vía atravesara su propiedad, que fueron obligados a ceder por el juez de paz, de acuerdo a los comentarios en esa misma noticia.

[30] Las críticas de Terrero están en *La Tribuna* del 6 de septiembre de 1855 y se repiten, debido a la continuidad de las presiones sobre él, en otras afirmaciones en *La Tribuna* del 11 de septiembre de 1855, donde se insiste en la ausencia de los puentes y la falta de piedras, entre otras señales del retraso o paralización de las obras.

[31] Nota de *El Nacional* del 1º de septiembre de 1855; en ella se relatan las observaciones de una comitiva de vecinos en una recorrida por las obras del camino de fierro, que se detiene ante los estorbos colocados por ese vecino. Terrero era el suegro

medio de transporte, y su rechazo pasó a la historia como un ejemplo de los representantes del atraso, pero una parte de su crítica tenía sustento, en el sentido de que la empresa ferroviaria ya parecía estar paralizada a finales de 1855. Lo cierto es que las dificultades volvieron a surgir en ese período, debido a varias circunstancias. Una fue el atraso en la llegada de los rieles porque el barco que los traía quedó demorado por fallas mecánicas en Río de Janeiro; en consecuencia, esa parte vital del equipamiento, que debía llegar hacia el mes de agosto, se retrasó varios meses. En enero de 1856, los rieles eran desembarcados en La Boca y quedaban a la espera de ser colocados.[32] Aun así, no queda claro si esos rieles podían ser instalados, puesto que tampoco estaba definida la trocha, que dependía, a su vez, de la decisión sobre el material rodante, que no estaba comprado. Esta última decisión se retrasaba, entre otras causas, debido a que en ese período volvió a brotar la polémica en torno a las ventajas de la máquina a vapor frente al sistema de tracción por caballos, polémica que sugiere que la decisión final al respecto aún no estaba tomada, pese a las entusiastas declaraciones previas.

En agosto de 1855, Mouillard intervino abiertamente en la polémica, hasta entonces alejada del debate público. En un informe a la Sociedad, que publica un diario local, dice que "los trabajos" (limitados a los movimientos de tierra, al parecer) "pueden quedar terminados en dos meses" y que sólo falta abrir el paso a través de las propiedades de Sylveira y Terrero para tener liberado el camino. Con entusiasmo, este ingeniero se lanza a describir las múltiples oportunidades que abre el ferrocarril, y dice que ya se ha "decidido"

---

de Manuelita Rosas y fue criticado por Sarmiento, como recuerda L. E. Gondra, que comenta este episodio en *Historia económica de la República Argentina*, Buenos Aires, Sudamericana, 1943, p. 407.

[32] Esta pequeña historia quedó registrada en las páginas de *El Nacional*. La edición del 8 de agosto de 1855 dice que los "rieles están en camino"; su edición del 27 de septiembre de 1855 señala que el desperfecto del barco que los traía los ha dejado retenidos en río. El 14 de enero de 1856, por último, informa que los rieles "están en La Boca".

prolongar la vía hasta Mercedes; su comentario no es inocente porque aclara, a renglón seguido, que esa mayor extensión de camino implica la necesidad de optar por locomotoras a vapor. Con un tono elíptico, pero claro sobre sus inquietudes, insiste con enérgico espíritu ejecutivo en que "es necesario que esta decisión sea sancionada, a fin de no volver sobre este punto".[33]

Su demanda no encuentra eco. En medio del silencio aparente de la Comisión Directiva, la polémica continúa en los meses siguientes. En septiembre, una nota periodística señala las ventajas del llamado "sistema Loubat", utilizado en Francia con la tracción a caballo, y sugiere aplicar ese modelo en el futuro FCO; Mouillard vuelve a la carga y en una carta de respuesta a ese análisis reconoce que "se pueden usar locomotoras a caballo", pero defiende enfáticamente al sistema de vapor. Con cuidado detalle, analiza luego los costos que se consideran en aquella nota para demostrar que las supuestas ventajas de la primera opción no son tales. La polémica sobre esta cuestión prosigue, y en octubre Mouillard escribe otra carta en defensa del vapor donde abunda en detalles sobre el tema.[34]

Sus argumentos no parecen suficientes para imponer una decisión. En una reunión con funcionarios del gobierno, en ese mismo mes de octubre, los directivos del FCO reconocen que no se decidieron todavía entre el vapor y el caballo, y que tomarán la opción "que sea más barata"; al parecer, estaban asustados con el costo de las locomotoras, que llegaba a los 5 mil duros.[35] Unos días antes, un periódico de la colectividad francesa señalaba que la Comisión, "espantada ante los gastos ya realizados, más los que le son anunciados por la comisión encargada de las compras

---

[33] Se trata del "Informe General del Ingeniero Director sobre la marcha del FCC hasta el 31 de julio de 1855", publicado en *El Nacional* del 17 de agosto de 1855.

[34] El artículo de apoyo al "sistema Loubat" fue publicado en *El Orden*, del 14 de septiembre de 1855, mientras que la carta respuesta de Mouillard apareció en *La Tribuna*, del 16 de septiembre de 1855. La segunda nota fue publicada en este último diario el 20 de octubre de 1855.

[35] Nota en *El Nacional* del 31 de octubre de 1855. Un duro era equivalente a un peso fuerte, de modo que una locomotora costaría unas mil libras según el texto.

en Inglaterra, decidió disolver la Sociedad, disolución que no se puede hacer sin afectar a los accionistas. Éste es el Progreso".[36]

Los presuntos costos de instalar el FCO llevan a sus directores a pedir más fondos al gobierno. La puja por obtener esos recursos explica buena parte del atraso mientras que las diferencias de opinión generan el cambio de contratista. Finalmente, en diciembre, Mouillard parte desilusionado hacia Europa, después de dejar la dirección de la obra, que queda "abandonada".[37] El sordo conflicto que motivó ese retiro, que estuvo a punto de paralizar el proyecto, apenas surge en algunos comentarios del momento.

El diario de la colectividad francesa lo despide con un texto que refleja los problemas que vivía la empresa. La nota considera que

> Mouillard creyó que un contrato serio, hecho, al menos, por una de las partes, tenía un cierto valor (qué quieren, él no conocía el país); llegó creyendo ingenuamente que haría un ferrocarril. Llegó hasta aquí con sus obreros y al cabo de algunos días les dijo: mil perdones, señores, nos equivocamos, renunciamos a toda idea de ferrocarril; este país no está maduro para ello.[38]

El día previo a su partida, otra nota, al mismo tiempo que señala la "sorpresa y el pesar" causados por la partida de Mouillard, carga las tintas sobre los directivos de la Sociedad:

> Es un mal ejemplo que se agrega a otros, el triste resultado de una empresa en un país donde nada es positivo, salvo el egoísmo [...] la mayor causa de este fracaso está en el Consejo de Administración que, no contento con administrar, quiere ejecutar [...] pretensión algo exorbitante [...]. El

---

[36] Nota en *L'Union* del 13 de octubre de 1855. La mención a la comisión de compras en Inglaterra no aparece en ningún otro lugar y no se ha podido confirmar ni su existencia ni sus presuntos integrantes.

[37] Mouillard parte hacia Europa el 2 de diciembre de 1855, según adelanta *La Tribuna* del 30 de noviembre de 1855. La definición de la obra como "abandonada" está en *El Nacional* del 13 de diciembre de 1855; dos días después, el mismo diario informa que los terraplenes "se desmoronan" por falta de cuidados.

[38] Nota en *L'Union* del 22 de octubre de 1855.

resultado son las desavenencias entre el poder administrativo y el único poder ejecutivo de todo ferrocarril, que es el ingeniero en jefe. El Consejo de Administración que, sin duda, conoce de negocios o de Bolsa, quería substituir el sistema elegido al inicio por otro malo para el país, el sistema Loubat [pese a que] el ingeniero en jefe les hizo ver los inconvenientes. En fin, la falta de fondos y estas pequeñas miserias, hicieron abortar la empresa. [...] Buen viaje, señor Mouillard.[39]

Mientras tanto, buena parte de los operarios llegados para la obra se habían desbandado, de manera que, en los hechos, ésta estaba paralizada por múltiples causas.[40] El fin del ensayo con el ingeniero francés implicó su reemplazo por un contratista británico mientras se negociaba el aporte de fondos del gobierno, dos temas clave para la empresa en ese fin de año de 1855.

El flujo de fondos a la obra

El costo real de las obras así como el aporte efectivo de los accionistas durante todo ese período permanecen en la oscuridad. A la ausencia de registros se agregan las informaciones confusas de la Comisión Directiva que dificultan conocer la realidad. Apenas aprobada la concesión, tan temprano como en marzo de 1854, la Comisión anunció, optimista, que ya tenía 800 accionistas, lo que implicaba 2 millones de pesos comprometidos para la obra.[41] En rigor, eran 800 *acciones*, suscritas por un número mucho menor de inversores, puesto que el total de interesados estuvo en torno a las 250 personas.

---

[39] Nota en *L'Union* del 1º de diciembre de 1855. Con cierto dejo de pudor, *El Nacional* del 21 de diciembre de 1855 dice que el ingeniero Mouillard debió marcharse en busca de un "clima más favorable para su salud quebrantada".

[40] Ese desbande se menciona en una nota de la Sociedad en *El Nacional* del 12 de noviembre de 1855. Los obreros extranjeros encontraban ofertas de trabajo, en un país escaso de mano de obra, que les permitía una situación mejor, en conflicto con las necesidades de la empresa que los trajo.

[41] *El Nacional*, 23 de marzo de 1854.

La dificultad de incorporar accionistas es mencionada en varias ocasiones durante ese período. Norberto de la Riestra afirmó ante el Senado que no habían logrado interesar a los posibles inversores de la Sociedad. Todo fue inútil, explicó, frente a las escasas posibilidades iniciales de beneficio que ofrecía el proyecto; los directivos fueron "puerta tras puerta, suplicando a los accionistas, llamando no al interés individual sino a su patriotismo, para que concurrieran a una obra de la que no esperaban sacar mediano lucro, sino consultar el beneficio del país".[42]

En junio de 1855, por fin, la Comisión presentó un presupuesto de la obra que parece relacionado con el momento de mayor actividad de Mouillard y probablemente preparado por él. El cálculo se limita al tramo de vía hasta Flores, lo que confirma las escasas expectativas de obtener fondos para todo el proyecto, pese a los anuncios ambiciosos de que se seguiría hasta Mercedes.[43] Se supone un costo total de 3,6 millones de pesos para esa primera etapa, pero las cifras que se publican se mantienen en valores muy genéricos, con excepción de algunos datos puntuales, como el "costo de los estudios", que se especifican en 35 mil pesos.[44] El valor de los rieles y pernos, por ejemplo, figura con una precisión que contrasta con el costo supuesto del material rodante, por el que se menciona una cifra global y sin ningún detalle de costo y número de unidades a adquirir; esa diferencia en la calidad de las estimaciones sugiere que hubo alguna cotiza-

[42] La cita está en el texto del discurso del ingeniero S. Brian en el festejo del 50º aniversario de la inauguración de la línea, el 30 de agosto de 1907: *Celebración del 50º aniversario de su primer ferrocarril 1857 –30 de agosto– 1907*, Buenos Aires, 1907.

[43] El folleto de la Sociedad con ese presupuesto está reproducido en *El Nacional* del 28 de junio de 1855.

[44] La continua confusión en estos temas impide conocer cómo fueron los gastos reales. *La Crónica* del 16 de septiembre de 1854, por ejemplo, dice que Guerrico afirmó en la Cámara de Senadores (sesión del 14 de septiembre de 1854) que la empresa "hizo venir un ingeniero" en el que gastó 40 mil pesos. Esta sola cifra resulta superior a los 35 mil pesos en el rubro de estudios que se registran al año siguiente, cuando ya estaba Mouillard, puesto que "el ingeniero" mencionado por Guerrico debía ser Verger (que tampoco fue "traído", puesto que ya estaba en Buenos Aires).

ción pedida para los primeros, mientras que nada había proyectado, todavía, para los otros. Se destaca que, pese al plazo transcurrido desde el inicio del proyecto, ese presupuesto tampoco ofrece ninguna estimación sobre el monto de dinero ya gastado y el que faltaría para terminar los trabajos.

En noviembre, ya en plena crisis con Mouillard, con la obra paralizada y claras dificultades de financiación, se conoce una estimación un poco más amplia del estado de flujos financieros de la Sociedad.[45] El cálculo se origina en un pedido del gobierno; éste había expresado su disposición a otorgar el millón de pesos pedido para el proyecto, pero quería, para justificarlo, un detalle sobre el avance real de las obras. El informe de la empresa dice que había recibido 2,4 millones de pesos por suscripción de 968 acciones, 120 de las cuales habían sido tomadas por el gobierno. De ese total, llevaba gastado 1,8 millones, mientras que el costo estimado para llegar a Flores había subido ya a 4,5 millones de pesos, un monto que supera en el 25% el valor establecido apenas cinco meses antes. La Comisión solicita entonces que, para cubrir la diferencia necesaria, el gobierno suscriba otras 462 acciones, hasta cubrir el tercio del capital total mencionado en el pedido de concesión; en compensación a ese pedido de un aporte adicional de 1.155.000 pesos, ella se compromete a "conseguir la suscripción de 316 acciones", que implicaban otros 790 mil pesos de aporte privado.[46] La Comisión agrega que puede aceptar aquel monto en forma de "empréstito".

Uno de los datos curiosos de este nuevo presupuesto es que contiene una partida de 311.000 pesos dedicados a "estudios", que representaban casi el 20% del gasto total y eran diez veces mayores a lo mencionado unos meses antes. La diferencia podía deberse a pagos

---

[45] Véase *El Nacional* del 12 de noviembre de 1855.
[46] Es casi innecesario agregar que las cuentas no son claras: la diferencia entre el presupuesto total estimado de la obra y el monto suscrito es de 2.085.500 pesos, pero la Comisión Directiva pide 1.945.000 pesos; las cifras presentadas no permiten comprender el por qué de esa diferencia (pequeña, pero que se destaca para mostrar las dificultades de seguir las cuentas de la empresa).

efectuados a Mouillard, aunque no sólo no hay mención al respecto sino que se presenta, dentro de ese rubro, una partida de 276 mil pesos ya erogados "para la extensión a Chivilcoy y a San Fernando". Los datos resultan inconsistentes. La extensión a Chivilcoy no justificaba esas erogaciones por la empresa, que ni siquiera tenía los fondos para llegar a Flores; el ramal a San Fernando había aparecido, como una posibilidad, en octubre de ese mismo año, apenas un par de semanas antes de que se mencionaran estos gastos.[47]

No hay nuevos datos sobre costos mientras prosigue la demanda por los aportes oficiales. En enero de 1856, un artículo periodístico decía que la Sociedad solicitaba al gobierno una contribución para terminar las obras, que el "abandono empieza a inutilizar a pasos contados".[48] El gobierno habría ofertado, a su vez, que otorgaría un millón de pesos, destinados a pagar el costo de locomotoras y material rodante, pero a condición de que se terminaran las obras del camino hasta Flores, "según el plan del Sr. Bragge", a quien se le había pedido una propuesta, como se verá más abajo.

Todo indica que había una desconfianza mutua. La Sociedad dudaba de la capacidad oficial de aportar fondos, lo que se explica por las restricciones presupuestarias típicas de esos años, y no quería avanzar sin asegurar esos recursos (dado que tampoco contaba con otros). El gobierno, por su lado, parecía desconfiar de la habilidad de la empresa para terminar la obra luego de tantas idas y venidas con el proyecto. Por ello, ofreció como garantía depositar la suma prometida en cuotas mensuales de cien mil pesos, a partir de febrero, hasta completar su aporte, sin perjuicio de avanzar el total en el caso de que

---

[47] *El Nacional* del 1º de octubre de 1855 relata que la obra estaba suspendida por "la falta de rieles" y que, en ese ínterin, la Comisión había viajado a San Fernando "para estudiar la construcción de una vía entre ésta y Flores, que tendría una utilidad de 20% desde el primer día" (!). En agosto, por otro lado, se había especulado sobre un ramal de Morón a Tigre (que dependía, por supuesto, de que la línea llegara a Morón, lo que recién se decidió definitivamente en 1857), según *El Nacional* del 17 de agosto de 1855. Ninguno de estos proyectos vuelve a mencionarse en ese período.

[48] *El Orden*, 30 de enero de 1856.

se terminara el camino en el ínterin.[49] Las negociaciones se ven confirmadas por otro artículo que relata que el gobierno estaba dispuesto a hacer efectivo su aporte si se establecía un plazo para concluir las obras (ya en claro retraso respecto de las previsiones originales). Se calculaba que hacía falta un monto de 2 millones de pesos de aporte oficial, de los que la Comisión pedía uno como suscripción y otro como préstamo.[50] En abril se explica que el primer millón se destinaría al tramo Once-Flores, mientras que el segundo sería para el tramo Once-El Parque (distinción que vuelve a indicar que este último recorrido seguía sin una definición clara).[51] El texto periodístico agrega que "50 ciudadanos" se habían comprometido a realizar el aporte "que faltare para cubrir los 3 millones si no se presentaran accionistas o las Cámaras no aprobasen el nuevo monto". El apoyo oficial evitó verificar si realmente existió esa súbita disposición a invertir de dicho grupo de ciudadanos.

La oferta oficial destrabó el proceso de construcción del ferrocarril y la obra se contrató, entonces, con un empresario inglés que se comprometió a realizar todos los trabajos necesarios.

1856: LA OPCIÓN POR UN CONTRATISTA BRITÁNICO

El nuevo contratista de la obra fue el ingeniero William Bragge, que había construido la primera línea férrea en Río de Janeiro, un ramal de apenas 16 kilómetros de largo que se inauguró en abril de 1854, cuando se comenzaba a encarar la obra del FCO. Bragge había ganado prestigio con esa tarea, que realizó al mismo tiempo que la construc-

---

[49] Tomado de *El Industrial* del 31 de enero de 1856, que transcribe una nota de *El Orden* del día anterior. El programa de pagos supone que la obra podía realizarse en el curso del año 1856, como sugieren otros comentarios de entonces.
[50] Véanse los relatos en *El Nacional* del 22 y el 24 de enero de 1856.
[51] Véase *El Nacional* del 18 de abril de 1856.

ción de una red de gas para iluminar la capital del Brasil, inaugurada en marzo de ese mismo año. Con esos antecedentes, llegó a Buenos Aires hacia septiembre de 1854 con vistas a trabajar en las obras del gas para iluminar esta ciudad, una posibilidad que le permitía continuar con sus actividades en el Nuevo Continente; se dice que había sido llamado por la empresa que se había creado con ese objeto y en la que figuraban, entre otros, Jaime Llavallol como presidente y Gowland como director (en igual cargo que en la del FCO).[52]

Bragge comenzó a trabajar en ese proyecto con un contrato de honorarios por un valor de mil libras esterlinas anuales para dirigir los trabajos.[53] Muy pronto, esa tarea lo llevó a entrar en contacto con Mouillard debido a la necesidad de armonizar la nivelación de las obras que estaban realizando, una problemática que no había sido encarada hasta entonces en la urbe.[54] Poco después, Bragge partió a Gran Bretaña para adquirir los equipos necesarios para la provisión del gas, de donde regresó a fines de julio.[55]

Bragge era uno de los escasos ingenieros actuando en Buenos Aires en esos años, y su presencia se hizo sentir, a la par de la de sus colegas. Fue así que en agosto de 1855 fue designado miembro del Consejo de Obras Públicas, creado en 1852 pero que nunca había funcionado en la prácti-

---

[52] La Compañía de Gas fue creada en octubre de 1854, luego de que el gobierno otorgara una concesión a la firma Jaunet Hermanos. La Compañía se formó con otros socios, luego de la concesión, y un capital de 6 millones de pesos (a suscribir en 6 mil acciones de mil pesos cada una); luego decidió contratar al ingeniero Bragge para llevar a cabo las obras correspondientes. Sobre este tema, véanse *The British Packet and Argentine News* del 28 de octubre de 1854 y *La Tribuna* del 16 de febrero de 1855.

[53] Véase *La Tribuna* del 16 de febrero de 1855. Estos valores eran normales en el mercado y se pueden comparar con la retribución al ingeniero jefe del ferrocarril a Balaklava, que era de 1.500 libras por año (véase M. Robbins, "The Balaklava Railway", en *Journal of Transport History*, I-1, 1953).

[54] Estas reuniones entre Mouillard y Bragge ocurrieron apenas llegó el primero, dado que se comentan en *La Tribuna* del 14 de febrero de 1855.

[55] *La Tribuna* del 27 de julio de 1855 confirma el arribo de Bragge a Buenos Aires, de regreso de su misión. En el ínterin, se colocó la piedra fundamental de las obras del gas, acto en el que Jaime Llavallol cedió el honor a su hermano Felipe, presidente del Senado, según *La Tribuna* del 12 de mayo de 1855.

ca, al que se le encargó vigilar las obras de utilidad pública, aprobar los planos que se presentaron, etc.; por decreto, el gobierno nombró a 14 miembros, "todos ingenieros, menos dos que son arquitectos", entre los que se contaban Bragge (encargado del gas), Mouillard (a cargo, todavía, de las obras del FCO), Taylor (que estaba construyendo la Aduana) y Pellegrini (que levantaba el Teatro Colón). Este ordenamiento implicaba que los miembros del Consejo quedaban, también, a cargo de supervisar sus propias obras, que eran las de mayor impacto en la urbe porteña.[56]

Los conflictos entre Bragge y Mouillard formaron parte de la pequeña historia de esos meses hasta que el ingeniero francés decidió dejar su puesto y el inglés ocupó rápidamente su lugar. El retiro del francés no le impidió lograr una última, y casi irónica, victoria, puesto que su enérgica defensa de la tracción a vapor fue finalmente asumida por la Comisión Directiva. Hacia comienzos de noviembre, aún antes de que aquél partiera, ésta estima que, como el "único movimiento productivo de la línea será el de los paseantes, se aconseja la adopción del vapor (para que la novedad los atraiga en mayor número)".[57] Esta decisión se confirma en diciembre, mientras se afirma que "se pone de nuevo mano a esta obra ya tan avanzada"; este renovado optimismo, al parecer, se debe a la disposición del gobierno de aportar fondos para terminarla.[58]

En enero, la Comisión, acompañada por un asesor del gobierno, se reunió con Bragge en la casa de Llavallol, donde discutieron la

[56] *La Tribuna* del 7 de septiembre de 1855 relata el decreto oficial del 18 de agosto de 1855. Un organismo de ese carácter era de suma necesidad frente a la cantidad de obras públicas que se llevaban a cabo, o se proyectaban, en Buenos Aires, pero la ausencia de especialistas llevó a que se nombrara para dirigirlo a los mismos profesionales interesados en las obras que debían controlar. La escasa información disponible sobre la actividad del Consejo impidió conocer su influencia en el desarrollo de las obras del ferrocarril.

[57] *El Nacional*, 9 de noviembre de 1855. Esta definición contrasta con los cálculos previos de la empresa, basados en el despacho de cargas y donde los pasajeros tenían un rol marginal, y sugiere que había cambiado la orientación imaginada para el negocio a medida que avanzaba el proyecto.

[58] Véase *El Nacional* del 21 de diciembre de 1855.

manera de concluir la obra. El ingeniero inglés estaba buscando nuevas oportunidades de trabajo porque las obras del gas se estaban terminando y ofrecía experiencia en la construcción de ferrocarriles. Un renovado brote de optimismo local llevó a pedirle al inglés que hiciera un presupuesto por todo el camino hasta Morón; éste lo evalúa en unos 8,5 millones de pesos, monto que nuevamente habría disuadido a la Comisión sobre la posibilidad de encarar el conjunto de la obra de una sola vez, si es que en algún momento lo había imaginado.[59] A fines de enero, el gobierno ya había decidido aportar un millón de pesos para la obra, pero que sólo hará efectivo cuando esté terminado el camino hasta Flores, con todos sus accesorios, y que "no le falte para funcionar sino las locomotivas y el tren rodante".[60] Para ello, dispone que se depositen 100 mil pesos por mes en la Casa de la Moneda, a partir de febrero, para asegurar a la empresa que el dinero prometido estará disponible en el momento necesario.

Conviene notar que los miembros del acuerdo esperan que "el camino" esté terminado en el curso del año, pero no que en ese plazo haya llegado el material rodante, que sería pagado con los fondos del gobierno.[61] La experiencia posterior exhibe una secuencia inversa respecto de ese programa, porque finalmente los equipos llegan antes de que se instalen las vías en todo el recorrido.

En abril se firma el convenio con Bragge para que éste lleve a cabo el resto de los trabajos necesarios para terminar exclusivamente el tramo entre El Parque y Flores; el ingeniero británico actuará como contratista, y cobrará un monto total de 3 millones de pesos, que se pagarán en cuotas mensuales hasta enero de 1857, fecha que se correspondía con la terminación de la obra, establecida para diciembre

---

[59] Véase *El Nacional* del 24 de enero y del 17 de abril de 1856, respectivamente, para estas referencias.

[60] Noticia publicada en *El Orden* del 30 de enero de 1855 y transcripta en *El Industrial* del 31 de enero de 1855.

[61] *Ibid.*

de 1856.[62] En definitiva, fue así que el primer ferrocarril argentino terminó siendo construido por un contratista británico, luego de experiencias frustradas con dos ingenieros franceses y un largo período de ensayos. El pedido fue presentado por los directivos de la Sociedad local concesionaria, con fondos provistos en su mayor parte por el gobierno argentino, dado el desinterés de los presuntos inversores, y sin recurso alguno al crédito (más allá del que formalmente le otorgó el Banco de la Provincia).[63]

El contrato establece que la empresa le entrega a Bragge los terrenos ya libres para su uso y los materiales y equipos disponibles, incluyendo los rieles ya comprados más los que estaban en viaje; éste se compromete a adquirir todos los materiales y equipos que hicieran falta y construir la obra en el curso del año. Por primera vez, se establecen por escrito cantidades para el material rodante; serán dos locomotoras, dos coches de pasajeros, con "capacidad para 120 pasajeros en los dos", y doce vagones de mercancías. No se mencionan especificaciones técnicas; sólo se pide que sean "de la mejor calidad y en todos los aspectos que se usan en los principales ferrocarriles de Inglaterra y Francia". Bragge asume todos los riesgos de la obra y garantiza su operación normal hasta tres meses después de que fuera inaugurada.

[62] El contrato está publicado en *El Nacional* del 18 de abril de 1856, de donde se toman algunos de los detalles que se presentan.
[63] H. R. Stones dice que Gowland contrató a Bragge para el FCO luego de que éste construyera el Ferrocarril Mauá (*British Railways in Argentina, 1860-1948*, Inglaterra, P. E. Waters & Associates, 1993, p. 3). En rigor, Gowland debe haber utilizado su influencia para contratarlo para las obras del gas, donde participaba como socio, mientras que Van Praet se encargaba de contratar a Mouillard para el ferrocarril. No se ha podido detectar si las pujas entre ambos ingenieros se correspondían con otras en el seno de la Comisión Directiva en torno a la orientación de los convenios con proveedores y contratistas ingleses o franceses, que dependían, por otra parte, de la disponibilidad coyuntural de la oferta en cada una de dichas metrópolis, pero los cambios relatados sugieren que esa hipótesis es probable. Por otra parte, en junio de 1855 se anunció la renuncia de Guerrico a la Comisión, sin causa conocida; esta decisión, al parecer, no tuvo efectos, pues dicho dirigente siguió actuando en esas tareas en el período siguiente (sobre la renuncia de Guerrico véase *El Nacional* del 11 de junio de 1855).

En mayo, los comentarios periodísticos se complacen por la reactivación de las obras. En vez de esa "paralización matadora" de los últimos meses, que "constreñía el espíritu, una animación febril reina en los trabajos" con más de 500 operarios en ellos, dice una de esas notas.[64] La cantidad mencionada de operarios parece exagerada; no debía haber más de un par de cientos, pero pocos se fijaban en tales detalles durante esos momentos de optimismo. En julio, el FCO comienza a difundir un boletín semanal que, a veces, se resume en los periódicos. Los diversos ejemplares conocidos mencionan las tareas de movimientos de tierra, construcción de algunos puentes y compras de durmientes y rieles faltantes.[65] Esta nueva manera de informar supone que hay mayor rigor en el control de las tareas, relacionado, quizás, con los reclamos del gobierno, interesado en supervisar el avance de los trabajos que financia, y el papel asignado al contratista. En diciembre llegan las locomotoras y algunos vagones, y se anuncia la pronta inauguración del servicio. De nuevo, las expectativas superan a la realidad, y una serie de problemas oscuros siguió atrasando la obra a lo largo de esos meses hasta que el ferrocarril comenzó a funcionar, a fines de agosto de 1857.

Un año de atrasos

El arribo del bergantín inglés *Borland*, proveniente de Liverpool y cargado con las locomotoras para el FCO, vagones, algunos equipos que no se detallan, y hasta el carbón para alimentar las calderas, fue señalado por toda la prensa local en diciembre de 1856. La máquina a vapor llegaba a Buenos Aires. El periodismo se felicitaba, y felicitaba a Bragge,

[64] Nota de *La Tribuna* del 17 de mayo de 1856. La exageración está acorde con el "espíritu" de la época pero los detalles al respecto se verán más adelante.
[65] No se han encontrado las copias del citado boletín, pero hay menciones al mismo en *El Nacional* en sucesivas ediciones; acá se tienen en cuenta las del 18 de junio, el 26 de junio, el 29 de agosto y el 1º de octubre de 1856.

mientras se anunciaba que "en poquísimas semanas" se inauguraría el servicio.[66] La experiencia no fue tan simple. En primer lugar, porque aquel barco tuvo que esperar varias semanas para que se pudieran bajar los equipos debido a la ausencia de instalaciones apropiadas para ello. En ese plazo se construyó un carromato especial de madera, tirado por 30 caballos, que debía traerlos desde el río, donde estaban fondeadas las naves, hasta su primer destino, en El Parque. Una locomotora fue bajada el 14 de enero de 1857, tres semanas después del arribo del barco, tras enormes dificultades, algunas de las cuales fueron relatadas en coloridas notas en la prensa. Las locomotoras estaban izadas "a la altura de la obra (muerta) cuando la violenta ráfaga de la madrugada" culminó "una noche de zozobras", con "el buque en condiciones bastante peligrosas". Finalmente, todas las dificultades fueron superadas y el carretón arribó a tierra, llevando su preciosa carga, bajo la aureola de "un espléndido arco iris en el horizonte".[67]

La segunda máquina fue bajada unos días después con el mismo sistema y nuevos problemas, porque la marcha del carretón, ya en tierra, "quedó interrumpida por haberse quebrado las gruesas planchas y barras de hierro que unían el pértigo al wagon, lo que creemos sucedió más bien por la mala calidad del hierro que por carecer de las dimensiones necesarias. Por otra parte, considerando el volumen de la pieza y su enorme peso, más de 700 arrobas, y lo áspero del empedrado de nuestras calles, no se extrañará un tropiezo de tan poca monta".[68]

Todo indica que las máquinas se bajaron desarmadas, para reducir su peso unitario, y fueron vueltas a armar en El Parque.[69] En esos mis-

---

[66] Véase, por ejemplo, *La Constitución* del 27 de diciembre de 1856 y *El Nacional* del 29 de diciembre de 1856.

[67] Nota de *El Nacional* del 15 de enero de 1857.

[68] Nota de *El Nacional* del 20 de enero de 1857. Las 700 arrobas mencionadas equivalen a unas 8 toneladas, pero el peso de la locomotora vacía era de 12,7 toneladas, según E. Rebuelto, "Historia del desarrollo de los ferrocarriles argentinos", en: E. Shickendantz y E. Rebuelto, *Los ferrocarriles en la Argentina*, Buenos Aires, Fundación Museo Ferroviario, 1994, p. 75.

[69] Una nota de *El Nacional* del 24 de enero de 1857 dice que se ve en El Parque una locomotora "enteramente montada" a la que sólo le faltan "dos ruedas que no

mos días se bajó el resto de los equipos, coches y vagones, que darían forma al nuevo servicio. Muy pronto, el propio Bragge se encargó de probar la locomotora sobre las vías en un viaje que algunos dicen llegó hasta Flores y otros que sólo alcanzó a una zona de Almagro, donde estaba la quinta del ministro Díaz Vélez. La diferencia no es secundaria porque los primeros dan por supuesto que los rieles estaban colocados y listos para recibir a la máquina en todo el recorrido, mientras que los segundos reconocen, implícitamente, que faltaba terminar un tramo de la vía. Esta última hipótesis resulta la más probable.[70]

A partir de esos días de júbilo se nota gran expectativa por la inmediata, en apariencia, inauguración del servicio. Primero se habla del primer día del año 1857, luego del 3 de febrero, más tarde se pone fecha en julio hasta que, finalmente, el acto se realiza el 29 de agosto de 1857.[71]

Las razones de ese retraso de ocho meses entre el momento en que aquella primera locomotora recorrió la línea y la inauguración quedan ocultas en informaciones contradictorias. El argumento más utilizado, y tomado de buena fe por la mayoría de los historiadores que trataron el tema, son las lluvias, o más genéricamente, "el mal tiempo", pero es obvio que se trata de una excusa formal, que provoca comentarios irónicos en la ciudad.[72] Es claro que la Sociedad necesitaba alguna justificación porque había plazos para la terminación de

---

han venido a tierra por el mal tiempo". La misma nota observa que los carruajes son "hermosos y cómodos" y que los de primera clase están "forrados de tafilete verde".

[70] *El Nacional* del 29 de enero de 1857 dice que fue hasta Flores, mientras que *La Tribuna* del 30 de enero de 1857 afirma que llegó hasta la quinta del ministro. Ambos coinciden en que el ministro volvió en la locomotora, de modo que fue el primer porteño que viajó impulsado por el vapor.

[71] Las noticias sobre las sucesivas fechas de inauguración que se mencionan están, respectivamente, en *El Nacional*, del 31 de octubre de 1856 (antes de que llegara el Borland), *La Constitución* del 19 de enero de 1857 y *El Nacional* del 20 de enero de 1857, y, por último, *La Tribuna* del 21 de junio de 1857 y *Los Debates* del 22 de junio de 1857, para la fecha del 10 de julio.

[72] *La Constitución* del 14 de julio de 1857, por ejemplo, pregunta: "desde cuándo se necesita del buen tiempo para esta clase de caminos" la inauguración prometida "parece una farsa, debía ser en enero y en julio estamos esperando el buen tiempo".

las obras que debían estar listas a comienzos de 1857; si bien se podía esperar la buena voluntad del gobierno, no ocurriría lo mismo con algunos de los críticos del ferrocarril.

CUADRO 2. *Presupuesto del tramo desde El Parque a Flores*

Un folleto, sin fecha (pero que debe ser de 1856), titulado *Ferro Carril al Oeste*, y editado por la Sociedad, presenta los primeros cálculos de costos previstos para la instalación de los 10 kilómetros de línea, hasta Flores. Estas cuentas, pese a su carácter precario, fueron confirmadas por los balances posteriores, y merecen verse resumidas en sus aspectos centrales. Los rubros específicos del costo son:

- Estudios y planos $ 35.000
- Compra de tierras $ 25.000
- Terraplenes y obras en tierra $ 663.800
- Obras de arte $ 146.800
- Rieles, durmientes y colocación $ 1.695.700
- Cercado $ 100.000
- Edificios de paradas y estaciones $ 100.000
- Talleres, útiles, etc. $ 210.000
- Material rodante $ 640.000
- Total $ 3.616.300

Se observa que el costo asciende a unos 3.616.300 pesos o, aproximadamente, 3.626 libras por kilómetro de línea. El bajo costo se explica por la ausencia de obras de arte de envergadura (dado que el terreno es plano y no se deben cruzar ríos) y la mínima inversión original en edificios. Las primeras construcciones eran muy precarias, más preparadas para carga que para pasajeros, y de muy bajo costo inicial. El valor del material rodante se estima de modo genérico en el texto, y resulta probable que haya sido finalmente mayor (si es correcto que el costo de las locomotoras llegó a 5.000 libras, o 500.000 pesos, cada una). Eso justifica que dicho rubro represente menos del 20% de la inversión prevista, aunque esta última relación puede explicarse, también, por el reducido número de vagones y coches de pasajeros que se incorporan en la primera etapa.

Al llegar a Moreno, en 1860, la extensión de la línea se multiplicó por cuatro (39 kilómetros, más dos de vías auxiliares) y el costo promedio se mantiene, aunque las proporciones de los distintos rubros se modifican debido a una serie de causas que escapan a este análisis.

La escasez de información obliga a trazar algunas hipótesis que se limitan a los problemas con la recepción y la instalación de los rieles y a las discusiones en torno del tramo a El Parque, que se continúan casi hasta el momento final de las obras. Para ver estos puntos, conviene retomar el tema de las decisiones técnicas, comenzando con el caso de "La Porteña", siguiendo con el detalle de los inconvenientes vividos con los rieles, para terminar, luego, con el caso del tramo a El Parque.

Decisiones técnicas: la trocha
y el oscuro origen de "La Porteña"

Como se ha adelantado, las decisiones técnicas no son bien conocidas, pero tampoco parecen haber tenido demasiada sofisticación. La Sociedad optó por la trocha ancha, que definió una de las características mayores (aunque no exclusiva) del sistema ferroviario local, sin que se entienda bien por qué. Las explicaciones posteriores son diversas. Se ha dicho que esa decisión se debía a la expectativa de unir en el futuro la línea con el ramal chileno del ferrocarril a Copiapó; la enorme distancia entre ambos tramos de vía, y el breve recorrido real de cada uno de ellos en esa primera etapa, hace difícil aceptar ese argumento, al menos si no se encuentra un soporte documental. Se ha dicho, también, que esa trocha se adoptó debido a la semejanza de las llanuras pampeanas con las estepas rusas, donde se había elegido el mismo ancho. Un periódico de la época dice que la trocha era la misma que la del ferrocarril construido por Bragge en Río de Janeiro, pero eso no explica la decisión. Una explicación con mayor grado de probabilidad reside en que la trocha se adaptó, pasivamente, a la dimensión de las locomotoras y el material rodante comprado para la línea. El problema persiste, porque las razones de esta última decisión tampoco son evidentes.[73]

[73] La semejanza de la similitud de la trocha con la del ferrocarril a Copiapó y la versión de que se pensaba llegar allá está mencionada en M. J. López, *Historia de los ferrocarriles de la Provincia de Buenos Aires*, Buenos Aires, Lumiere, 1991, p. 222. La

Como se señaló, no hay ningún documento que mencione especificaciones técnicas para los equipos ni siquiera referencias a la importancia de esos criterios; esa imprecisión facilitó, sin duda, la opción por los que estaban disponibles en la plaza de Londres cuando se fue a comprar el material rodante.[74] La primera referencia localizada figura en el *Boletín Semanal* del FCO, que en julio de 1856 informa que ya "se encargaron las locomotivas"; el contrato se habría firmado en junio por la compra de dos locomotoras, en 3 mil libras, dos coches de pasajeros y 22 vagones de carga.[75] En octubre de ese año, el *Boletín*

---

referencia a las estepas rusas está en W. Wright, *Los ferrocarriles ingleses en la Argentina*, Buenos Aires, Emecé, 1980. La mención al ferrocarril brasileño aparece en *El Nacional* del 17 de febrero de 1857. Diversos autores reconocen que la compra de equipos se habría hecho sin mención de trocha, como E. Rebuelto, *op. cit.*, y H. R. Stones, *op. cit.*; lo mismo dice López, que reconoce que el tema "no se discutió ni surgió de un análisis técnico", aunque luego sugiere la conexión con Chile para explicar que tampoco "parece haber sido caprichosa".

[74] El comprador debería haber sido Bragge, luego de firmar el contrato, o alguno de sus representantes, pero no se encontraron datos al respecto. Según Stones, *op. cit.*, el encargado habría sido Gowland, que era miembro de la Comisión, pero es probable que este empresario haya estado en otra misión, como la compra de los rieles, por ejemplo. Según V. O. Cútolo (*Nuevo diccionario biográfico argentino*, Buenos Aires, 1969) y L. H. Destefani ("La Porteña no estuvo en la guerra de Crimea", en: *Boletín de la Academia Nacional de Historia*, Buenos Aires, vol. LIX, 1987), el enviado fue Luis Elordi, un argentino con formación de ingeniero en el exterior, que actuaría como gerente de la empresa durante muchos años. Pero Cútolo agrega que Elordi llegó a Buenos Aires en 1857, que en marzo fue nombrado administrador del ferrocarril y que recién al año siguiente (1958) fue a comprar los materiales, de modo que no sería correcto que "le cupo el orgullo de haber adquirido La Porteña", que ya había llegado al puerto en diciembre de 1856.

[75] La referencia del *Boletín* está tomada de *El Nacional* del 26 de julio de 1856 y la noticia sobre la firma del contrato y los valores, del mismo periódico, del 17 de febrero de 1857, que dice reproducir una fuente británica. En realidad, llegaron dos locomotoras, tres coches de pasajeros (para 26 viajeros en cada uno) y sólo 12 vagones de carga. Las confusiones y/o la escasez de referencias a un tema crucial como los equipos comprados y sus precios contrasta con los detalles del mismo *Boletín* sobre otros temas; en un caso menor, como la compra de rieles Barlow, por ejemplo, no sólo informa que se pidieron 600 varas de largo sino que indica que se enviaron a Inglaterra las 300 libras para pagarlos en el *paquete* que había partido el 1º de julio. Véase *El Nacional* del 26 de julio de 1856 y del 29 de agosto de 1856.

confirma que las locomotoras fueron embarcadas el 8 de septiembre con destino a Buenos Aires y que se las espera para noviembre, aunque llegaron realmente en diciembre en el *Borland*.[76] La compra de equipos en Gran Bretaña no era simple en aquella época. Las órdenes de locomotoras debían hacerse con una anticipación de hasta dos años para dar tiempo a los talleres a incluirlas en sus planes de fabricación, dado que los equipos no estaban estandarizados y se hacían a pedido. Los talleres no trabajaban en serie y su programa de producción dependía de la demanda. La historia de la empresa Railway Foundry, de Leeds, que construyó las dos locomotoras que llegaron para el FCO, menciona esos antecedentes, donde agrega que dichos talleres "obtuvieron un pequeño triunfo, en 1856, cuando proveyeron las dos máquinas para la apertura del primer ferrocarril de la Argentina".[77]

Un periódico local comentó, apenas decidida la operación de compra, que "el comisionado de la empresa del ferrocarril en Europa ha comprado en Londres los rieles, máquinas y demás que iban destinados a Balaclava y que la cesación de la guerra hace innecesario".[78] El ferrocarril de Balaclava (o Balaklawa) fue construido en 1855, en muy pocas semanas, para abastecer a las tropas británicas

[76] La información del *Boletín* está tomada de *El Nacional* del 1º de octubre de 1856. El mismo *Boletín* dice que Bragge entregó a la Comisión los planos y documentos del material rodante (que no se han podido localizar) y agrega, con cierto orgullo profesional, que "no se economizó para conseguir lo mejor".

[77] Estos datos están en una carpeta del Museo Nacional Ferroviario (núm. 190) donde hay una carta de The Railway Foundry Leeds, que contesta a un pedido al respecto de los ferrocarriles argentinos, e incluye las fotocopias de algunas páginas de un libro de historia de esa empresa: *The Original Railway Foundry;* allí figura esta información junto a una planilla de obras realizadas, donde "La Porteña" y "La Argentina" tienen el número de orden 570 y 571 y su construcción en 1856, sin que figure la fecha del pedido. Una fotocopia sin referencia a su origen, que está en el Museo Ferroviario, dice que las encargó, en 1854, una sociedad francesa, pero no hay ninguna otra mención documental a la existencia de esa presunta empresa fantasma en aquel período de decisiones iniciales sobre el negocio. De todos modos, todavía el 8 de agosto de 1855, *El Nacional,* hablando implícitamente en nombre de la empresa, decía que "las locomotivas son innecesarias por ahora".

[78] *La Tribuna,* 23 de agosto de 1856.

en la guerra de Crimea, contra los turcos. La línea, de unos 10 kilómetros de longitud al comienzo (muy similar a la primera etapa del FCO), se extendió hasta unos 60 kilómetros cuando se computan los ramales construidos para cubrir el teatro de operaciones, pero dejó de tener sentido no bien la guerra terminó; de allí que fue desarmada a partir de mayo de 1856 y sus instalaciones fueron enviadas a otros lugares del mundo.[79]

La información de *La Tribuna* se repite en una historia de los ferrocarriles argentinos publicada en una revista especializada londinense ya entrado el siglo XX. Allí se relata que la misión de compradores argentinos que llegó a Londres en 1856 se encontró con grandes dificultades para obtener los equipos porque "nadie tenía tiempo para atender una pequeña orden por cinco millas de vía y dos locomotoras". "El hecho casi fortuito de que en ese momento terminara la guerra de Crimea –agrega– permitió que los equipos ferroviarios utilizados allí fueran ofrecidos en venta. Ese material estaba previsto para la India, donde rige la trocha ancha, pero terminó por esos cambios de coyuntura en poder del FCO. Sus directores no habían previsto, ni especificado, la trocha deseada y aceptaron, por lo tanto, las locomotoras y los equipos que definían ese ancho."[80]

En definitiva, todo indica que el azar de la disponibilidad de "La Porteña" puede explicar el ancho de la trocha mejor que las versiones sobre opciones tecnológicas racionales que se ensayaron. Ese azar decidió la trocha que marcó el trazado de la mayor parte de las vías férreas en el país. Luego de que se lanzara el FCO, la provincia decidió

---

[79] La historia del ferrocarril de Balaklava fue contada por M. Robbins en "The Balaklava Railway", *op. cit.* Pese a sus esfuerzos, Robbins no pudo definir la trocha de la línea ni la cantidad real de material rodante utilizado. En cuanto a su destino final, dice que los equipos "habrían sido comprados por los turcos", sin mayor precisión. Robbins concluye, aunque ese tema no tiene relación con su análisis, que "La Porteña" no fue construida para Crimea, idea que fortaleció una larga polémica sobre su origen que sigue hasta la actualidad.

[80] Tomado de *The Railway Gazette*, Londres, 22 de noviembre de 1926. Cabe destacar que esta versión extiende ese origen de Crimea a los otros equipos utilizados en el FCO, lo que es probable para los coches y vagones pero más dudoso para los rieles.

que todos los ferrocarriles concesionados a partir de entonces debían mantener dicho estándar; la adopción de ese ancho de vía para la línea de Córdoba a Rosario, decidida por la Confederación, contribuyó a generalizar su uso en el ámbito nacional. La trocha ancha fue una característica de los ferrocarriles argentinos generada por ese origen peculiar de las locomotoras adquiridas. De todos modos, la escasa disposición oficial a sostener una medida de ese orden a lo largo del tiempo llevó más tarde a aceptar la selección de trochas diferentes en otras líneas; la red nacional se compartimentalizó, con el paso del tiempo, y quedó dividida en tres trochas, cuya permanencia marca una de las características distintivas del sistema hasta el presente.

El origen de "La Porteña" es uno de los temas a dilucidar, dado que tampoco se conoce el del resto. Diversas fuentes indican que buena parte del material comprado era de "segunda mano y hasta obsoleto", definición que incluye también a los rieles.[81] Estas observaciones son compatibles con el hecho de que los compradores estaban más preocupados por reducir costos y montos absolutos de inversión que por la calidad técnica del ferrocarril; esta idea se refuerza si se tiene en cuenta que los directores de la Sociedad no conocían esa tecnología y el contratista pretendía mejorar su beneficio.

Conviene detallar las conclusiones que se extraen de estos datos. No parece extravagante pensar que un grupo de comerciantes argentinos, con poca disposición a arriesgar demasiado capital, o un contratista que debía realizar la obra "a su riesgo", buscaran reducir al máximo su primera inversión en una línea cuya rentabilidad futura desconocían. Parece lógico que pretendieran gastar el mínimo posible, aun a costa de la calidad final del servicio, cuyo carácter técnico los primeros no dominaban. También parece lógico que, al mismo tiempo, buscaran valorizar su inversión frente al público argentino y

---

[81] Esta afirmación la realiza C. M. Lewis, *British Railways in Argentina. A Case Study of Foering Investment*, University of London, Institute of Latinoamerican Studies, 1983, p. 230, en una nota donde cita diversas fuentes respecto del tema. Lo mismo dice, en su biografía de Elordi, V. O. Cútolo, *op. cit.*.

las instituciones oficiales. Eso puede explicar la gama observada en los precios y valores de los equipos, que van de 3 mil libras a 10 mil según el autor que los comenta.[82] La diferencia de precios se repite en cada texto. Ellas pueden ser un "error", pero es más probable que se originen en un "sobreprecio" registrado por los compradores, buscando su propio beneficio (como agentes de la Sociedad) o tratando de ampliar las cuentas de inversión de la empresa del FCO.[83]

Los problemas de la calidad y el monto de la inversión no se limitaban al material rodante. Los edificios de las estaciones tampoco habían resultado objeto de mayor cuidado, y lo mismo ocurría con los galpones. Si bien es cierto que la empresa estaba orgullosa de una "magnífica reja", traída de Gran Bretaña y colocada en la estación de El Parque, la casi totalidad de las instalaciones eran precarias, armadas con madera, y sus dimensiones eran las mínimas aceptables para iniciar el funcionamiento de la línea.[84]

La intención de tender un cerco para proteger a quienes trataran de cruzar la línea tampoco se cumplió. Esa protección se colocó en algunos tramos, y hacia el final de los trabajos, pero se limitó apenas al tramo urbano (si es que lo cubrió) y no cumplió una función real, si se atiende a los numerosos reclamos al respecto.[85]

---

[82] Véase, al respecto, el detalle en el apéndice a este capítulo.

[83] Véase Zalduendo, *Libras y rieles*, Buenos Aires, El Coloquio, 1975, p. 168, y M. J. López, *Historia de los ferrocarriles...*, *op. cit.* Parte de la diferencia puede deberse a los elevados costos del transporte y de descarga en el puerto de Buenos Aires, que no se trataron de estimar.

[84] Las *Memorias* posteriores de la empresa ofrecen detalles sobre las dimensiones y el estado de las construcciones en las estaciones que confirman esta afirmación. La *Memoria de 1866*, por ejemplo, afirma que la estación Once no tenía sala de espera y estaba en un pozo, "lo que hace que en las épocas de lluvia se convierta en un lodazal". De la Central, agrega, "puede decirse de todo menos que es una estación. El galpón principal, igual que el depósito de coches, están en un estado de destrucción completo", a pesar de que habían transcurrido menos de diez años desde su inauguración.

[85] *La Crónica* del 17 de julio de 1857 menciona que hay partes sin alambre y reclama contra las intenciones de aplicarles multas a los paisanos que atraviesan la vía, dado que "es tan original la pretensión de que los animales respeten ese camino

Ciertos requisitos mínimos, con todo, debían ser atendidos. La Sociedad necesitaba alimentar con agua a las locomotoras y, para eso, instaló una cañería desde el río hasta la estación de El Parque. Creó así uno de los primeros servicios urbanos de agua (sino el primero), y parece que los vecinos aprovecharon la oportunidad para surtirse de ese vital elemento, que antes debían obtener con mayores dificultades.[86]

Decisiones técnicas: los rieles y su colocación

La temática sobre los rieles es tan oscura, y no menos interesante, que la historia sobre las locomotoras. Se sabe que una primera partida vino hacia octubre de 1855, mientras estaba Mouillard, pero no aparecen referencias claras a su cantidad ni a su origen.[87] Aquel ingeniero francés propuso comprar más rieles y recomendó la adopción del tipo Barlow, que, por su forma (con una gran aleta inferior de apoyo a cada lado del riel), ofrecía una gran estabilidad y la posibilidad, sobre todo, de no tener que instalar la cama de piedra (balasto) necesaria para la consolidación de la vía.

El contrato con Bragge sugiere que hay otra partida que estaba en camino (que la Sociedad ofrece entregar en el contrato) y se sabe también que éste mandó comprar una partida adicional de rieles Barlow; esta última era menor, pues se mencionan 600 varas, equivalentes a unos 500 metros. De todas esas informaciones surge que la

---

sin tener zanja o alambre, como el poner puertas al océano". Hay otras noticias que mencionan animales muertos por el paso de la locomotora así como algunos accidentes con ganado y seres humanos (véase, por ejemplo, *El Orden* del 19 de agosto de 1857).

[86] Esta información, que figura en E. Sarrailh, "Lámparas y adoquines", en: J. L. Romero y L. A. Romero (dirs.), *Buenos Aires, historia de cuatro siglos*, Buenos Aires, Abril, 1983, no está mencionada en las *Memorias* del Ferrocarril del Oeste.

[87] *El Nacional* del 1º de agosto de 1855 dice que se sabe que se embarcaron "en Europa" los rieles, "en cantidad de 230 toneladas" que pronto llegarían. Si se supone, como hipótesis, que esos rieles pesaban un valor mínimo de 25 a 30 kg por metro, esa cantidad alcanzaría para unos 5 kilómetros, o la mitad del recorrido previsto.

vía estaba formada por tres tipos diferentes de riel, de distintos orígenes, lo que provocó una serie de problemas en el funcionamiento del servicio.[88] La instalación de los rieles no podía concretarse en el terreno si no estaba definida la trocha, que, al parecer, sólo se decidió, de facto, con la compra de los equipos. De modo que se deben desechar todos los discursos que dicen que se avanzaba en la instalación de rieles, tarea que probablemente no comenzó hasta septiembre de 1856, sino más tarde.

Además, parece que los rieles no fueron suficientes para llegar a Flores. Las referencias no permiten saber si esa escasez se derivó de un error, de la compra de un lote acotado que estaba disponible (como posibles rezagos de los preparados para el ferrocarril de Crimea) o del intento que se mencionó de reducir al máximo los costos.[89] Bragge tuvo que encontrar una solución, ante las dificultades para recibir ese adicional en un plazo razonable; fue así que habría mandado fabricar una vía de madera, forrada con chapa metálica, para cubrir el tramo faltante. Ese "parche" saltaba cada vez que pasaba el tren, de modo que un grupo de peones se mantenía alerta, al costado de la vía, para volver a clavar las chapas. Es posible que ese método, ingenioso y provisorio, de resolver la falla fuera la causa de que el primer ensayo del servicio, realizado con miembros del gobierno provincial a bordo del tren, culminara con un descarrilamiento. Por suerte, el accidente no provocó heridos; se afirma que, de inmediato, los

---

[88] El 9 de mayo de 1857, *El Orden* habla de que hay rieles ingleses y franceses, además de los Barlow, y dice que los últimos son los que dan "mayor seguridad". Más tarde, C. Pellegrini señala en un informe de inspección, como miembro del Consejo de Obras Públicas, que hay un tipo de rieles entre El Parque y Once que sólo permiten una velocidad de dos leguas por hora a los trenes; luego están los Barlow, que permiten ir a cuatro leguas; y, finalmente, hay una nueva sección de rieles que sólo dejan correr a dos leguas. En sus recomendaciones, Pellegrini propone que se remplacen los rieles "provisorios" con los Barlow que estarían encargados. Informe publicado en *El Orden* del 29 de agosto de 1857, un día antes de la inauguración oficial.

[89] Además, la vía inicial se extendió de Flores a Floresta, lo que supuso un recorrido de cerca de 2 kilómetros adicionales, aunque el total resultó de 10 kilómetros.

viajeros juraron no difundir ese hecho, que podía afectar la marcha de la nueva actividad.[90] Los primeros rieles que llegaron a Buenos Aires debían apoyarse sobre una base de piedra, pero la piedra era cara y difícil de obtener en la zona.[91] Por eso, ya Mouillard explicaba que, si bien los rieles comprados (en la primer partida llegada al país) eran "excelentes", convendría "adoptar otros más en armonía con el terreno en el que deben ser colocados".[92] Y luego de pasar revista a los tres tipos posibles de rieles, proponía los Barlow como los más convenientes, aunque fueran más caros al adquirirlos, debido al menor costo de instalación y mantenimiento. Éstos, sin embargo, sólo se aplicaron sobre un tramo de 500 metros, combinados con otros que cubrían el resto de la vía.

La combinación de rieles poco adecuados con la escasez de piedra generó dificultades en la colocación de las vías. Ya a fines de 1856 se mencionaba que los rieles "saltaban" bajo el paso de las zorras, debido a la combinación de variedades diferentes y a la manera de instalarlos.[93] Frente a esas críticas, Bragge salió a defender su obra en una larga carta al público.[94] En ella dice que en diciembre de 1856 "con-

[90] La historia del "parche" en la vía para cubrir el tramo a recorrer se cuenta en la biografía de Elordi, en el libro de V. O. Cútolo, *op. cit.* E. Rebuelto (*op. cit.*, p. 72) relata, como otros, la historia del intento de mantener el accidente en secreto "a fin de no difundir la alarma entre los vecinos", pero ese descarrilamiento fue registrado en *La Tribuna* del 7 de abril de 1857, que lo atribuyó a "alguna diferencia en la unión de dos pedazos de riel que probablemente no estarán bien iguales".

[91] La escasez de piedra llevó a *El Nacional* del 20 de julio de 1855 a comentar, con cierta desazón, que en la provincia podría haber "huellas para animales", pero no habría "nunca un camino que sirva al comercio, porque no hay piedra con qué darle consistencia".

[92] Informe de Mouillard, ya citado, transcripto en *El Nacional* del 17 de agosto de 1855.

[93] Véase la nota de *La Constitución* del 30 de diciembre de 1856, que plantea que eso se debe a que están "injertados rails franceses con rails ingleses", lo que "huele casi a fiasco". El 14 de febrero de 1857, el mismo diario insiste en que el retraso de la inauguración se debería a que "los railes están flojos, que son muy débiles, que el lastre no está concluido"; por eso, pide que "abran los ojos los accionistas".

[94] Publicada en *El Nacional* del 19 de enero de 1857.

cluyó" la colocación de los rieles (en una afirmación que queda rechazada por los informes posteriores) y que éstos son de buena calidad; con algo de pudor agrega, sin embargo, que "no ofrecen la misma resistencia a la presión que se ejerce sobre ellos". A modo de conclusión, reconoce que, para superar ese inconveniente, ordenó colocar el 70% adicional de travesaños en el tramo donde estaban colocados los llamados "rails ingleses".

La tarea de agregar durmientes a la estructura implicaba levantar los rieles ya colocados, un esfuerzo que permite entender mejor los atrasos ocurridos en la obra. Por último, Bragge agrega que se colocó arena "debajo de los travesaños" con el objeto de interponer un material permeable que los protegiera de la acción del agua; ese detalle trasluce, por omisión, la ausencia de piedra en las obras.

Las experiencias negativas con los rieles colocados fueron volcando la opinión ilustrada en favor de los rieles Barlow. Sarmiento fue uno de los primeros observadores en plantearlo; con esos rieles, dice, que "se sostienen a sí mismos [...] se ahorra el consumo de madera en los travesaños que soportan los rieles y que tanto aumenta el costo".[95]

En febrero se informa que hay retardos en el desembarco de los rieles Barlow y problemas por "la escasez de operarios inteligentes para lastrar la línea"; estos inconvenientes provocarían "un divertimiento de la inauguración" prevista.[96] En abril se menciona que las obras se siguen atrasando porque "están reforzando los rails con un madero más y consolidando el lastre.[97] Esta última tarea debe ser la mencionada por Bragge en enero, que no se habría terminado de realizar en el ínterin. En ese mismo mes se menciona que estaban llegando equipos para el ferrocarril en un bergantín inglés.[98] La esca-

---

[95] Véase la nota de *El Nacional* del 29 de enero de 1857.

[96] *El Nacional*, 4 de febrero de 1857. Curiosamente, una edición previa del mismo diario, del 29 de enero de 1857, decía que "habían llamado la atención de los inteligentes [...] los rieles Barlow" que ya estaban colocados, de modo que pudo haber diferentes partidas de éstos.

[97] *La Constitución*, 21 de abril de 1857.

[98] Véase *La Constitución* del 22 de abril de 1857.

sez de información impide saber cómo siguieron las obras de tendido y consolidación de la línea hasta su inauguración final, el 29 de agosto de 1857, pero todo sugiere que seguían los problemas en la infraestructura. La excusa del atraso por mal tiempo no parece sostenerse.

GRÁFICO 1. *El trazado del Ferrocarril del Oeste (FCO) entre El Parque y Once en 1857*

Fuente: Plano de la Ciudad y Cuadro Administrativo de Estadísticas del Estado con arreglo a los mejores datos. Diego Fuente, *Almanaque,* 1858 (ubicado en el Museo Mitre).

El mapa de la ciudad permite ver el sinuoso trazado de la vía desde la Estación Central del Parque hasta la Plaza Once de Septiembre (y primera estación en el recorrido). La línea sale en diagonal de la Estación Central, atraviesa la Plaza Lavalle y toma la calle Lavalle hasta el pasaje Rauch (hoy E. Santos Discépolo), que permaneció como calle con esa forma en curva lue-

EL PROLONGADO ENSAYO DE CONSTRUIR DIEZ KILÓMETROS... 89

go de que se levantara la vía férrea en ese tramo. En Río Bamba toma Corrientes y sigue por allí hasta Pueyrredón (entonces Centro América) para llegar a Cangallo donde se lanza hacia el Oeste. El mapa señala que la vía cruza en diagonal desde Corrientes y Paso hasta Cangallo y Pueyrredón, pero se trata de un error del editor, lo que señala la pobreza de la información, y especialmente de planos, disponible en esa época.

Además de los problemas técnicos, podía haber otra razón de ese retraso en la necesidad de terminar el tramo del Once a El Parque. Este recorrido, pese a las decisiones iniciales, parece haber quedado definido recién en medio de intensas polémicas en el curso del año 1857.

PROBLEMAS CON LA MANO DE OBRA

La ausencia de mano de obra con cierta experiencia en las tareas modernas, como la construcción de ferrocarriles, era evidente en Buenos Aires, y el tema formó parte de diversos comentarios al respecto. La solución consistió en contratar un par de cientos de trabajadores que llegaron de Francia a mediados de 1855.[99]

Estos trabajadores no parecen haber estado satisfechos con su experiencia en Buenos Aires. Pocos días después de su arribo, descon-

---

[99] La cantidad real de trabajadores que llegaron no está consignada en ningún documento fehaciente. *La Razón* del 1º de febero de 1855 dice que el 15 de diciembre habían salido de Bayona 160 operarios para la obra. *El Nacional* del 9 de mayo de 1855 dice que llegaron 258 inmigrantes para trabajar en el ferrocarril. Una semana después, el 15 de mayo de 1855, el mismo diario habla de 200 obreros. Véase también nota de *La Tribuna* del 23 de febrero de 1856. De todos modos, el entusiasmo de algunos comentaristas hace muy difícil conocer la verdad. Hay notas que hablan de 500 operarios trabajando (*El Nacional*, 17 de mayo de 1856) o de 300 más otros 300 que pronto estarían trabajando (*El Nacional*, 16 de abril de 1856), mientras que en otras ocasiones, ese número se limita a 30 que eran llevados y traídos por la locomotora para que trabajaran en el extremo de la línea (*El Nacional*, 31 de enero de 1857). Es probable que las cifras reales se hayan aproximado más a esta última aunque no se pudo verificar esta suposición.

tentos con las raciones de comida que les daban, iniciaron una especie de huelga "que requirió la intervención de la policía". La información es poco precisa y se da por sentado que los problemas pueden haber surgido por los salarios que se habían estipulado y que serían bajos frente a los costos porteños, pero señala uno de los frentes que comenzaban a aparecer con las grandes obras, como las del FCO, cuando surgía la necesidad de contratar personal en cantidades numerosas.[100] Los incipientes conflictos laborales no se veían neutralizados por la marcha de las obras. Hacia septiembre se habían suspendido diversos trabajos debido al atraso en el arribo de los rieles, y se redujo la dotación de trabajadores.[101] Muchos de estos inmigrantes se lanzaron a buscar otras fuentes posibles de ingresos y se desparramaron en la ciudad e, incluso, en la campaña. Pero la Sociedad había pagado los pasajes desde Francia como parte del contrato de trabajo y comenzó a realizar ingentes esfuerzos para recuperar ese dinero. El costo total de esos pasajes había llegado a 297.125 pesos, una suma que se aproximaba al 10% del total de lo invertido hasta esa fecha, y provocó varias reacciones de los miembros de la Comisión Directiva.[102] Los directivos contrataron a un tercero para que hiciera las gestiones de cobro a cambio de una comisión igual a la mitad de lo demandado, pero todo indica que el monto de lo recuperado fue muy bajo.[103]

[100] La información sobre la huelga está en *The British Packet* del 19 de mayo de 1855, pero no se encontró nada más en los restantes medios. Es interesante señalar que también hubo una huelga de los obreros del gas, el año siguiente, que la prensa llamó "sublevación", en la que éstos pedían que se le subiese el salario de 25 a 45 pesos por día; véase *La Tribuna*, del 6 de junio de 1856.
[101] Noticia en *El Nacional* del 3 de octubre de 1855.
[102] Los costos de los pasajes figuran en un resumen de lo gastado en el FCO hasta octubre de 1855 que publicó *El Nacional* del 9 de noviembre de 1855.
[103] La mención al acuerdo con Echeverría para esas gestiones figura en *La Tribuna* del 17 de marzo de 1859, donde se menciona, también, la dificultad de cobrar porque esos trabajadores "se escapan". Meses después, el ministro de Gobierno menciona que el Ferrocarril del Oeste perdió 900 onzas en traer a los 200 vascos que vinieron para construirlo (sesión de la asamblea de legisladores del 22 de junio de 1859).

A partir de entonces, las obras prosiguieron con un número relativamente reducido de personal, aunque acorde con la dimensión del proyecto, sin que se registraran otros conflictos, aunque la "escasez de operarios inteligentes para lastrar la línea y otros trabajos especiales" sigue provocando la inquietud de los responsables y contribuye al atraso de las obras.[104]

La mano de obra para construir el ferrocarril era temporaria puesto que su demanda se agotaba con la terminación de las obras. El manejo del servicio requería muy poco personal efectivo (al menos en los primeros años de la operación del FCO) y no podía absorber a esos trabajadores. Por eso, la decisión de continuar la línea una vez que se llegó a Flores registraba no sólo el interés de seguir y la disponibilidad de recursos financieros para ello, sino también la ventaja potencial de aprovechar esa oferta de mano de obra que se podía dispersar definitivamente en caso de parálisis de dichas actividades.

El tramo del Once a El Parque

Desde el Once hacia el Oeste, la vía seguía una línea casi recta, avanzando hacia la pampa. En cambio, la traza que unía el Once con El Parque era sinuosa debido a la necesidad de ajustarla a la edificación existente y de aprovechar el terreno donado en este último sitio. La vía salía de Once por la actual Pueyrredón, doblaba por Corrientes, entraba en curva por la actual E. S. Discépolo (ex Rauch) hasta Lavalle y seguía por ésta hasta Talcahuano, donde volvía a entrar en curva para llegar hasta la Estación Central, en Tucumán y Cerrito. Ese tramo periurbano, que estaba afectado desde el inicio por oscuras disputas inmobiliarias y la menor disposición de los vecinos a ceder una franja de tierra de ancho razonable, generó continuos problemas.

[104] Véase, por ejemplo, *El Nacional* del 7 de febrero de 1857, de donde se extrajo la cita.

En 1856, las presiones se volvieron a sentir, retomando en cierta forma el proceso vivido un par de años antes. En febrero de ese año, y sin mayores aclaraciones, el gobierno concede a la Sociedad un nuevo terreno en el costado noroeste de la Plaza Once de Septiembre, destinado a depósito y estación, en lugar del anterior. La fecha coincide con las tratativas finales con Bragge y sugiere que el gobierno favorecía la idea de establecer una estación más grande en Once y, quizás, de iniciar la línea allí, aunque no queda documentación clara al respecto.

En julio de 1856, el boletín del FCO señala que comenzó la remoción de tierra en el tramo Once-El Parque y la "construcción del acueducto de la calle Corrientes", lo que sugiere que esa zona no había sido tocada hasta entonces para la construcción de la vía.[105] En agosto, el boletín reconoce que las obras están "atrasadas" en ese tramo por falta de obrador, debido a que resulta necesario dejar libre el terreno para la estación (que sería el único disponible a juzgar por ese comentario).[106]

En ese mismo mes, los periódicos vuelven a registrar la discusión en torno de la conveniencia o no de mantener ese tramo, mientras otros visualizan, incluso, la posibilidad de seguir la línea hasta la costa, ignorando las críticas previas a esa variante.[107] La polémica toma un tono más fuerte en algunas presentaciones contra las obras en El Parque; una nota crítica dice que la empresa "rompe la plaza" y "cierra la única comunicación entre la ciudad y la campaña en la época de lluvias [...] sin dejar trecho para que nadie más que el

---

[105] Véase *El Nacional* del 26 de julio de 1856, que transcribe el boletín.
[106] *El Nacional*, 29 de agosto de 1856.
[107] Una carta en *El Nacional* del 23 de agosto de 1856 expresa la oposición a que la línea llegue a El Parque, mientras que una nota en el mismo periódico, del 27 de agosto de 1856, defiende, incluso, la alternativa de seguir "por Tucumán hasta el Río para poder embarcar los frutos de la campaña". El mes siguiente, el Consejo de Obras Públicas defiende el acceso de la línea hasta El Parque, tomando ejemplos de vías férreas urbanas en Lima y en Londres, pero propone que termine allí (*El Nacional*, 19 de septiembre de 1856).

ferrocarril pueda transitar". Agregan esos críticos, que sin duda son vecinos, que "tenemos entendido que [...] la obligación de la empresa era procurarse los terrenos necesarios a sus costos [...] pero jamás habríamos imaginado que se apropiarían de plazas y calles públicas, aprisionando los edificios que entre ellas existen [...] se debe recordar que la empresa posee en la misma calle del Parque un terreno [...] muy capaz para hacer allí el arranque del ferrocarril".[108]

Todavía en diciembre de 1856, cuando ya se están por desembarcar las locomotoras, las protestas siguen: "una empresa privada arrebata a los vecinos sus derechos que ni el gobierno tiene derecho a enajenar [...] 60 familias se oponen". La nota, luego de señalar los problemas del tránsito, dice con tono apocalíptico que se "obstruyó el curso de las aguas", que podrá provocar que se inunden las veredas y los edificios con las primeras lluvias. Además, agrega, la Sociedad "se comprometió a comprar dos fincas en la cuadra del Parque entre Paraná y Montevideo [para] echarlas abajo y edificar en línea y así dar anchura para que pudieran transitar los carros, pero las casas están en pie".[109]

Los planos disponibles no registran la dimensión de la zona reservada para el paso del tren, pero el resultado fue un trazado estrecho e incómodo de operar. Un observador de la época relató que éste "avanzaba por calles tan angostas que uno casi puede tocar las casas a cada lado. Parece sorprendente, pero me aseguran que no hay accidentes".[110]

El tramo de El Parque al Once, reconocería más tarde Vélez Sarsfield, tiene "mil contorneos que lo desnaturalizan".[111] La opción por el negocio urbano había tenido más fuerza que las razones técnicas en el trazado de esa parte de la línea.

[108] Nota en *La Tribuna* del 12 de diciembre de 1856.
[109] Nota en *La Tribuna* del 21 de agosto de 1856.
[110] El viajero es Hutchinson y la cita está tomada de G. Pendle, "Railways in Argentina", en *History Tooday*, vol. VIII, núm. 2, Londres, febrero de 1958. Es posible que se refiera al paso por el tramo que hoy es la calle E. S. Discépolo, donde la línea actual de edificación deja traslucir que el ancho disponible era bastante reducido.
[111] Declaraciones del ministro en la sesión del Senado del 7 de octubre de 1858.

La diferencia con el tramo siguiente es considerable. A partir de la estación Once, la zona reservada para el servicio era más ancha, facilitada por el menor costo de la tierra fuera del casco urbano, y quedó preparada para construir una doble vía en el futuro, como efectivamente ocurrió.[112] El tramo Once-El Parque, en cambio, se vio cada vez más envuelto en el creciente damero urbano, lo que, sumado a sus dificultades operativas, llevó a que se decidiera levantar las vías un par de décadas más tarde.[113]

La inauguración del primer tramo

El 29 de agosto de 1857, luego de casi cuatro largos años de marchas y contramarchas, se inauguró la línea en medio del entusiasmo de la población. El tren iniciaba su marcha victoriosa hacia la pampa, preparando una revolución técnica y económica en el país. Los festejos dejaron traslucir tanto las expectativas como la forma de mirar la realidad nacional de los contemporáneos. Un periódico mencionaba la imposibilidad de describir esa "fiesta, que dura todavía, en un teatro de dos leguas de largo y presenciada por sesenta mil espectadores".[114] En el viaje inaugural, agrega el artículo, con la típica exageración de la época, se podía apreciar en Once "la magnífica destilería y

---

[112] La *Memoria leída en la Asamblea general de accionistas del Ferrocarril del Oeste el 18 de junio de 1860* (Buenoas Aires, Imprenta del Comercio del Plata, 1860) reconoce que no se puede hacer doble vía de El Parque al Once, pero sí a partir de allí, lo que explica que ese primer tramo quedara luego desechado.

[113] Es interesante señalar que la selección de tierra con criterios inmobiliarios no fue una actitud aislada de los directivos del Ferrocarril del Oeste pues se repite en otras experiencias posteriores. En el debate sobre la concesión al Ferrocarril del Sur, por ejemplo, se vuelve a presentar la misma traba para definir el punto de partida de la línea. El ministro de Hacienda informa a los diputados que esa ubicación (que finalmente sería la plaza de la Constitución) no estaba definida; "depende del terreno y de quién es el propietario" pero, asegura, se acordará "el más adecuado y más barato" (sesión del 25 de octubre de 1861).

[114] *El Nacional*, del 30 de agosto de 1857.

molinos cuyas construcciones recuerdan los alrededores de Londres". Con entusiasmo semejante, prosigue suponiendo que muy pronto las carretas tendrán que abandonar la plaza Once y "el vapor las repelerá luego hasta el puente de Márquez, y poco habremos hecho si no las persigue hasta Chivilcoy".

El gobernador de la provincia, V. Alsina, no fue menos entusiasta en su discurso en el acto, en el que alabó el papel de la ciencia y la tecnología en el progreso de la humanidad (aunque, por supuesto, no con esos nombres). Prosiguió mencionando luego sus expectativas de que

> nuestras valiosas producciones rurales, y los ricos productos de la industria europea, rodarán velozmente por ese lecho metálico [...] (que genera) las más extensa y profunda de las revoluciones [...] [Esta vía] es el sonoro anuncio de un gran porvenir; es la primera piedra de un vastísimo edificio, es el primer brote de un árbol frondoso, destinado a esparcir poco a poco sus ramas y sus frutos por toda la extensión de nuestro país.[115]

Las comparaciones de Buenos Aires con Londres, sumadas a la esperanza de extender las líneas férreas a todo el país, mientras se desplazaba, o vencía, a las tribus indígenas que ocupaban las pampas, señalan la visión de progreso de los dirigentes de la época, alimentada por aquella delgada línea, que serpenteaba sobre apenas 10 kilómetros de extensión iniciando su marcha hacia el futuro.

---

[115] El discurso figura completo en *El Nacional* del 1º de septiembre de 1857.

CUADRO 3. *Comparación de presupuesto para el tramo a Flores (Distintas oportunidades, en pesos)*

	Presupuesto Julio 1855	Presupuesto Octubre 1855	Según Gasto Total–1860[1]
Pasaje de obreros		297.125	
Trabajos hechos		548.549	
Trabajos de tierra	638.832		
Obras de arte	146.842	154.226	
Subtotal obra civil	*758.674*	*1.000.000*	*1.350.000*
Rieles	588.000	387.384	
Durmientes y colocación	1.107.750		
Subtotal vía	*1.695.750*	*(2)*	*1.925.000*
Edificios de paradas y estaciones	100.000	(2)	475.000
Talleres y útiles	210.000	(2)	150.000
Material rodante	640.000	150.000[3]	575.000
Cercado	100.000	(2)	
Subtotal construcciones y material rodante	*994.756*	*2.597.121*	*3.125.000*
Gastos de formación			1.300.000[4]
Gastos financieros			2.200.000[4]
Estudios y planos	35.000	311.530	
Compra de tierras	25.000	60.122	
Gastos en el Havre		152.191	
Subtotal de gestión y financiamiento	*60.000*	*523.843*	*3.500.000[4]*
Total	*3.616.000*	*4.508.348*	*4.475.000*

[1] Se toma un cuarto del gasto total, por ser la proporción entre la longitud del primer tramo y la extensión El Parque-Morón.

[2] No figura detallado en el presupuesto.

[3] Sólo se menciona "una locomotora" por $150.000. No se mencionan otros equipos.

[4] Se presenta a título indicativo. No se toma en el cálculo total.

Fuentes: Julio de 1855, Informe del Ferrocarril del Oeste en *El Nacional,* 28 de junio de 1855 (hay un folleto editado por la Sociedad en esa misma época, aunque sin fecha, con cifras muy semejantes). Octubre de 1855, Informe del Ferrocarril del Oeste en *El Nacional,* 9 de noviembre de 1855. 1860: *Memoria* (1860).

Apéndice
Posiciones y polémicas sobre el origen de "La Porteña"

El origen de "La Porteña" está envuelto en una prolongada polémica. Mientras unos sostienen que esa máquina vino al país luego de haber sido usada en otras latitudes, otros historiadores afirman que era nueva y fabricada "especialmente" para el FCO. La polémica se ha centrado en esa locomotora, aunque no se trata sólo de ella, pues hubo otra máquina gemela que se incorporó simultáneamente a ese ferrocarril, "La Argentina". También hay dudas sobre el origen del resto de los equipos utilizados en sus primeras operaciones. La polémica se sostiene debido a la ausencia de documentos locales sobre aquellas compras de equipos realizadas en Londres por una o varias misiones en distintos momentos; la inexistencia de los balances, memorias y textos de referencia de esa empresa ferroviaria para sus primeros años dificultan ratificar el origen real del material. Ese trasfondo de carencia de información dio lugar a un debate que de ningún modo parece terminado; más aún, resulta incentivado debido a los posibles efectos que provoca una u otra respuesta sobre ciertos enfoques respecto del pasado histórico de la Argentina.

La mera idea de que se pudo haber traído equipos usados para la primera línea ferroviaria del país molesta a algunos historiadores, del mismo modo que incentiva a otros, diferencia que se explica por sus visiones al respecto. Los primeros defienden con ardor las actitudes de la clase dominante local en el siglo XIX, mientras que los segundos toman elementos como éste para criticar las presuntas decisiones de sus promotores, que consideran definidas por la codicia y la perspectiva de corto plazo. Ambos grupos miran el pasado mientras tienden sus proyecciones hacia el presente, de modo que las diferencias de facto son también diferencias ideológicas que se agravan por la escasez de datos. De allí que parece conveniente reconstruir los datos y argumentos de la polémica tal como ella se presenta en la literatura para comprender sus alcances.

Las primeras informaciones publicadas sobre el origen de "La Porteña" dan como dato que estuvo en la guerra de Crimea y de allí vino al país. En un acto que se llevó a cabo en agosto de 1907, festejando los primeros cincuenta años del FCO, el ingeniero S. Brian, director de dicha empresa desde que ella fue adquirida por el capital inglés, recordó ese origen como un motivo más para el orgullo local. Esa máquina, dijo, era un "trofeo glorioso de las victorias guerreras de la Europa civilizada", que arribó a estas tierras para "realizar otra cruzada no menos digna de epopeya".[1]

Este mismo origen es destacado por E. Rebuelto, un ingeniero que trabajó en los organismos ferroviarios estatales, en su historia de los ferrocarriles escrita en 1911.[2] Allí menciona, con más detalle, que la máquina fue construida para la India, pero que se destinó a la guerra de Crimea y fue luego vendida "como mercancía de poco uso a la Sociedad del Camino de Hierro del Oeste".

Esa historia es relatada, con diferentes detalles, por los expertos de una revista especializada que en 1926 escriben la historia de los ferrocarriles argentinos basados en "informaciones oficiales" y en sus propias observaciones y entrevistas.[3] Ellos dicen que la misión de compradores, que llegó a Londres en 1856, enfrentó grandes dificultades para obtener los equipos porque "nadie tenía tiempo para atender una pequeña orden por cinco millas de vía y dos locomotoras". El hecho casi fortuito de que en esos momentos terminara la guerra de Crimea, agregan, permitió que los equipos ferroviarios utilizados allí fueran ofrecidos en venta. Ese material estaba previsto para la India, donde rige la trocha ancha, pero terminó, por esos cambios de coyuntura, en poder del FCO. Los compradores no habían previsto ni especificado la trocha deseada y aceptaron, por lo tanto, las locomotoras y los equipos que definían ese ancho. Cabe destacar que esta versión extiende, por primera vez, el tema de los equipos usados al conjunto del material comprado para la línea férrea argentina.

La misma versión aparece en la *Guía del Museo de Transportes*, de Luján, donde se exhibe "La Porteña". Ese origen fue tomado por

---

[1] Discurso en *Celebración del 50° aniversario...*, op. cit.
[2] Reproducida en E. Shickendantz y E. Rebuelto, op. cit.
[3] Se trata de *The Railway Gazette*, Londres, 22 de noviembre de 1926.

Scalabrini Ortiz en su clásico estudio y se convirtió, desde entonces, en un lugar común. La obra de este autor ratificó los hechos pero modificó las impresiones históricas. Fue a partir de él que la imagen de *trofeo* y *epopeya* dio paso a las actitudes críticas. Si "La Porteña" era de segunda mano, se podía mencionar la posible "codicia" de los compradores, o bien, desde otro ángulo, sostener una actitud "anglófoba" frente a ese "engaño de las autoridades británicas a la Argentina".[4]

La carencia de datos impedía avanzar en el tema en un contexto que explica la importancia de un estudio de Robbins que dio nuevas precisiones sobre él.[5] Robbins estudió la línea que los británicos construyeron con urgencia en la península de Crimea para abastecer a sus tropas durante la guerra de 1854-1856. Ese sistema fue llamado "Balaklava Railway" por el pequeño puerto de esa zona donde se inició su trazado. La línea tiene una breve historia: construida en pocas semanas a comienzos de 1855, para atender las necesidades de la guerra, comenzó a ser desarmada en mayo de 1856, apenas finalizado el conflicto. El ferrocarril tenía una línea principal de siete millas de longitud, a la que se le fueron adicionando otros ramales, que sumaron alrededor de 40 millas en el momento de mayor extensión. El prolijo estudio de Robbins, sin embargo, no localizó documentación suficiente. No encontró fuentes, por ejemplo, que señalen la trocha elegida ni confirmen el uso de locomotoras; más aún, hay textos de esa época que mencionan que operaba con tracción animal. Pese a ello, luego de procesar una serie de datos, este autor estima que había al menos tres máquinas funcionando, cuyo detalle presenta, y dos más, probablemente, al final del período de guerra. Esa ausencia de documentación se extiende al destino final de los equipos, que "habrían sido comprados por los turcos", según agrega sin mayor precisión.

Aunque su foco de interés es el ferrocarril de Balaklava, Robbins concluye su texto con una referencia inesperada a "La Porteña". A

---

[4] Es la sensación que expresa L. H. Destefani, *op. cit.*
[5] Se trata de M. Robbins, "The Balaklava Railway", *op. cit.*

pesar de la ausencia de información, sostiene que no fue construida para Crimea sino para la Argentina, un tema que escapa a su objeto de análisis pero que renovó la polémica local. Poco después, G. Pendle utilizó el artículo de Robbins para afirmar que la historia de que "La Porteña" había estado en Crimea era una "mera ficción" utilizada por los "nacionalistas argentinos como un ejemplo de la perfidia y la avaricia de los británicos".[6] Pendle agradece a un experto inglés, Stones, el haberle señalado la existencia del trabajo de Robbins. Ese experto, sin embargo, no menciona el tema en su libro sobre los ferrocarriles ingleses en la Argentina, donde se limita a afirmar que "La Porteña" fue construida por E. B. Wilson & Co, de Leeds, en 1856.[7]

Zalduendo fue uno de los primeros autores argentinos en tomar esa conclusión de Robbins y repetirla como dato en su estudio sobre la historia de los ferrocarriles, aunque no extrae conclusiones al respecto.[8] Destefani, en cambio, escribió un artículo para rechazar la hipótesis de que "La Porteña" era de segunda mano y las consideraciones críticas que, según su opinión, emergen de ese origen.[9] Aunque lamenta no haber podido obtener el "libro" de Robbins, este autor cita fuentes secundarias que dicen que aquella máquina fue construida para el FCO por Wilson, con el número de orden 571, y terminada en junio de 1856, junto con "La Argentina". Para confirmar su tesis, agrega varios argumentos. En primer lugar, supone que la trocha del ferrocarril de Balaklava era "estándar inglesa" y, por lo tanto, distinta a la ancha argentina, una hipótesis que lo lleva a deducir que no se podrían haber utilizado las locomotoras de aquella línea. Sin embargo, como se mencionó, Robbins no pudo detectar la trocha real utilizada en aquel ferrocarril, lo que mantiene el interrogante. Destefani agrega que la guerra de Crimea finalizó en marzo de 1856, mientras que "La Porteña" terminó de construirse en junio

[6] G. Pendle, *op. cit.*
[7] H. R. Stones, *op. cit.*
[8] Véase su nota en p. 390.
[9] L. H. Destefani, *op. cit.*

de ese año, y hecha con la trocha ancha "a pedido de la Argentina". De allí deduce que sería "ilógico" pensar que hubo tiempo para enviarla a Crimea y, desde allí, a la Argentina.

El cruce de datos permite sugerir que "La Porteña" (igual que su melliza, "La Argentina") no estuvo en Crimea. Parece verificado que se construyó en The Railway Foundry y que salió directamente de Liverpool para Buenos Aires. Pero esa información no implica que fuera fabricada a pedido. El hecho de que hayan transcurrido apenas un par de meses entre la firma del contrato y su despacho (de junio a comienzos de septiembre de 1856, como se mencionó) sugiere que esas locomotoras estaban previstas para otro comprador, ya fuera el ferrocarril de Crimea (que podía haber necesitado más equipos si la guerra se prolongaba) o alguno de la India (cuya trocha era la misma que la adoptada en la Argentina). El artículo citado de *La Tribuna*, contemporáneo con los hechos, destaca la primera alternativa. El texto de la *Railway Gazette* deja abierta la segunda.

Un argumento adicional de Robbins señala que "La Porteña" no pudo estar en Crimea debido a que su rodado era distinto a las máquinas que detectó en el ferrocarril de Balaklava (2-2-0 en lugar de 0-4-0). Esa nomenclatura, sin embargo, (que define el número de ejes con y sin tracción), no era uniforme y podía confundirse según se tomara la designación británica o la alemana, como explican expertos de comienzos del siglo XX.[10]

En cambio, un artículo de *La Nación*, a poco más de 30 años de inaugurarse el primer ferrocarril argentino, afirma que las exigencias de la guerra de Crimea habían agotado la disponibilidad de máquinas en Gran Bretaña, de modo que la misión de compradores tuvo que explorar distintas posibilidades hasta que descubrió "por un feliz acaso que se estaban armando dos máquinas para los rusos, una de las cuales debía llevar el nombre de Percoof y, como el enviado de la empresa argentina se empeñase en ello, el fabricante inglés, haciéndole pagar pesadas esterlinas, se las cedió, y fueron estas las primeras locomotoras que llegaron al

---

[10] Véase, por ejemplo, E. Rebuelto, *op. cit.*

país".[11] El artículo agrega que se había pensado implantar la trocha angosta, pero que esos equipos obligaron a ensancharla a la medida que ya se utilizaba en Rusia y que definió la regla para la Argentina.

La confusión sobre el origen de las máquinas se amplía a los talleres que la entregaron. Ciertas afirmaciones en el sentido de que ellas fueron construidas por Wilson se contradicen con los datos de Rebuelto de que fue fabricada por Manning Wardle C., de Leeds, "con destino a los ferrocarriles de la India, pero mandada a la guerra de Crimea".[12] Esta última empresa es mencionada como responsable de "La Porteña" en la versión oficial impresa en la *Guía del Museo de Transportes de Luján*, pese a los desmentidos y correcciones posteriores que dan a Wilson como el productor.

La oscuridad se extiende, asimismo, a los precios pagados por esos equipos. Zalduendo dice que las locomotoras costaron 5 mil libras cada una, dato repetido por López; en otro lado se señaló que *El Nacional* mencionó una cifra de 3 mil libras, aunque sin dar referencias claras a los equipos que abarcaba dicho valor. En contraste, el propio Zalduendo señala que, en esa misma época, Gran Bretaña vendía locomotoras a Canadá a 2.500 libras cada una, mientras Robbins menciona precios de 1.500 a 1.600 libras para las máquinas utilizadas en el ferrocarril a Balaklava. Pastor Obligado, por su lado, efectúa la afirmación más crítica pues dice que la locomotora habría costado 11 mil dólares en fábrica, pero que "la casa de Londres que la envió le cobró al gobierno argentino 20 mil dólares".[13] La diferencia de precio puede deberse a comisiones cobradas por los intermediarios o a las condiciones "tensas" del mercado, como relata la nota citada de *La Nación*; la brecha es tan amplia que ambas explicaciones, incluso, pueden ser correctas.

[11] Nota en *La Nación*, 5 de septiembre de 1888.
[12] E. Rebuelto, *op. cit.*, p. 75.
[13] P. Obligado, *Tradiciones argentinas*, Buenos Aires, La Semana Médica, séptima serie, 1908, p. 223. Como una libra valía dos dólares, Obligado supone un precio original de 5.500 libras y que fue pagado como 10 mil libras, valores que se contradicen con los anteriores.

Muchos comentarios hablan de la misión de argentinos que habría comprado "La Porteña", pero todo sugiere que el comprador fue Bragge, aunque hubo otras misiones argentinas en Europa durante el proceso de construcción de la línea férrea. Este contratista británico comenzó, al parecer, su carrera en la región cuando llegó a Río de Janeiro en 1851 para realizar las obras de iluminación a gas en esa ciudad.[14] Al año siguiente, el gobierno imperial aprobó la concesión para construir una línea férrea que partiría de la playa de Estrella (al fondo de la Bahía de Guanabara) para llegar al inicio de la sierra de Petrópolis. La vía tendría 15 kilómetros y la concesión incluía la navegación a vapor entre la ciudad y la playa de Estrella; en cambio, conviene destacar que el gobierno no otorgó ninguna garantía de beneficios a la concesionaria, a diferencia de lo que sería luego la experiencia habitual.

El concesionario fue un empresario brasileño, Ireneo de Souza, a quien se le otorgó el título de barón de Mauá el día de la inauguración de la línea férrea. De Souza había contratado a Bragge para llevar a cabo la obra del gas y volvió a tomarlo para la construcción del ferrocarril, que comenzó en agosto de 1852 y fue abierto al tráfico en abril de 1854. El recorrido inicial de la línea era de 14,5 kilómetros, distancia que se extendió unos 700 metros a fines de 1856, cuando ésta llegó al pie de la sierra.

La trocha elegida fue de 1,676 metros, la misma que Bragge aplicó después en el FCO.[15] Este ingeniero adquirió en Gran Bretaña la locomotora (fabricada por Fairban & Sons, de Manchester) y los 16 vagones originales de la línea. Las razones de la trocha elegida generaron dudas entre los historiadores brasileños, que no encontraron respuestas claras. En 1845, Gran Bretaña había decretado la normalización

---

[14] Debemos esta nota sobre el primer ferrocarril paulista a Paulo Roberto Cimó Queiroz, investigador de la Universidad Federal de Mato Grosso do Sul, quien se tomó el trabajo de revisar la bibliografía sobre el tema y nos envió, con gran generosidad, las citas correspondientes. Los textos utilizados se señalan en la Bibliografía.

[15] Esta versión está registrada también en *La Tribuna* del 17 de febrero de 1857, que dice que la trocha "es la misma que se ha adoptado en el primer ferrocarril brasileño, que fue llevado a cabo por Mr. Bragge en Río de Janeiro".

de las trochas ferroviarias en el valor único de 1,44 metros (la trocha "media" argentina), y la trocha ancha sólo habría quedado en uso en Irlanda. Aquella medida había desvalorizado los equipos construidos para otras trochas, que sólo podían servir en el extranjero. Un historiador[16] dice que el material traído por Bragge no habría sido de segunda mano, aunque tampoco hay pruebas claras al respecto.

La línea férrea se mantuvo con la misma extensión hasta 1879, cuando comenzó la construcción del tramo que trepaba por la sierra. Este nuevo tramo se construyó con la trocha de un metro, mucho más adaptada a las exigencias de zonas montañosas y con una sección con cremalleras que permitieran salvar las diferencias de altura necesarias. Para que la línea fuera continua, en 1885 se modificó la trocha del tramo original, que también fue llevada a un metro.

Por esas circunstancias, la trocha ancha desapareció en Brasil, disminuyendo el interés de los historiadores por aquella primera opción, mientras quedó como la norma principal en la Argentina. No es poca ironía que en ambos casos haya participado Bragge en la decisión sin que se conozcan sus criterios técnicos, más allá de las versiones que se presentaron.

---

[16] P. Telles, *Historia da Engenharia no Brasil: séculos XVI a XIX*, Río de Janeiro, Livros Técnicos e Científicos, 1984.

III. EL AVANCE HASTA MORENO CON FONDOS ESTATALES (1857-1860)

Euforia previa a la inauguración

En los meses previos a la inauguración de la línea, el proceso de toma de decisiones en materia ferroviaria se aceleró. En un período de menos de sesenta días, Buenos Aires no sólo aprobó la concesión de otras dos líneas ferroviarias privadas sino que también decidió otorgar un aporte estatal al FCO, cuyo monto se estimaba suficiente para construir la vía hasta Morón, como se había imaginado al comienzo del proyecto. Las tres obras decididas seguían caracterizadas por su corta dimensión. Mientras el FCO extendería su línea otros 10 kilómetros, hasta llegar a un total de 20, las otras dos no eran mucho más ambiciosas; la primera se proponía construir una vía desde el centro a La Boca, mientras que la segunda se limitaba a llegar hasta San Fernando. En conjunto, esas dos propuestas buscaban enlazar la ciudad con las dos alternativas portuarias imaginadas al menos desde 1853 y que parecían renovadas al iniciarse la era del ferrocarril. En esencia, las tres líneas proyectadas permanecían en el área de influencia de la urbe y su avance era posible, entre otras razones, porque requerían inversiones de escasa magnitud; aun así, ellas demoraron varios años en construirse.

Una de las causas del retraso de esos proyectos se debió a los continuos conflictos militares, que, además de imponer una pesada carga sobre toda la sociedad, generaban enormes expensas públicas; los montos demandados por armas y soldados, más los costos en seres humanos asignados a la guerra, afectaban a los dos gobiernos en que estaba dividido el país. Los enfrentamientos, en lugar de reducirse, se hacían cada vez más sangrientos. Sus efectos desbordaban los aspectos estrictamente militares, dado que esos conflictos recurrentes afectaban la inversión local tanto como las relaciones comerciales y financieras externas. El progreso deseado requería la paz. Si bien Buenos Aires podía sostener, todavía, alguna ilusión de independencia, basada en sus ventajas naturales, las negociaciones y conflictos con la Confederación fueron trazando el sendero hacia la paz con unificación nacional, que recién se lograría hacia fines de 1862.

En ese contexto, la mera finalización del primer tramo del FCO reflejó una victoria adicional de la provincia en su puja con la Confederación (que no lograba lanzar su propio proyecto ferroviario, demasiado ambicioso tanto por sus dimensiones como frente a las dificultades que enfrentaba aquella parte de la nación). El servicio ferroviario convirtió al FCO en sujeto privilegiado y objeto evidente de distintas acciones políticas y sociales que marcaron el período. En 1859, por ejemplo, las fuerzas militares porteñas partieron a enfrentar a Urquiza utilizando el ferrocarril, cuya presencia ya llenaba de orgullo a la sociedad local. El tramo recorrido por los coches era corto, en términos relativos, pero muy fuerte en términos de imagen de poder y modernidad; de todos modos, ese inicio auspicioso del ensayo militar no fue suficiente para asegurar el resultado del combate, y Urquiza venció a Mitre en la batalla de Cepeda.[1] Apoyado en ese triunfo, Urquiza exigió, y obtuvo, la renuncia de Alsina al cargo de gobernador de la provincia (firmada el 8 de noviembre de 1859), así como el compromiso de Buenos Aires de reincorporarse, todavía formalmente, a la nación.

[1] La importancia militar del ferrocarril no era vista con placer por sus directivos, que debían transportar gratis a las tropas, de acuerdo a la concesión original. De allí que la *Memoria leída en la Asamblea general de accionistas del Ferrocarril del Oeste el 18 de junio de 1860* (Buenos Aires, Imprenta del Comercio del Plata, 1860), recuerda que los "problemas políticos" de noviembre de 1859 costaron a la Sociedad 100 mil pesos de "ingresos perdidos" más otros 100 mil pesos de "gastos extra" (que no identifica). Dichos montos representan alrededor del 8% de los ingresos totales del ejercicio anual de septiembre de 1859 a agosto de 1860 (que sumaron 2,5 millones de pesos); de ser correctas esas estimaciones, su ingreso hubiera incrementado el millón de pesos de beneficios obtenidos en el mismo período en el 20%.

Resulta sugestivo que el acuerdo se firmara en San José de Flores, nombre que sirvió para bautizar ese pacto; aquella pequeña localidad, unida ya a Buenos Aires por el lazo de hierro de la vía, apenas un par de años después de que albergara una estación de la línea ferroviaria surgía a la luz pública para dar su nombre a uno de los principales acuerdos de unidad nacional. Urquiza acampó allí con sus tropas, y estableció su cuartel general en la casa quinta de Inés Indarte de Dorrego (situada en la esquina noreste del cruce de las actuales Rivadavia y Gavilán); esta propietaria había donado, precisamente, una pequeña fracción de su terreno para que se ubicara allí la primera estación del ferrocarril en Flores. Las tratativas para arribar a un acuerdo político entre las dos fracciones en pugna se realizaron muy cerca de ese lugar, en la estación Floresta, donde los delegados porteños llegaban diariamente en un tren del FCO.[2] La diferencia que aportaba esa nueva tecnología contribuía a otorgar un plus de prestigio y poder a los porteños que no puede desdeñarse.

La experiencia posterior mostró que Buenos Aires no estaba dispuesta a ceder, todavía, algunos de sus objetivos; las negociaciones y conflictos siguieron, pese a que la provincia obtuvo la reforma de algunos artículos de la Constitución aprobada por el resto del país en 1853. En agosto de 1860, Santiago Derqui, que había asumido la presidencia de la Confederación como sucesor de Urquiza, designó a De la Riestra, uno de los fundadores y directivo de la empresa del FCO, como secretario de Hacienda de la nación. El nuevo ministro, que llegó al cargo por sugerencia de Mitre, se dedicó a proponer distintas leyes que consideraba necesarias para la unidad nacional, pero renunció a comienzos de 1861 debido a las dificultades para imponer sus proyectos. Las diferencias entre la provincia y el resto del país desembocaron en un nuevo, y esta vez definitivo, enfrentamiento armado, que ocurrió en Pavón, el 17 de septiembre de 1861. En medio del combate, Urquiza ordenó el retiro de sus tropas y Mitre resultó

---

[2] Estos comentarios están tomados de A. J. Cunietti-Ferrando, *San José de Flores*, Honorable Consejo Deliberante de la Ciudad de Buenos Aires, 2000, pp. 43 y 44.

vencedor de la jornada. El dirigente porteño quedó así en condiciones de dictar sus términos al gobierno nacional y al resto del país. Poco después, Derqui renunció a la presidencia y fue designado un gobierno provisorio de la nación (marzo de 1862), con Mitre a la cabeza y con De la Riestra, de nuevo, en el cargo de ministro de Hacienda. Mitre continuó gobernando, ya como presidente electo de la nación unificada, a partir de octubre de ese mismo año.

Todos los participantes parecían sentir que los acuerdos obtenidos, que giraban en torno de la distribución del poder de decisión y el reparto de los ingresos de la Aduana, eran mejores que la alternativa de continuar con las sangrientas y onerosas inversiones bélicas del período de la separación. La recuperada unificación nacional permitiría dedicar buena parte de esos recursos a los gastos normales de la Administración, además de atender las cada vez más impostergables inversiones públicas y el siempre delicado pago de los compromisos de la deuda externa. Además, tendía a crear las condiciones básicas de orden y legitimidad destinada a fomentar la inversión y atraer el capital extranjero, que muchos sentían como necesario para impulsar el progreso local.[3] El rol, decisivo en algunos momentos, de comerciantes y representantes del gobierno británico en esas negociaciones de paz sugiere que ellos también estaban interesados en esos acuerdos. El fin del conflicto fortalecería las oportunidades para sus negocios, entre los que ya se contaban las actividades agropecuarias y donde muy pronto tendrían gran presencia las inversiones ferroviarias, que comenzaban a interesar a algunos de ellos.

En breves trazos, todo el período 1857-1862 estuvo marcado por la transición política, los sucesivos cambios de gobierno y las expectativas de una solución definitiva para una unidad nacional que no se lograba alcanzar. El destino del FCO dependió, en parte, de esos avatares, que incidían sin duda sobre todas sus variables, fuesen éstas la

---

[3] Esta interpretación está bien desarrollada por C. Marichal, "Liberalismo y política fiscal: la paradoja argentina, 1820-1862", en *Anuario IHES*, Tandil, núm. 10, 1995, a quien seguimos en el tema.

EL AVANCE HASTA MORENO CON FONDOS ESTATALES (1857-1860) 109

dimensión de los capitales que requería, su presencia empresaria o su rol de instrumento estructural del sistema de transporte. Relacionado con ello, se observa el hecho adicional de que sus directores no dejaron de ocupar, durante dicha etapa, cargos de relevancia en el gobierno provincial y, por momentos, en el nacional.

El auge del servicio ferroviario

La inauguración oficial de aquel primer tramo del FCO había generado abundantes expectativas en toda la sociedad. Bastó que el tren comenzara a rodar a lo largo de esos exiguos 10 kilómetros de vía para que su presencia repercutiera en una inmediata y casi desmesurada demanda de pasajes. La mayor parte de los textos sobre la empresa habla del recorrido a Flores, y así figura hasta en diversos cuadros de horarios publicados por la propia empresa; sin embargo, el servicio no se limitaba estrictamente a dicho tramo. El recorrido total de los trenes se extendía hasta La Floresta, una pequeña estación que actuaba como terminal efectiva de los rieles en ese primer tramo y que ni siquiera estaba mencionada en el contrato con Bragge. La extensión a La Floresta permitió que la vía tuviera 10 kilómetros de largo y fue generada por la donación de terreno de un propietario que, no bien se inauguró la línea, instaló en el resto de su predio un recreo que haría las delicias de los porteños.[4]

La Sociedad inició sus actividades ofreciendo un servicio de dos trenes diarios, que llevaban carga y pasajeros entre El Parque y Flores, con una parada en Once; casi en seguida tuvo que ampliar la frecuencia a tres trenes diarios, especialmente durante los fines de semana y feriados. Pocos meses más tarde debió llevar su oferta a cuatro viajes

---

[4] La distancia total de El Parque a Once era de 2,7 kilómetros, que se extendían a 6,4 kilómetros hasta llegar a Caballito, a 7,9 kilómetros hasta Flores y a 9,8 kilómetros hasta la primera terminal del riel, en Floresta, según está registrado en el *Diario El Nacional* del 6 de abril de 1858. El total era de "dos leguas y cinco cuadras".

de ida y vuelta por día, un servicio que ya seguramente se acercaba al máximo que podía permitirse en las condiciones técnicas y de material rodante disponibles. El primer cuadro publicado de horarios indicaba que los trenes salían desde El Parque a las 11 y las 15 horas, mientras que los viajes de regreso desde Flores partían a las 12:30 y las 16:30 horas.

El FCO disponía de tres coches de pasajeros, pero rápidamente modificó algunos vagones para que pudieran utilizarse con el mismo fin, debido a las dimensiones de la demanda. Esos vagones eran abiertos, pero se les había adicionado "ligeros toldos que libraban del sol" para los viajeros que debían ir parados en ellos.[5] De acuerdo a las costumbres de la época, las mujeres, que aparentemente al comienzo no eran muchas, viajaban en los coches con asientos.

La demanda se concentraba en atender a los pasajeros, pese a que la línea había sido imaginada para el transporte de carga, sobre cuya base, como se recordará, se efectuaron los primeros cálculos económicos. La oferta del servicio, que cubría esos 10 kilómetros en poco tiempo, permitiendo salir de la zona urbana hacia el campo con notable aumento de la comodidad y la rapidez respecto a la experiencia previa, operó como un poderoso imán para los porteños.

La demanda de transporte de pasajeros era tan intensa, sobre todo durante los fines de semana, que el servicio estaba saturado. El 3 de septiembre ya se relata que los trenes corrían "repletos" y que el viaje de regreso de las cinco de la tarde había conducido 205 personas. En la primera quincena de sus operaciones, el FCO transportó 7.325 pasajeros, que representaban un promedio cercano a 500 por día.[6] El 5

---

[5] Esta referencia figura en *El Orden* del 11 de agosto de 1857 y no se pudo corroborar en otros textos, pero señala que la Sociedad estaba ya percibiendo la importancia de los pasajeros sobre la carga en esos primeros momentos de su operación.

[6] *El Nacional*, 3 y 17 de septiembre de 1857, según un informe de Larraudé, director de la empresa. Debe señalarse una confusión repetida entre "personas" y "viajeros" en la mayoría de los textos disponibles, debido a que una "persona" era presentada como dos "viajeros" cuando se asignaba un "viajero" a quien hacía el recorrido de ida y otro al que lo hacía de vuelta.

de octubre, apenas un mes después de aquel comienzo venturoso, los periódicos destacaban la gran concurrencia de público a Floresta, estimada en más de mil personas en ese fin de semana. El ansia de los porteños por ensayar el desplazamiento por locomotoras a vapor provocó que parte del público no pudiera viajar por falta de disponibilidades.[7] Las primeras experiencias señalaron con toda claridad que el material rodante que se había comprado resultó insuficiente desde el comienzo para atender los servicios, aunque todavía pasaría un largo plazo hasta que la empresa incorporase nuevos vehículos. Las noticias sobre la demanda de pasajeros sugieren que la restricción de la oferta presentaba una limitación seria para las actividades del FCO durante su primer año de vida. La escasez de equipos y servicios repercutió, sin duda, negativamente en la magnitud de sus ingresos y en su rentabilidad, medida según la contabilidad formal de la época. La aparición de un precoz "mercado paralelo" de boletos, donde estos llegaron a venderse hasta a 50 pesos frente al precio oficial de 10 pesos, señala la presión de la demanda efectiva y la existencia de amplios márgenes para aumentar los ingresos de la empresa.[8]

Esa febril actividad exigía una respuesta contundente. En noviembre de 1857, apenas un par de meses después de iniciado el servicio, la empresa anunció que había pedido "40 carros más a Europa" y que "procede ya a agrandar la estación del Once de Setiembre donde se van a construir almacenes para el depósito de la carga".[9]

Las soluciones propuestas no fueron tan rápidas como querían sugerir las autoridades del ferrocarril y las dificultades para atender a

---

[7] *El Nacional*, 5 de octubre de 1857.
[8] El mercado paralelo está denunciado en *El Orden* del 8 de septiembre de 1857 y debe haber coincidido con los primeros servicios del ferrocarril, porque no se vuelven a encontrar referencias a partir de entonces.
[9] *El Nacional*, 6 de noviembre de 1857. Debe tenerse en cuenta que en 1855 sólo había dos servicios mensuales de diligencias a Flores, de modo que el incremento de la demanda era consecuencia de la presencia del ferrocarril y difícil de imaginar previamente (véase *Origen y desarrollo de los ferrocarriles argentinos*, Buenos Aires, El Ateneo, 1946).

los viajeros se repitieron durante todo ese período, a medida que más porteños deseaban utilizar con más asiduidad el nuevo medio de transporte. En abril de 1858, por ejemplo, ocurrió una situación tragicómica: un gerente de la empresa decidió cerrar las boleterías porque éstas no daban abasto a los pedidos del público agolpado frente a ellas. La escasez de equipos, por otra parte, provocaba problemas de distinto carácter. Luego de sucesivos esfuerzos, y protestas, experiencias como la ya mencionada llevaron al FCO a advertir a los viajeros que salían de la ciudad que corrían el riesgo de no obtener lugar en el viaje de regreso a Buenos Aires;[10] los avisos explicaban que el escaso número de viajes ofrecidos sumado a las limitaciones de espacio en los coches de pasajeros impedían cumplir con la obligación de transportar a todos los que deseaban regresar de su excursión al finalizar las jornadas de domingos y feriados.[11]

Diversas noticias periodísticas reflejan la importancia de este nuevo placer descubierto por los porteños, que se veía estimulado por la creciente oferta de restaurantes, confiterías, parques y otras atracciones que brotaban en el extremo de la línea. Apenas inaugurado el servicio, el consumo de comidas en el Hotel de la Floresta durante los días festivos superó las magnitudes registradas "en el principal hotel de la ciudad".[12] En enero de 1858 (apenas un par de meses después de inauguradas las operaciones), las oportunidades para estos viajes de placer se ampliaron; en esa fecha, la Sociedad anunció, por primera vez, un servicio de un tren especial para que el público pudiera asistir a un baile programado en La Floresta. El éxito de esa experiencia explica que, a partir de entonces, la oferta sucesiva de actividades lúdicas en el extremo de la línea, fomentadas por servicios especiales de transporte, se fuera repitiendo en fechas posteriores hasta tornarse

[10] *El Nacional*, 6 de abril de 1858.
[11] La mención de la empresa al hecho de que los trenes que partían cargados a la mañana volvían vacíos en ese primer viaje, mientras que surgían grandes dificultades para atender a todos los viajeros que regresaban al final de la tarde está en *El Nacional*, del 3 de febrero de 1859.
[12] Nota de *El Nacional* del 10 de septiembre de 1857.

rutina; pocos años más tarde, esas actividades se multiplicaron y diversificaron con la extensión de la línea. Fue así que, en febrero de 1859, cuando los rieles estaban llegando a Morón, se anunció un tren especial para asistir a una fiesta en dicho pueblo, tan lejano hasta entonces de la ciudad. Apenas iniciado el nuevo servicio regular, una colorida nota periodística registra ese mismo mes el florecer de una nueva moda: los porteños que se apasionan por ir "a tomar un café a Morón". Luego de cumplir con ese rito, felices, regresan al clásico casco urbano.[13]

El transporte por ferrocarril traspasó muy pronto su característica primitiva como servicio específico. El ámbito creado por los coches de pasajeros se convirtió en un lugar de sociabilidad y de escenas cotidianas que cautivaban la atención de los porteños, a juzgar por los comentarios que se repetían en los periódicos. Sucesivas notas destacan escenas comunes y/o graciosas, como las de jovencitas que encontraban novio en las estaciones; de señores mayores que miraban con poco disimulo, tratando de ver más allá de los generosos escotes de la señorita sentada a su lado en el viaje; de señoras obesas cuya generosa humanidad se desplazaba sobre el asiento hasta arrinconar a sus eventuales compañeros de viaje; de escapadas más o menos galantes y un amplio número de otras aventuras simpáticas que, por repetidas, sugieren la presencia social y cultural que generó el ferrocarril apenas se instaló en la vida de Buenos Aires.[14]

[13] Estas notas están en *El Nacional* del 22 de enero de 1858, el 4 de febrero de 1859 y el 22 de febrero de 1859, respectivamente. El 23 de agosto de 1858, ese mismo diario se adelantaba a esos brotes de entusiasmo diciendo: "Esperamos que se termine la colocación de los rieles hasta Morón, para ir por las tardes a fumar un habano y tomar un café en aquel pueblo, y volvernos honrados a nuestras casas. Entonces, hemos de decir, ¡viva el siglo XIX!".

[14] Las primeras anécdotas pintorescas en torno del ferrocarril se publican en *El Nacional* del 1º de septiembre de 1857, al día siguiente de iniciado el servicio, y se continúan el 3 de septiembre de 1857. Algunas de las notas mencionadas en estos ejemplos aparecen en *El Nacional* del 9 de octubre de 1858 ("la diosa cotidiana"), del 23 de noviembre de 1857 ("el anciano mirón"), del 27 de septiembre de 1858 ("la escapada galante"), etcétera.

Los efectos no se limitaban a la sociabilidad en el tren y a las actividades de recreación instaladas a lo largo de la línea. El desplazamiento de los viajeros impactaba en la zona atendida por el riel, donde surgían viviendas y estructuras de servicio acordes a las nuevas demandas y expectativas de la población. Hacia 1861, un observador británico, que estaba viviendo en Buenos Aires, detalló el impacto provocado por el ferrocarril durante esos primeros años; su relato brinda amplios detalles sobre los nuevos hábitos sociales y sus repercusiones sobre el tejido urbano en plena expansión.

El tren sale de la ciudad y pronto se advierte que estaba produciendo sus naturales efectos. Barracas y molinos de harina surgían como hongos en los alrededores de la ciudad. Hermosas villas se edificaban cerca de las estaciones y bares de recreo, con lindos jardines, tentaban a muchos de los porteños inclinados a divertirse y a pasar sus domingos y días de fiesta, como acostumbran los ingleses en Richmond, o en Gravesand. No conozco lugar donde haya mayor necesidad de sitios de esta naturaleza, porque Buenos Aires no tiene, propiamente dicho, jardines públicos o parques, como los que adornan las capitales europeas; y aunque creo que los nativos se hallan, en su mayor parte, satisfechos, hay, sin embargo, una enorme población extranjera de ingleses, franceses, alemanes e italianos, deseosos de encontrar la primera oportunidad para lograr atraer algunas variedades de las que tanto gustan en Europa.[15]

En su primer ejercicio anual, de septiembre de 1857 a agosto de 1858, el ferrocarril transportó un total acumulado de 112 mil pasajeros, con una clara tendencia de expansión.[16] El tercer año, con la línea extendida hasta Moreno, el número de viajeros llegó a 300 mil, cifra que se debe destacar frente a los algo más de 100 mil habitantes de la

[15] W. Hinchliff, *Viaje al Plata en 1861*, Buenos Aires, Hachette, 1955.
[16] El año calendario 1858, con sólo cuatro meses de diferencia con el primer ejercicio contable de la empresa, registró un total de 155.150 pasajeros, lo que sugiere el ritmo de crecimiento del servicio. Los datos estadísticos de los tres primeros ejercicios figuran en la *Memoria leída...*, *op. cit.*, mientras que los del año 1858 están en el *Mensaje del Gobernador* (V. Alsina) del 1º de agosto de 1859.

ciudad. En cambio, en ese primer año sólo transportó 4.500 toneladas de mercancías, una cantidad mínima respecto a la demanda potencial de cargas; el ritmo de crecimiento de dicha actividad sólo se aceleraría con la extensión de la línea. Este fenómeno es constatado por el gobernador de la provincia, que, ya en mayo de 1858, dice que el FCO "ha estado circunscripto a la conducción de pasajeros solamente, y sin embargo, con esta entrada, los resultados han sido completamente satisfactorios".[17] Estas características de la demanda explican que más del 95% del ingreso del FCO se originara en los pasajeros en los primeros cuatro meses de operación, relación que apenas se redujo al 80% en el acumulado percibido durante los tres primeros años de actividades (1858-1860).

El desplazamiento de viajeros fue alentado por sucesivas reducciones en las tarifas del servicio. Inicialmente, los pasajes de primera clase pagaban 10 pesos y los de segunda clase 5 pesos. El servicio de primera clase se definía por asegurar a los pasajeros asientos en coches "cubiertos o descubiertos", mientras que el de segunda ofrecía coches descubiertos en los que se viajaba parado.[18] Las tarifas de la primera clase eran sensiblemente iguales al valor cobrado, hasta entonces, por las diligencias que hacían el viaje a Flores, cuyo número se había multiplicado en los primeros años de aquella década de 1850, pero que fueron rápidamente desplazadas por el tren. Parece evidente que, en una primera etapa, la competencia se basaba en las mayores rapidez y comodidad del ferrocarril, pero no en el precio.[19]

Unos meses más tarde, la empresa ofreció un boleto de ida y vuelta en el mismo día por un precio de 15 pesos, en vez de los 20 que cobraba hasta entonces, y creó un abono mensual de 250 pesos para

[17] Véase el *Mensaje del Gobernador del Estado a la Asamblea General Legislativa*, 1º de mayo de 1858, Imprenta La Tribuna, 1858.

[18] Los coches originales de primera, cerrados y con asientos, se han conservado en el Museo de Luján, pero de los restantes sólo se encontró una referencia en *El Nacional* del 10 de septiembre de 1857.

[19] El precio para los viajes en diligencia estaba fijado en 10 pesos por asiento, al menos desde 1854, de acuerdo a un aviso de *El Nacional* del 8 de septiembre de 1854.

el viaje completo, mientras establecía una serie de tarifas para los tramos intermedios, que hasta entonces no gozaban de franquicias especiales.[20] A mediados del siguiente año volvió a reducir el precio para la ida y vuelta a Floresta a 12 pesos, y construyó una tabla con precios diferenciales que abarcaban ya a los tramos intermedios.[21]

Los efectos de esos cambios se pueden visualizar en la tarifa promedio que recaudó la empresa.[22] En el primer ejercicio operativo, ese valor ascendió a 7,20 pesos por viaje, mientras que en el segundo se redujo a sólo 6 pesos. Aunque no se dispone de la distribución de los viajeros por distancia, fenómeno que pudo haber contribuido a explicar esa diferencia, resulta muy probable que la mayor parte de la caída del promedio se haya originado en la reducción tarifaria que se mencionó. En el curso del tercer ejercicio, la tarifa promedio registrada volvió a trepar a 6,85 pesos, pero ese cambio se explica por la inauguración de la extensión de la línea hasta Moreno y al cobro consecuente de un monto más alto por ese mayor recorrido.

El desplazamiento de pasajeros se veía limitado por la distancia de El Parque al centro urbano, problema que fue resuelto mediante un nuevo servicio de "ómnibus", operado por carruajes a caballo, que facilitaba esas conexiones. El servicio constaba de cuatro líneas, numeradas de uno a cuatro, cuyos recorridos estaban especificados, cubriendo distintas direcciones a partir de la estación de El Parque que permitían abarcar un semicírculo del orden de 2 kilómetros alrededor de ésta. Cada ómnibus hacía cuatro viajes diarios por un recorrido específico y sólo estaban admitidos los pasajeros "destinados a tomar asiento en el tren".[23] Un par de años más tarde, este servicio fue

---

[20] Aviso del Ferrocarril del Oeste en *El Nacional* del 10 de diciembre de 1857
[21] *El Nacional*, 11 de junio de 1858.
[22] La tarifa promedio está calculada sobre la base del cociente entre el número anual de pasajeros y la recaudación que corresponde por ese servicio, según el detalle declarado por la empresa para cada uno de esos tres ejercicios en la *Memoria leída...*, op. cit.
[23] Aviso de la Sociedad en *La Tribuna* del 18 de mayo de 1858, con el "reglamento provisorio del servicio" y los horarios, firmado por B. Larraudé, como director

EL AVANCE HASTA MORENO CON FONDOS ESTATALES (1857-1860) 117

ampliado y ofrecía llevar o traer a los viajeros a su domicilio; al parecer, el desplazamiento de algunos carruajes por la actividad del ferrocarril dejaba disponibles dichos equipos para la nueva tarea. Es cierto, también, que para ese entonces, los ómnibus cobraban una tarifa de 3 pesos para llevar a sus pasajeros.[24]

La marcha del ferrocarril mostraba posibilidades atractivas desde el punto de vista económico, a pesar de la breve extensión de la línea y la escasez de material y, en consecuencia, de servicios ofrecidos. El movimiento intenso de pasajeros le ofrecía una gran oportunidad, que respondía al carácter de tranvía urbano, o suburbano, de la línea en esa etapa. No ocurría lo mismo con la escasa magnitud de las mercancías transportadas, que se explica por las dificultades operativas de carga y descarga, que representaban un costo elevado frente a los ahorros potenciales de tiempo y flete que podía brindar el breve recorrido de la línea. El servicio no llegaba al puerto, lugar donde arribaba buena parte de la carga potencial, y terminaba, en esa primera etapa, en Floresta, pese a que los bultos que se destinaban a la campaña se dirigían a lugares más lejanos; el manipuleo de transbordo (carga o descarga de las carretas que hacían el resto de la travesía) agregaba dificultades y costos adicionales a los potenciales transportistas; esos inconvenientes contribuían a disuadirlos de la posibilidad de usar el ferrocarril.

Las 4.500 toneladas de carga transportada el primer año representaban un tercio del transporte total estimado en carretas a lo largo de la línea en ese período, lo que no parece un mal resultado para esa primera experiencia. Esa magnitud era equivalente a un movimiento de unas 15 toneladas por día en ambas direcciones, lo que sugiere

---

administrativo de la explotación. Al parecer, dichos ómnibus prestaban un servicio gratuito al comienzo, y de allí la exigencia de que se tratara de pasajeros del tren, pero luego comenzaron a cobrar una tarifa que era de 3 pesos por viaje en 1860, según un aviso en *La Tribuna* del 3 de enero de 1860.

[24] Véase *La Tribuna* del 1º de octubre de 1860, donde se menciona el servicio a domicilio y la disponibilidad de los carruajes, así como la edición del 3 de enero de 1860, donde se anuncia la tarifa del servicio.

que bastaba con que uno o dos vagones fueran enganchados en alguno de los viajes de cada jornada para satisfacer toda la demanda. Ésa fue la solución elegida: los escasos vagones que demandaba la carga se enganchaban a los trenes de pasajeros, solución que parece lógica aunque poco eficiente. Cuando los despachos estaban formados por vagones completos, resultaba más o menos simple acoplar o desacoplar éstos en las estaciones; pero eso no era el caso. En la mayoría de las oportunidades, los vagones se llenaban mediante la agregación de distintos despachos, tarea que exigía tiempo para las operaciones de carga y descarga, atrasando la salida de los trenes y provocando la protesta de los pasajeros.[25]

La empresa no disponía de galpones para almacenar las cargas, que fueron construidos lentamente, a medida que el servicio lo requería. Resultaba necesario ofrecer depósitos para la carga en cantidad y dimensiones acordes con la magnitud transportada, porque resulta claro que ese recurso había sido postergado en la primera etapa de inversión.[26]

Esos galpones, por otra parte, se abarrotaban rápidamente debido a que los cargadores los utilizaban como depósitos; la mercadería no era retirada mientras no fuera necesario, lo que disminuía la disponibilidad de los galpones y provocaba la protesta de la empresa. Frente a la experiencia, ésta decidió cobrar una tasa por el uso de los depósitos que, a su vez, generó la protesta de los cargadores.[27] El sistema de

---

[25] En septiembre de 1858, la empresa estableció un cuadro tarifario que cubría desde la carga de carretas completas (20 pesos) hasta un solo bulto (que se cobraba 1 peso); el texto detalla que las tareas de carga le pertenecen al cargador, mientras que la descarga en destino es asumida por el personal del FCO, según *El Nacional* del 17 de septiembre de 1858. Ese sistema de trenes "mixtos" tiende a encontrar sus límites hacia 1860, cuando se reconoce que las cargas se aglomeran en los depósitos debido a las dificultades operativas, según *La Tribuna* del 18 y el 21 de abril de 1860.

[26] *El Nacional* del 16 de julio de 1858 informa que "en virtud del aumento del transporte de mercancías, se había construido un 'espacioso galpón de depósito' en Once".

[27] Véase, por ejemplo, *La Tribuna* del 21 de marzo de 1861, donde la empresa se justifica diciendo que "no lucra" con esa tasa por los depósitos pero tiene problemas porque las cargas no se retiran.

transporte de carga sólo comenzaría a sofisticarse con el paso del tiempo y el crecimiento de sus servicios.

El gerenciamiento del sistema

En esa primera etapa, la mayor novedad de la empresa residía en las exigencias mecánicas para operar y mantener los equipos. En cambio, como puede imaginarse, ni los movimientos normales de tráfico ni las operaciones comerciales exigían una organización compleja. El funcionamiento rutinario del tren permitía verificar la demanda, y acomodar los servicios de manera progresiva (aunque no siempre adecuada, como se vio), dentro de las limitaciones creadas por la disponibilidad de los equipos y la capacidad organizativa de la empresa.

En 1857, poco antes de que se inaugurara la línea, se comenzó a crear un sistema gerencial incipiente que no dejó demasiados rastros en las memorias de la empresa, aunque se fortaleció con el paso del tiempo y el crecimiento de las demandas objetivas en ese sentido. La organización incluyó las primeras definiciones de cargos y responsabilidades, que, si bien no se conocen exactamente, implicaban la división de responsabilidades entre un gerente general y un gerente técnico, u operativo, que dependía del primero. De todos modos, se ignora hasta qué punto ese "organigrama" era claro y explícito.[28]

Esos dos puestos quedaron a cargo de sendos personajes que mantendrían su presencia en la dirección de la empresa durante varios lustros. El primero era Luis Elordi, un argentino exiliado en la época de Rosas, que volvió en 1857 de una prolongada gira por los Estados Unidos y Europa, y que fue casi enseguida encargado de la gerencia de la empresa. El segundo fue el ingeniero John Allan, de origen británico, que ocupó el rol de maquinista y se convirtió en una especie

---

[28] Al parecer, en algún momento hubo también un gerente administrativo, dado que con ese cargo se presenta Larraudé cuando informa de la creación del sistema de ómnibus, ya mencionado.

de gerente técnico, encargado de operar las locomotoras, además de atender las necesidades del taller mecánico y de mantenimiento. Los dos hombres formarían el cuerpo directivo de la gestión del FCO y le darían buena parte de su carácter definitivo a la empresa.

Elordi, nacido en 1819, se había formado en el exterior; Cútolo dice que volvió dotado de una amplia experiencia, "con su título de ingeniero y dominio del idioma inglés", razones que habrían contribuido a que se le ofreciera un cargo gerencial en el FCO.[29] El 20 de marzo de 1857 fue nombrado primer administrador y se mantuvo en ese puesto hasta mucho después de que la provincia se hiciera cargo de la empresa, en 1863.

Allan había desembarcado en Buenos Aires en enero de 1857, donde había venido para manejar la locomotora. Pero otras versiones afirman que este profesional inglés, que nació en Liverpool en 1831, ya había llegado a Buenos Aires en 1853 (a los 22 años) para trabajar como maquinista del vapor *Constitución* en el Río de la Plata. De acuerdo a esas fuentes, ya en 1854 se había casado con Elena Lawrie, con quien tuvo tres hijos.[30] Allan operaba la locomotora y dirigía el taller de mantenimiento que se fue montando en la manzana que hoy está formada por las calles Corrientes (donde pasaba la vía), Paso, Lavalle y Pueyrredón.

[29] V. O. Cútolo, *Nuevo diccionario biográfico argentino*, Buenos Aires, 1969, que también dice que fue Elordi quien compró las locomotoras en Inglaterra, aunque esa información es incorrecta. Resulta de interés agregar que hay un Luis Elordi mencionado como una de las personas que participaron en la construcción del ferrocarril de Madrid a Aranjuez, inaugurado en 1851; este antecedente podría explicar su conocimiento de la actividad, si se tratara de la misma persona, aunque no hemos podido verificar esta referencia (véase *Manual del ferrocarril de Madrid a Aranjuez*, Madrid, Imprenta del Semanario Pintoresco y de la Ilustración a cargo de Alhambra, 1851). Cútolo sólo menciona que Elordi estuvo en California y que, luego de la caída de Rosas, viajó a Nueva York, Londres y París, pero no agrega a Madrid en esa lista.

[30] La versión de su llegada de Europa está en *El Nacional* del 21 de enero de 1857. El resto de la historia está tomado de una carta del 27 de septiembre de 1938 de Frank Lawrie Allan, descendiente de aquél, que está en el Museo de Luján. Las dos versiones no son incompatibles si se supone que Allan viajó a Gran Bretaña en el ínterin por alguna causa especial (su descendiente dice que fue a comprar las locomotoras, aunque ese último y dudoso dato no parece correcto ni pudo ser verificado).

Algunas cifras publicadas sobre la marcha de la empresa señalan cierta preocupación por disponer de buena información estadística y contable, objetivo destacable frente a las características de la gestión corriente en esa época en la provincia de Buenos Aires. Ellas parecen acompañadas por las dificultades naturales para resolver los aspectos operativos, donde hacía falta una experiencia técnica y una cuota de imaginación organizativa que todavía parecía escasa en los responsables iniciales del servicio.

Los talleres del ferrocarril, aunque incipientes, se vieron obligados a encarar una serie de actividades técnicas que debían resolverse *in situ*. Las primeras consistieron en armar las unidades que eran desembarcadas en el puerto, como se mencionó, pero muy pronto las tareas se extendieron a otras, que abarcaban desde la construcción de cajas de madera para los coches y vagones de carga hasta el mantenimiento y la reparación de unidades gastadas por el uso. Esas tareas eran dirigidas por el ingeniero Allan, quien se mantuvo a cargo de las mismas durante tres lustros. Esa actividad exigió formar operarios, aunque las *Memorias* de la Sociedad hacen escasos comentarios al respecto hasta bien entrada la década de 1870, cuando el atender a esa demanda técnica se convirtió en una necesidad objetiva.

Los servicios eran muy simples, dado que el número de trenes no pasó de los seis por día y sus recorridos de ida y vuelta no se cruzaban entre sí. La confección y el cumplimiento de los horarios, por lo tanto, no planteaba demasiadas complicaciones. Elordi sin duda descarga tareas técnicas en Allan mientras que, a su vez, respondía al Directorio. Es probable que su capacidad para la gerencia no haya tenido tanta importancia en su posición como los efectos de sus actividades políticas. Ya en la década de 1860, él se encargaba de llevar a los operarios del ferrocarril para que actuaran, por las buenas o por las malas, en las compulsas electorales a favor de determinados candidatos, función que mantuvo mucho tiempo. Si bien los registros de la Sociedad no dejaron trazas de esas actividades paralelas, resulta evidente que ellas derivaban hacia mecanismos de selección de personal que no podían utilizar el criterio de idoneidad laboral, dada la importancia asignada a la confianza política.[31] De todos modos, es cierto que la especialización deseada para la mayor parte de las tareas de la empresa era escasa y que todavía no surgían demandas de gerenciamiento técnico especializado, debido a la sencillez de las operaciones.

Al mismo tiempo que se gerenciaba el servicio, se comenzó la construcción del tramo siguiente de vía, hasta Morón, que luego fue extendido sin respiro hasta Moreno. Esta nueva actividad fue dirigida por otro profesional que ingresó en las actividades de la empresa en el curso del año 1857. Se trata del ingeniero Hildebrand, que apareció primero como un inspector que realizó el "reconocimiento práctico" de la colocación y el funcionamiento efectivo de la vía hasta Flores para la empresa del FCO; su tarea consistió en controlar de esa manera las actividades de construcción que eran llevadas a cabo por Bragge y recibir las instalaciones. Bragge, a su vez, desapareció de la escena luego de finalizar el primer tramo.[32]

La historia del retiro de Bragge no aparece en los documentos disponibles aunque es por lo menos sugestiva. La presencia y las actividades de este ingeniero se fueron ampliando en el período 1856-1857, y sus primeros éxitos en ese sentido exhiben cierta capacidad para generar nuevos negocios, circunstancia que no debía ser menospreciable en el contexto porteño. Además de las obras del alumbrado a gas, que lo trajeron al país, y de la construcción definitiva del FCO, que tomó

---

[31] El rol de Elordi como caudillo que movilizaba a sus "maquinarias" para las contiendas electorales está registrado en H. Sábato, *Capitalismo y ganadería en Buenos Aires: la fiebre del lanar, 1850-1890*, Buenos Aires, Sudamericana, 1989, pp. 93 y 129. Elordi sumaba su actuación política en la parroquia de San Nicolás, a favor del autonomismo, a su cargo de administrador del Ferrocarril del Oeste, que mantuvo durante casi dos décadas. Estos datos resultan significativos si se tiene en cuenta que hacia 1873 había 9 mil inscriptos en los padrones de la ciudad y que el Ferrocarril del Oeste ocupaba, por sí solo, unas mil personas (*ibid.*, p. 92).

[32] Véase la nota de la Comisión Directiva del Ferrocarril del Oeste al gobierno en *El Nacional* del 19 de agosto de 1857. En rigor, *El Orden* del 18 de mayo de 1857 tiene un aviso en la sección remates ofreciendo en venta todos los muebles de Bragge, que se va del país, aparentemente, antes aún de que se inauguren las obras.

luego, Bragge se presentó en ese período como contratista o ingeniero para distintas obras. Ese empuje lo llevó a tener algunos conflictos serios con sus potenciales competidores, cuyo resultado puede haber derivado en su retiro. Sus proyectos incluyeron la construcción de puentes, la provisión del servicio de aguas corrientes de la ciudad, la instalación de los equipos de vapor en uno de los grandes molinos harineros construidos en esa época y las obras del ferrocarril a La Boca, cada uno de los cuales generó una disputa con otros eventuales interesados.

Una de las primeras actividades de Bragge en otros ámbitos se conoció en agosto de 1856, cuando se anunció que sería el encargado de construir un puente sobre el Salado, una obra cada vez más necesaria para unir la provincia con su zona sur. Este proyecto, que curiosamente era demandado y manejado por los Terrero, conocidos por su oposición al paso del FCO, finalmente fue llevado a cabo por el ingeniero Taylor, que logró terminarlo un par de años más tarde.[33]

Los conflictos de Bragge con otros contratistas prosiguieron. En noviembre de ese mismo año, aquel ingeniero británico presentó una propuesta para construir las obras del agua corriente en la ciudad de Buenos Aires, uno de los más grandes y costosos proyectos urbanos del momento, y objeto de largas polémicas que venían de antaño y que contribuyeron a postergar su realización varias décadas más. Los otros interesados en llevar a cabo las obras incluían a E. Pellegrini, quien había iniciado los trámites al respecto en 1853, con un proyecto técnico propio que volvió a presentar en distintas ocasiones, y a Guillermo Davies, que entregó su propuesta ese mismo año; este empresario, al parecer, llegó a ser socio de Bragge en algún momento posterior. La presentación de 1856 fue efectuada a nombre de G. Bragge y Cía., pidiendo que se le concediera "el privilegio de la explotación exclusiva" del servicio que cubriría toda la parte céntrica de la ciudad

---

[33] La información de que Bragge va a hacer el puente figura en *La Tribuna* del 17 de agosto de 1856, mientras que *La Tribuna* del 19 de abril de 1858 dice que lo construyó Taylor (encargado de levantar la Aduana); la obra fue inaugurada en esa fecha, según *El Nacional* del 14 de abril de 1858.

en tres años. El proyecto, al igual que los otros que se discutían entonces, fue rechazado sin que el tema se resolviera.[34] Otro conflicto se relacionó con el proyecto de ferrocarril a La Boca, y tuvo su repercusión en los periódicos justo cuando se estaba por inaugurar el primer tramo del FCO. En efecto, una carta de tono iracundo publicada en agosto de 1857 acusaba a Bragge de "entrometido" e "ignorante" por haberse ofrecido como ingeniero de la obra del ferrocarril a La Boca; el autor de la nota recordaba que Bragge "vino como ingeniero de gasómetros" y que, a pesar de ello, no pudo "calcular el costo de la obra que se le encomendó, y que ha puesto los caños de gas de modo que dejan escapar una cuarta parte del gas que reciben".[35] El ferrocarril a La Boca fue tomado por otro grupo de negocios, pero el texto citado sugiere la intensidad de la polémica en el medio local y los enconos que provocaba la intromisión de algunos en los negocios de otros.

La relación entre Bragge y el FCO finalizó cuando la empresa le abonó la suma de 12.359 pesos en concepto de pago de los estudios efectuados el año anterior para llevar la línea hasta Morón; esa tarea, al parecer, era independiente de las actividades incluidas en el contrato de realización de la obra, lo que hace suponer que la empresa imaginaba continuar trabajando con él antes de que finalizaran esas relaciones.[36]

[34] La propuesta de Bragge, que se presenta en este caso como Bragge y Cía., figura con buen detalle en *La Tribuna* del 30 de noviembre de 1856, pero ese contrato fue anulado un par de meses después por diferencias entre los socios, según lo menciona *El Nacional* del 28 de febrero de 1857. Las propuestas de Pellegrini y de Davies, así como el contexto de esos proyectos, están relatadas en O. Bordi de Ragucci, *El agua privada en Buenos Aires. Negocio y fracaso*, Instituto Histórico de la Ciudad de Buenos Aires, Vinciguerra, 1997, pp. 24-32. Debe agregarse que en el momento que presentaba esta propuesta, Bragge había solicitado una licencia como miembro del Consejo de Obras Públicas, que verificaba esas obras, decisión que tomó luego de una serie de oscuros desacuerdos con los restantes miembros de ese organismo (véase *La Tribuna* del 27 de noviembre de 1856).

[35] Nota presentada como "publicación solicitada" en *El Nacional* del 13 de agosto de 1857.

[36] Ese pago aparece en un detalle de costos del FCO publicado en *La Tribuna* del 15 de agosto de 1858.

Ese pago fue la última mención encontrada en lo que se refiere a las actividades de dicho ingeniero en Buenos Aires. Bragge falleció un cuarto de siglo después, en Birmingham, el 6 de junio de 1882, "tras una carrera que lo llevó a ser uno de los hombres más ricos del Río de la Plata", de acuerdo a un comentarista.[37]

Los capitalistas privados dejan de aportar

Aún antes de que se inaugurara el primer tramo a Flores, se comenzó a discutir la construcción de la segunda parte de la línea. No había, todavía, cifras de ingresos ni datos concretos sobre la evolución futura posible de la empresa, pero la decisión de seguir estaba tomada. El gobierno exhibió su interés por extender la línea; lo mismo deseaban, sin duda, los propietarios de tierras de la zona, que ya debían estar observando la rápida valorización de las que estaban a la vera del ferrocarril. En condiciones como éstas, era de esperar que hubiera demandas de proseguir estas tareas por parte de los otros interesados. Es razonable suponer que los contratistas quisieran seguir (puesto que habían venido especialmente para construir el ferrocarril y quedaban ociosos si éste no se prolongaba) y es lógico que se tratara de utilizar su experiencia, que no era posible remplazar con personal y expertos locales; pero esta hipótesis se ve afectada por el retiro de Bragge, que plantea un interrogante sobre el juego real de esos intereses en este caso. También deberían estar interesados los directivos de la Sociedad, aunque su posición era muy especial.

En rigor, las expectativas de beneficios empresarios, aparte de los políticos y sociales, no fueron acompañados por actitudes positivas de parte de los directores. La rentabilidad posible de la futura inversión no parecía alcanzar para que movilizaran sus capitales. Los

[37] A. Graham-Yooll menciona este dato en su historia de la presencia británica en la Argentina, *La colonia olvidada. Tres siglos de presencia británica en la Argentina*, Buenos Aires, Emecé, 2000, p. 262.

accionistas habían dejado de aportar nuevos fondos a mediados de 1855 y la línea sólo pudo llevarse a cabo gracias a los aportes estatales posteriores a esa fecha. La inauguración del servicio a Flores, con el correspondiente ingreso de un flujo positivo y creciente de fondos, no modificó esa actitud. Por el contrario, la Sociedad solicitó al gobierno apoyo económico para continuar las obras hasta Morón, como estaba proyectado, explicando que no tenía posibilidades de invertir más; éste otorgó los recursos pedidos debido a su interés por continuar la línea, y dando por sentado que no existía otra alternativa a la generosidad oficial.

Todos los antecedentes sugieren que la disposición de los empresarios locales a aportar su capital para esa obra era reducida, tanto desde el punto de vista del número total de inversores como del monto promedio que cada uno había destinado. Más aún, la propia Sociedad no parece haber hecho esfuerzos por colocar más acciones en el mercado local luego de sus primeros tanteos. Debido a esa limitación de los aportantes (y, sobre todo, de los potenciales controladores), los directivos de la Sociedad se abocaron al manejo reservado y discrecional de la empresa, y se encargaron de las obras de instalación y de la consiguiente ampliación de la línea. De allí que, cuando los recursos que ellos podían disponer se agotaron, fuese por razones objetivas o subjetivas, fueron exitosos en su tarea de convencer al gobierno sobre la importancia de nuevos y sucesivos aportes del Tesoro.

En el mismo mes de agosto de 1857, unas jornadas antes de la inauguración del primer tramo del ferrocarril, la Legislatura votó un aporte oficial de 4 millones de pesos a la empresa. El pedido fue presentado por el Ejecutivo provincial, con el objeto de que se pudiera continuar la línea, como estaba previsto, de Flores a Morón. Los legisladores aprobaron la medida en un debate en el que se destaca el alegato de Sarmiento, que insistió en la necesidad, y la urgencia, de extender las vías férreas hacia todo el país. En su discurso, el sanjuanino adelantó que estaba por presentar un proyecto de ley para continuar esa línea hasta Chivilcoy; esta ciudad de la campaña bonaerense quedaba a 150 kilómetros de Flores, de modo que requería extender la línea, y la inversión, en una proporción de 15 veces lo realizado hasta ese momento. Pese a esas intenciones, Chivilcoy sería alcanzada por los rieles recién en 1866, nueve años más tarde, y precisamente durante la presidencia de Sarmiento.[38] El ministro de Hacienda, por su parte, señala la preocupación oficial por los resultados previsibles de la línea, afirmando que "no habrá dividendos por muchos años" y que ya se gastaron 7 millones de pesos "que pesan únicamente sobre un número corto de ciudadanos de Buenos Aires y extranjeros que [avanzan] a costa de cualquier sacrificio". Por eso, propone suscribir 4 millones de pesos adicionales para "ayudarlos" a continuar la línea a Morón, aunque menciona la posibilidad de seguir hasta el Río de las Conchas.[39]

La Legislatura autorizó al Poder Ejecutivo para suscribir ese monto sin que hubiera debate, pero propuso que fueran entregados a medida que avanzaran las obras, como una manera de regular el gasto y verificar el cumplimiento de los trabajos. La suma era semejante al monto invertido para construir los primeros 10 kilómetros y suponía, implícitamente, que costaría lo mismo hacer el tramo siguiente, que era semejante en longitud. En esa misma resolución, la Legislatura autorizó a "ceder en favor de los accionistas particulares, los dividendos que pudieran corresponderle, tanto por la suma mencionada en el artículo anterior, como por la ya suscripta, hasta tanto no perciban aquellos el interés de 9%, entrando solo entonces el gobierno a participar del excedente de los beneficios en proporción a su capital".

Estas medidas presentan un notable grado de confusión. El reconocimiento de una tasa de interés del 9% resultaba superior al 6% fijado originalmente por el estatuto de la Sociedad como condición para los accionistas y surgía como una novedad sin explicaciones. Los

---

[38] También se destacan las excusas de Azcuénaga, que dudaba si debía o no tomar partido en dicho debate "porque era accionista del Ferrocarril del Oeste".
[39] Sesión de Diputados del 19 de agosto de 1857. La referencia a 7 millones gastados que habrían sido puestos por los inversores locales no pasa de ser una exageración propia de la época.

textos disponibles no permiten saber si ese agregado fue producto de una "gentileza" del gobierno para con los accionistas o un mero error de cálculo, aunque tuvo consecuencias mucho más tarde, en ocasión de la compra de la empresa por el gobierno. Además, el monto del aporte que cubriría el gobierno generaba otras dudas, porque la ley original de la concesión lo autorizaba a suscribir sólo un tercio del capital de la empresa. El gobernador recuerda dicha norma, pero su mensaje considera que ella lo autorizaba a suscribir un tercio del *capital total* de 10 millones para el conjunto del proyecto; de allí deduce que quedaba margen para suscribir otros 2 millones, aunque la cuenta efectiva en ese caso sería de 1,33 millones debido a que la provincia ya había aportado algo más de 2 millones de pesos. Luego de realizar esa apreciación, el gobernador "considera insuficiente esa cantidad [y] pide autorización" para llegar a 4 millones, monto que modifica, de hecho, la restricción previa. El mensaje oficial ni siquiera menciona una posible contribución de los accionistas particulares, que ya estaba suspendida y no volvió a ocurrir. Por otra parte, como autoriza la distribución de dividendos a los accionistas, el gobierno exhibe su preocupación por asegurar la rentabilidad de éstos sobre los fondos ya aportados, sin esperar nuevos aportes.

Esta decisión oficial implica que el Tesoro tomó a su cargo el costo de la obra que se siguió construyendo bajo el control de la Comisión Directiva, formada por los promotores, aunque éstos eran representantes de una porción cada vez más reducida del capital total invertido. El gobierno no limitó su aporte, como preveía la ley de 1854, sino que sería a partir de entonces un inversor exclusivo, aunque relativamente pasivo, en esta línea férrea. En esencia, fue el único aportante de fondos en un proyecto cuyo manejo seguía subordinado al grupo privado original.

En septiembre de 1858, frente al avance de las obras, el gobierno consideró necesario aportar más fondos para extender la línea y la Legislatura lo autorizó a disponer de otros 6 millones de pesos con ese fin. De nuevo, se ignoraron las limitaciones al aporte público decididas en 1854 y ni siquiera se mencionó la posibilidad de que los accionistas privados efectuaran algún aporte. La ley tomó la propuesta de que la línea se prolongara "hasta el otro lado del Río de las Conchas", lo que permitiría duplicar la extensión del ferrocarril hasta casi 40 kilómetros, además de superar esa barrera fluvial que entorpecía el paso del transporte que entraba y salía a la ciudad.

La norma dispuso que las tarifas serían fijadas "en lo sucesivo, de acuerdo con el Poder Ejecutivo". Esta aclaración señala la importancia que se le comenzaba a asignar al tema tarifario, aunque todavía la ley se limitaba a esperar "el acuerdo" de las partes, que suponía el consentimiento de la Sociedad, y no "la autorización" del Poder Ejecutivo, por ejemplo. Estos reglamentos seguían actuando como si se estuviera frente a una empresa privada, aunque el aporte estatal ya era claramente mayoritario.

Los aportes del gobierno no alcanzaron y la empresa tuvo que recurrir al Banco de la Provincia (con la aprobación de las autoridades) para terminar la obra, que demandó un costo total, hasta Moreno, de alrededor de 20 millones de pesos.

En definitiva, las fuentes de fondos del total invertido hasta 1860 pueden dividirse en tres. Una fueron los aportes del gobierno, que, junto con el crédito del Banco de la Provincia, habían cubierto el 80% de ese monto. La segunda fueron los beneficios originados en el servicio de la línea, cuyo monto se multiplicaba a medida que crecían las actividades de la empresa, y que, contra lo decidido por la Legislatura, fueron reinvertidos en su totalidad durante esos primeros años; esa suma representó el 10% de la inversión realizada, resultado que ofrece una muestra de la capacidad potencial de acumulación interna que presentaba la empresa. La tercera fuente consistió en el aporte de los accionistas privados, estable en magnitud después de la primera suscripción y cuya importancia relativa se había reducido hacia 1860 hasta cubrir apenas el 10% restante. Es evidente que esas condiciones permitían definir a la empresa como estatal, aunque figurara como privada y fuera dirigida por sus promotores.

Los avances de la obra

La extensión de la línea fue dirigida, como se mencionó, por el ingeniero Hildebrand, que habría sido nombrado para dicha tarea. Se trataba del cuarto profesional a cargo de la obra en un período de cuatro años, y con él se retornó, al parecer, al sistema original de la Sociedad de disponer de un director del proyecto, bajo su control. Se eliminó así la función de contratista global, que había tomado en su momento Bragge. Hildebrand tuvo poca presencia en las informaciones que se publicaban, aunque se supone que realizó la parte faltante de los planos referidos a la extensión y que supervisó las obras que llevaban a cabo distintos subcontratistas.[40]

En octubre de 1857, la Comisión Directiva llamó a "licitación pública" para la nivelación del camino, mientras anunciaba que ya estaban comprados, y en marcha a Buenos Aires, nuevos rieles.[41] Las obras de extensión de la línea avanzaron con mayor rapidez, gracias a la disponibilidad de los recursos que aportaba la provincia y, posiblemente, a la experiencia adquirida en la primera etapa de la construcción. Las tareas se combinaron con la renovación de los rieles en el tramo de El Parque a Flores, donde en poco tiempo quedaron colocados exclusivamente los Barlow, ya adoptados para todo el servicio. Es decir que las actividades de

---

[40] En agosto de 1858, la Comisión Directiva informa que le había pagado 35 mil pesos al ingeniero Hildetrome (que se supone era Hildebrand) por siete meses de trabajo (desde noviembre de 1857 hasta mayo de 1858), lo que supone un honorario de 5 mil pesos mensuales. En el mismo informe aparece un nuevo contratado; se trata de un inspector, de nombre Davut, que estaba cobrando otros 2.500 pesos mensuales por su actividad, según *La Tribuna* del 15 de agosto de 1858. En ese mismo diario aparece, el 17 de mayo de 1860, un informe de la Comisión Directiva diciendo que ese ingeniero ya había realizado los estudios preparatorios para llevar la vía hasta Mercedes, aunque no se lo vuelve a nombrar después.

[41] Véase *La Tribuna* del 29 de octubre de 1857, para el llamado a licitación, y *El Nacional* del 13 de noviembre de 1857, para el anuncio de la compra de los rieles. Acorde con las prácticas previas, las partidas de rieles no llegan a nombre de la Sociedad, sino dirigidas a Van Praet, como señala, por ejemplo, *La Tribuna* del 5 de marzo de 1858.

construcción incluyeron, además de las obras del segundo tramo, el cambio de los rieles tendidos en 1857 que no resultaron aptos para la marcha del tren.[42] La Comisión esperaba arribar a Morón en el primer aniversario de la línea, pero en ese período sólo pudo llegar a Ramos Mejía (entonces llamada San Martín), 8 kilómetros más allá de Flores, que se inauguró en septiembre de 1858. En esa misma fecha, un decreto oficial estableció que el ancho de la vía pública debía ser de 100 varas "de Flores al otro lado del Río de las Conchas", dejando establecido, por primera vez, un criterio de reserva para asegurar la expansión futura del servicio.[43] La norma congela una situación diferente en los tres tramos de la vía: muy estrecha desde El Parque a Once, de apenas 10 metros hasta Flores (que apenas permitía el crecimiento de la vía) y de 100 generosas varas a partir de entonces, ya en plena campaña.

Pocos meses después de la inauguración del tramo a San Martín, en febrero de 1859, se festejó el comienzo del servicio a la meta deseada. Morón se convirtió muy pronto en un nuevo centro de actividad en las afueras de la ciudad de Buenos Aires. Allí se levantó un hotel, al que se sumaron otros centros de recreación, a semejanza de lo ocurrido cuando los rieles llegaron a Flores. Mientras tanto, se preparaba una nueva extensión de la línea hasta el Río de las Conchas. En efecto, ya antes de la llegada de los rieles a Morón, en noviembre de 1858, la Comisión había "llamado a licitación" para construir la calzada que avanzaba desde esa ciudad hasta dicha barrera

---

[42] El 11 de agosto de 1858, *La Tribuna* decía que cuatro de las cinco leguas de camino ya construido tenían rieles Barlow, dato que sugiere la rapidez del cambio. De todos modos, tiempo después, el cambio de rieles en una de las curvas de El Parque al Once provocó un descarrilamiento que fue relatado en *El Nacional* del 13 de septiembre de 1859.

[43] Decreto registrado en *El Orden* del 29 de septiembre de 1858; la misma norma autoriza al Poder Ejecutivo a expropiar 300 varas a cada lado de la vía, que se amplía a media legua de ancho (también a cada lado) desde el Río de las Conchas. Esta norma, que incorpora una primera noción de reforma agraria, será objeto de un intenso debate como se verá más adelante.

fluvial.⁴⁴ El tramo de Morón a Moreno exigía un ligero desvío hacia el Noroeste respecto de la línea trazada desde el Once, y es probable que el punto de llegada fuera decidido debido a la donación de cuatro hectáreas que ofreció Alcorta para que se construyera allí la estación terminal provisoria de la línea.⁴⁵

Estos llamados a licitación para realizar parte de las obras sugieren que la empresa había resuelto subcontratar tareas específicas (aunque no queda claro hasta qué punto había en Buenos Aires empresas capaces de llevar a cabo esas obras), manteniendo a Hildebrand como supervisor general y tomando, por separado, la tarea de compra de equipos en el exterior.

El cruce del Río de las Conchas, el más ancho para atravesar en todo el recorrido de la línea, no era fácil para la capacidad técnica de los porteños en aquella época. No cabe duda de que la solución preocupaba a la Sociedad puesto que un puente intermedio, sobre la cañada de la Posta Vieja, unos 6 kilómetros más allá de Flores, se derrumbó a poco de ser construido; solamente su remplazo costó cerca de 50 mil pesos papel adicionales.⁴⁶ El puente sobre el Río de las Conchas fue fabricado en hierro y seguramente resultó más complejo y costoso que los colocados en el resto del tramo de El Parque a Moreno (que eran de madera); en ese momento se dijo que fue el "primer puente de hierro hecho en el país", aunque se aclaró luego que la empresa había mandado construir esa estructura, de unos 60 metros de longitud, en Europa, preparada para apoyarse sobre pilares de albañilería construidos en el lugar.⁴⁷ La estructura de

⁴⁴ La expectativa de llegar a Morón en agosto de 1858 figura en *El Nacional* del 15 de junio de 1858. El llamado a licitación está en el mismo periódico, el 27 de noviembre de 1858. El nuevo hotel de Morón se inauguró en octubre, según *La Tribuna* del 14 de octubre de 1858.

⁴⁵ La donación está mencionada en *La Tribuna* del 27 de nero de 1959 y dice que esa fracción está alejada del Río de las Conchas para evitar el problema de las inundaciones en la franja más cercana.

⁴⁶ Véase *La Tribuna* del 12 y el 15 de agosto de 1858 sobre este tema.

⁴⁷ La mención a la fabricación local del puente está en *El Nacional* del 6 de septiembre de 1859. Sin embargo, el 12 de enero de 1860 el mismo diario menciona, sin desmentirse, el "magnífico puente que la empresa hiciera construir en Europa".

hierro había llegado en diciembre de 1859 y fue colocada en su lugar el mes siguiente para que las vías pudieran cruzar el río.[48]

En abril de 1860, el FCO llegó a Moreno. Junto con la vía, llegó el telégrafo que lo comenzaba a acompañar y que la empresa había decidido instalar en toda la extensión de la línea en diciembre de 1859, tarea que concretó con notable rapidez.[49] La comunicación alámbrica entre estaciones facilitaría la operación del ferrocarril, pero también serviría a otros fines en la llanura pampeana, donde se convertiría en un signo adicional del avance de la civilización. En definitiva, en un plazo inferior a tres años, a partir de agosto de 1857, se habían construido casi 30 kilómetros de línea nueva, además de haberse concretado ciertas reformas en la antigua, a un promedio cercano a los 10 kilómetros anuales, mientras se adosaba el telégrafo. Este ritmo parecía razonable, aunque no muy superior a la experiencia del primer tramo, hasta Flores, cuando la acumulación de problemas como la escasez de dinero, las vacilaciones, las contramarchas y la inexperiencia de los directivos del FCO contribuyeron a retrasar la marcha de las obras.

A partir de esa fecha, Moreno se consolidó como cabecera de la línea y como la base para la entrada y la salida de diligencias, desde y hacia el resto de la provincia, apoyada en su conexión férrea con la ciudad de Buenos Aires. El lago de fango en torno de Buenos Aires había sido atravesado y el riel era una realidad que se extendía a lo largo de 40 kilómetros. El servicio ya disponía de 4 locomotoras, 25 coches de pasajeros y 54 vagones de carga que atendían una línea donde se habían asentado ya 10 estaciones.[50]

El entusiasmo por la supuesta capacidad local de avanzar con las técnicas modernas contribuía a sostener las obras, aunque ayudó a confundir la realidad de algunas operaciones que aún hoy, como ocurre en este caso, se siguen debatiendo.

[48] *El Nacional* del 12 de diciembre de 1859 dice que el puente se encuentra en El Parque.

[49] *El Nacional* del 22 de diciembre de 1859 anuncia que la empresa se propone instalar el telégrafo. El 31 de enero de 1860, el mismo periódico señaló los buenos resultados arrojados por los primeros ensayos con ese nuevo sistema.

[50] Las estaciones eran El Parque, Once, Almagro, Caballito, Flores, Floresta, San Martín, Morón, Merlo y Moreno. Almagro era una estación intermedia que fue

Desde comienzos de 1860, la empresa ofrecía seis trenes diarios a Morón y Merlo, en una recorrida que demoraba una hora y veinte minutos en cada sentido; los servicios se ampliaban a nueve trenes por jornada durante los feriados.[51] Esa dimensión de tráfico ya generaba ciertos problemas, como los atrasos en las salidas debido a las dificultades para concretar los tiempos previstos para el recorrido. Algunos de esos inconvenientes se debían a la escasa potencia de las dos primeras locomotoras (que comenzaron a ser superados con el ingreso de dos nuevas, y más potentes, en 1860); "La Porteña" era una máquina pequeña, más preparada para maniobras que para arrastrar un tren, y ese diseño era otro factor que frenaba el servicio.[52] Además, se mencionaron dificultades con el abastecimiento de carbón originadas por diversos motivos.[53]

El gobierno provincial, y Sarmiento en especial, reclamaban la extensión de la línea hasta Mercedes y Chivilcoy, como se soñaba desde mucho tiempo antes, pero las obras se detuvieron un par de años, mientras se decidía el tema de la propiedad y el control de la empresa.[54] El éxito técnico, sumado al comercial, no alcanzaba para decidir esa inversión, que no sólo duplicaba largamente la que ya se había efectuado hasta ese momento sino que planteaba fuertes interrogantes sobre la rentabilidad que ofrecería el cruce de la campaña.

---

creada luego de que se pusiera en marcha el servicio. Algunos textos de la época hablan de 9 estaciones porque no consideran entre ellas a la terminal de El Parque.

[51] Véase *La Tribuna* del 3 de enero de 1860.

[52] El propio Vélez Sarsfield lo reconoce más tarde y dice que la máquina era tan pequeña que "no se podía andar" en el ferrocarril. Declaraciones en la sesión del Senado nacional del 15 de julio de 1862.

[53] Los atrasos en los trenes motivan un comentario crítico de *El Nacional*, en su edición del 12 de diciembre de 1859, que propone que el FCO disminuya la frecuencia de viajes para reducir las demoras. Los problemas de abastecimiento de carbón obligaron a la empresa a usar coque perteneciente a la empresa del gas, que no era eficiente para ese fin, u otro "fabricado en el país", que generaba diversos inconvenientes por la abundancia de azufre que contenía, según *El Nacional* del 1º de marzo de 1860.

[54] Sobre estas propuestas, que se repiten, véase *La Tribuna* del 6 de mayo de 1860.

EL AVANCE HASTA MORENO CON FONDOS ESTATALES (1857-1860) 135

INVERSIONES Y CONTABILIDAD DE LA EMPRESA

La *Memoria* de 1860 presenta el primer balance reconocido del FCO, que cubre la totalidad de la inversión realizada en el proyecto. El costo total que figura allí fue de 21,9 millones de pesos aunque incluía 500 mil pesos en efectivo, que permanecían en caja, y que se pueden descontar de aquel monto.

Lo primero que se observa es que los costos están descompuestos en una serie de rubros y no aparece ningún pago a Bragge. Como el contrato con este ingeniero era global, por la entrega de la obra "llave en mano", se supone que la Comisión distribuyó los costos entre distintas partidas y que ahí deben haber quedado incorporadas las ganancias captadas por Bragge. Es decir que esas cuentas, aunque son las únicas disponibles, no pueden tomarse al pie de la letra.

En el total aparecen dos rubros que no se corresponden con las necesidades de la inversión fija. El primero es un monto de 1,3 millones de pesos contabilizados como "gastos de formación" de la Sociedad; esa cifra parece fuera de toda proporción en relación con la historia de la empresa y no está acompañada de ninguna especificación sobre su contenido. En las cuentas de 1855 (casi dos años después de lanzada la empresa), ese rubro no figuraba; sólo había una mención a estudios y planos, cuyo monto apenas superaba los 300 mil pesos. La ausencia de datos al respecto impide avanzar en el tema, pero conviene mencionar que ese gasto equivale al 65% de todo el aporte de los accionistas privados, o al 10% del activo total de la empresa, magnitudes que no pueden justificarse en la formación de la Sociedad o en tareas menores, como la emisión de las acciones y otras similares.

El segundo rubro, no menos curioso, aparece como "gastos financieros" y arroja un monto de 2,2 millones de pesos supuestamente erogados con ese destino en el período 1854-1860. Tampoco aparecen detalles ni referencias a ese gasto, que no parece fácil de explicar ni se corresponde con las cuentas de la empresa. En todo caso, puede decirse que no se habían pagado los intereses especiales del 6% anual prometidos a los accionistas por el estatuto original (y que fueron abonados mucho más tarde por el gobierno en ocasión de la compra de la empresa). Tampoco se observa que ese rubro se refiera a pagos al Banco Provincia (que era el único acreedor real); la entidad crediticia del gobierno provincial le había prestado un total de 6,4 millones al FCO (según el mismo balance), de manera que tampoco hay relación entre la deuda y los intereses que se dice haber pagado.

En resumen, la ausencia de información detallada impide conocer el contenido real de casi 3,5 millones de pesos gastados dentro del total de 21,4 millones que figuran como inversión en la línea. Si se dejan de lado esos rubros, se concluye que la obra física demandó 18 millones de pesos para aquellos 39 kilómetros de línea, que incluían el cruce del Río de las Conchas y las inversiones en material rodante. Ese monto se acercaba a las 200 mil libras y arrojaba un promedio de 5 mil libras por kilómetro construido.[55] Este costo, aunque sirvió de referencia a diversos contratos que se firmaron luego con las concesionarias de empresas ferroviarias, reflejaba una inversión mínima en términos de instalaciones y equipos. En rigor, la Sociedad había construido la línea con el menor costo posible y con escasa preocupación hasta por mejoras menores. Los edificios y los andenes de las estaciones eran tan pequeños como precarios; los galpones eran

---

[55] R. Scalabrini Ortiz ofrece una serie de inversiones por tramo que señala una tendencia a la reducción del costo medio por kilómetro (*Historia de los ferrocarriles argentinos,* Buenos Aires, Plus Ultra, 1964, p. 31), valores que son retomados por E. A. Zalduendo (*Libras y rieles,* Buenos Aires, El Coloquio, 1975, p. 273). Esas conclusiones no pudieron ser revisadas porque no se encontraron las fuentes originales de las cifras, pero su aplicación presenta un par de problemas. En primer lugar, ellas no toman en cuenta la incidencia de la compra de material rodante (que no depende directamente del tramo en construcción pero afecta a los costos promedios), ni el efecto de las obras de arte, que no se distribuyen de modo uniforme a lo largo de la vía. Por otro lado, las cifras están en pesos fuertes y Zalduendo las convierte con un tipo de cambio de 25 pesos corrientes a uno, a pesar de que todo el período 1854-1860 el equivalente estuvo muy cerca de 20 a uno (véase la tabla de conversión que presenta H. Sábato, *op. cit.,* p. 254). Estos efectos reducen el costo en pesos fuertes, o en libras, de toda la inversión, y provocan algunas diferencias con las que se mencionan aquí.

escasos, igual que el material rodante, y faltaban obras de seguridad, como el cerco comprometido a lo largo de la línea para proteger a los transeúntes que no se instaló.[56]

CUADRO 4. *Inversión total, con origen y destino de los recursos, en 1860 (tramo El Parque-Moreno, en millones de pesos)*

Inversión total		21,9
Inversión fija		17,9
Obras civiles	5,4	
Rieles	7,7	
Estaciones	1,9	
Material rodante	2,3	
Taller	0,6	
Gastos financieros		2,2
Gastos de formación		1,3
Dinero en caja		0,5
Origen de fondos		21,9
Gob. Provincial		10,4
Compra acciones	1,3	
Aportes	9,1	
Accionistas		2,1
841 acciones	2,0	
24 canjes tierras	0,1	
Créditos		7,4
Bco. Provincia	6,4	
Proveedores	1,0	
Beneficios		2,0

[56] En enero de 1855, la Sociedad informaba que había pedido el alambrado para instalar el cerco a lo largo de la vía (*La Tribuna*, 14 de enero de 1855), pero esta tarea no se llevó a cabo. Poco antes de que se inaugurara el servicio, *La Constitución* del 17 de julio de 1857 señala que el alambrado "no es completo" y que los caballos cruzan sin problemas, por lo que sus propietarios son multados. Un año después, *El Nacional* del 27 de septiembre de 1858 informa que un tren descarriló al toparse con un buey que estaba en la vía en un lugar donde no había alambrado.

Notas al cuadro 4
Inversión
- Los rubros *Rieles* y *Material rodante* suman 10 millones de pesos, que equivalen a poco más de la mitad de la inversión fija; el resto corresponde a obras civiles.
- De acuerdo a esas cifras, el *Material rodante* no habría costado más de 20 mil libras; se puede estimar que la mitad se gastó en locomotoras (4 unidades a 2.500 libras c/u) y la otra mitad en coches y vagones (a razón de unas 125 libras promedio c/u). Los valores sólo son aproximados debido a la ausencia de detalle. Se puede recordar que Zalduendo (*op. cit.*, p. 390) menciona un valor de 5 mil libras por cada una de las dos primeras locomotoras, aunque ese precio casi triplica los valores promedios de la época (independientemente del costo del transporte a Buenos Aires). Un texto de mayo de 1860 estima que con un millón de pesos se podía atender la compra, estimada urgente, de dos locomotoras y un número no determinado de vagones y pasajeros (*Antecedentes legales de Ferro-carril del Oeste*, Buenos Aires, Escuela de Artes y oficios de la Provincia, 1885, p. LXVI); esos equipos se habrían incorporado ese mismo año, y sus precios coinciden con las estimaciones realizadas aquí.
- Por comparación con el estudio de 1855, el rubro *Rieles* debe cubrir todos los costos de instalación (durmientes, balasto y piezas de unión), pero se debe tener en cuenta que, en rigor, estaban colocados sobre "tierra vegetal", según la *Memoria* de 1866.
- Los *Gastos de formación* de la Sociedad parecen enormes respecto a otras variables de comparación; ellos son el 10% de su patrimonio (si se incluyen los aportes del gobierno en ese rubro), o bien el 65% del aporte total de los accionistas privados.
- Los *Gastos financieros* resultan difíciles de explicar. Si se supone que ellos han cubierto el 6% anual autoasignado por la Sociedad para sus accionistas, ese monto representaría 120 mil pesos anuales, lo que, aun computado desde 1854, no arrojaría más de 720 mil pesos (frente a los 2 millones que figuran en el balance). Si esa suma se origina en el pago de intereses por los créditos otorgados por el Banco de la Provincia (aunque ninguna fuente contable lo confirme) se habría estado pagando un interés superior al 10% anual a esa entidad en la estimación más conservadora, tasa que parece muy elevada.

Aportes
- Los Beneficios son la diferencia entre los ingresos y los gastos que figuran en la *Memoria* y se ponen así para facilitar la presentación global.

La estrategia de la Sociedad consistió en no efectuar muchas de esas inversiones, o bien llevarlas a cabo luego de iniciado el servicio y apelando a los ingresos que recibía por su actividad. En términos modernos, hoy se diría que, en cierta forma, apeló al *cash flow* de su operación para atender los requisitos técnicos del servicio.

Esta estrategia, que se verifica durante largos años, implica que la inversión física se fue acumulando gradualmente, luego de la primera etapa necesaria para iniciar la actividad.[57] De todos modos, los resultados del primer balance permiten obtener algunas imágenes del proceso de inversión original.

El rubro rieles era la mayor inversión unitaria dentro de la obra física y habría demandado 7,7 millones de pesos, hasta representar casi el 40% de las erogaciones de la empresa en el balance de 1860, como ya hizo notar Zalduendo.[58] Ese gasto puede haberse originado en el recambio de los rieles originales, como se mencionó más arriba, que duplicó una parte de los costos, y en la decisión posterior de utilizar los Barlow, que permitían ahorrar en balasto pero tenían un mayor costo unitario.

Las inversiones totales en ese rubro, sin embargo, no necesariamente están registradas en su totalidad en estos datos. En efecto, se observa que la empresa recurrió a contabilizar algunos de los costos incurridos en esa tarea como "gastos de conservación de vía" y los cargó, por lo tanto, como si fueran erogaciones corrientes de explotación del servicio y no como inversión adicional. Esta hipótesis se puede verificar en algunos de los balances mensuales del FCO que publicaban esporádicamente los periódicos; en 1860, por ejemplo, la empresa contabiliza 147 mil pesos de gastos durante el mes de mayo, de los cuales 32.500 pesos (alrededor del 22% del total) se imputan a la "conservación

---

[57] Es así que, apenas iniciado el servicio, la empresa afirma que va a agrandar la estación de Once (que acaba de ser inaugurada) y a construir los almacenes necesarios para la carga (véase *El Nacional* del 6 de noviembre de 1857). Lo mismo ocurre con la primera estación Flores, que era de madera y con un techo de cartón recubierto de brea, que fue reemplazada por otro edificio, mejor y más grande, en otra localización más cercana al centro, en enero de 1864 (véase A. Cunietti, *op. cit.*). La estación de El Parque, que era la principal, tampoco estaba exenta de problemas dado que, un par de años después de que se inaugurara, *El Nacional* del 15 de octubre de 1860 critica que las tablas del piso del salón estaban "podridas y ostentan agujeros capaces de albergar (un) pie".

[58] E. A. Zalduendo, *op. cit.*, p. 269.

de la vía".[59] Estos resultados ofrecen una clara indicación de la magnitud relativa de las erogaciones en este rubro, que, más que corresponderse con necesidades del servicio, representaban una inversión adicional incluida como parte de las cuentas de gastos.[60] Por otra parte, la contabilidad de la empresa ofrece rasgos que arrojan dudas sobre la manera en que se hicieron los cálculos de inversión. Del análisis de algunos balances mensuales, por ejemplo, se deduce que la Sociedad le cobraba al gobierno (como inversor) el flete correspondiente al transporte por riel de los materiales de construcción hasta el extremo de la línea cuya longitud se estaba extendiendo.[61] Es decir que la Sociedad contabilizaba como si fueran ingresos recibidos de un tercero los pagos por el transporte de los elementos que necesitaba para su expansión, de modo que los costos correspondientes, que deben figurar dentro del rubro "inversión", aparecen como ingresos operativos del FCO en los años 1858 a 1860.

En resumen, la inclusión de una parte, al menos, de los costos de cambiar los primeros rieles en los gastos corrientes debe haber contribuido a reducir el monto de la inversión en este rubro que figura en el balance de 1860; paralelamente, ese criterio redujo el beneficio operativo de la empresa en el ínterin. Otros criterios incidieron de manera inversa: el cobro de los fletes de los materiales para extender la línea tendió a aumentar el beneficio operativo contable y a aumentar el monto registrado de la inversión contabilizada.

[59] Véase ese balance en *La Tribuna* del 23 de junio de 1860. Como comparación, puede agregarse que los gastos en personal sumaron 71 mil pesos y la compra de coque insumió otros 14 mil pesos. Hay otros balances mensuales con resultados semejantes; véase *La Tribuna* del 1º de septiembre y el 20 de octubre de 1860, por ejemplo.

[60] La ausencia de información sistemática de la empresa en ese período impide verificar si esta hipótesis es o no cierta.

[61] El balance del mes de julio de 1858, por ejemplo, publicado en *El Nacional* del 14 de agosto de 1858, señala que 950 toneladas de carga, sobre un total de 1.562 del período, correspondían a materiales "para la segunda sección"; ese transporte le generó ingresos al FCO por 28.500 pesos, sobre un total recaudado, en ese mismo mes, de 78.340 pesos. El balance arroja un "beneficio" de 28.207 pesos, que prácticamente equivalen a aquella recaudación contable.

La dificultad de seguir las cuentas no termina allí. En el curso del análisis se detectó que en algún momento la obra quedó a cargo de un quinto ingeniero, Davoust, de modo que los 40 kilómetros iniciales fueron construidos por cinco profesionales distintos. Mientras tanto, el ingeniero responsable de la supervisión de la obra (Hildebrand), que cobraba 5 mil pesos mensuales, fue contratado por el gobierno durante la última etapa de la construcción. En efecto, este último propuso destinar 250 mil pesos por dos años para contratar a "un ingeniero" que se encargara de "preparar y dirigir obras, especialmente hidráulicas que ocurran en el Estado". El presupuesto pedido implicaba un costo de poco más de 10 mil pesos mensuales, que no incluían sólo el salario sino también los gastos de oficina de dicho profesional, que, de acuerdo a lo que se menciona en las actas, era el propio Hildebrand; al presentar la propuesta, el ministro de Hacienda aclaró que ese ingeniero, cuyo nombre no señalaba, "ha sido nombrado para atender a la obra del ferrocarril, que puede considerarse del país". Sin dejar dudas al respecto, agrega que la empresa del FCO puede "ahorrar una suma de cinco mil pesos que estaba pagando".[62] Se deduce, entonces, que la decisión oficial permitía ahorrar a la Sociedad una suma del orden de al menos 120 mil pesos en el período siguiente (sin computar otros gastos establecidos en aquella decisión), mientras terminaba las obras hasta Moreno, suma que debería haberse registrado como inversión en el caso de que no hubiera sido absorbida por el gobierno (y que también debe haber reducido los costos operativos posteriores, dado que presumiblemente Hildebrand continuó trabajando para el ferrocarril).

Las obras civiles componen el segundo rubro en importancia en la inversión total e incluyen los movimientos de tierra, los puentes y se supone que los durmientes, que no figuran en otro lado. Es probable que este rubro se haya incrementado por las modificaciones efectuadas en 1857 y el remplazo del puente de madera que se cayó, que

---

[62] Declaraciones del ministro de Hacienda en la Comisión de Hacienda del Senado en la sesión del 24 de agosto de 1858, al tratarse el proyecto de ley remitido por la Cámara de Diputados para destinar presupuesto a la contratación de un ingeniero.

implicaron costos adicionales. En cambio, no abarca el cerco longitudinal que se había proyectado construir al principio y nunca se llevó a cabo. Ese cerco estaba estimado en 100 mil pesos para los primeros 10 kilómetros, y su costo se habría duplicado con la extensión, aun suponiendo que no se colocara en las secciones rurales.

Las inversiones en *material rodante* que figuran en el balance son poco precisas, para no decir confusas, y su detalle está incluido en el cuadro 4.

Scalabrini Ortiz, que es muy generoso con la empresa, que toma como modelo de *nacional*, reconoce que los montos de inversión que declaraba la Sociedad incluían "erogaciones ajenas al ferrocarril mismo", aparte de "ganancias excesivas de los importadores y agentes"; en otro lado, asume que hubo "despilfarros propios de toda gestión nueva".[63] Es decir que el reducido promedio que arrojaba la inversión real se veía aumentado por erogaciones adicionales de importancia, mientras que, al mismo tiempo, se veía compensado por la realización del mínimo necesario de las obras que demandaba el servicio.[64]

Los gastos de instalación del FCO no incluyen montos significativos en la compra de tierras. Este ahorro se origina en el hecho de que la casi totalidad de los terrenos necesarios fueron donados por sus propietarios, más atraídos por la valorización del resto de su propiedad que por el valor venal de esa franja que entregaban a la empresa. Los casos de compra de tierras fueron mínimos y algunos se pagaron con acciones de la Sociedad, de modo que el monto requerido de inversión se vio beneficiado por esas actitudes de los propietarios de tierras sobre la traza de la línea, que se repetiría más tarde a medida que ésta se extendía y que fue bastante generalizada en las demás líneas que se construían.

[63] R. Scalabrini Ortiz, *Historia...*, *op. cit*, pp. 29 y 33.
[64] El ministro de Hacienda afirma luego que en esa obra "se perdieron 3 ó 4 millones por ignorancia"; pagamos, dice, "lo que el ingeniero ha querido". Véase la Asamblea Legislativa del 21 de junio de 1859.

CAPITAL, CAPITALISTAS E INVERSORES EN BUENOS AIRES

Hacia 1860, el FCO era el único ferrocarril instalado en el país y su pequeña línea, que apenas comenzaba a arañar la superficie de la pampa, era ya una realidad presente y una promesa para el futuro. Su balance, que permite conocer el monto invertido en la obra, ofrece un elemento básico para evaluar su magnitud respecto de otras variables relacionadas con las dimensiones y posibilidades económicas de la provincia. Para ello, conviene comparar esa inversión con otras magnitudes de ese período, como los capitales disponibles en el sector privado (que podrían haber financiado la obra), el monto y la distribución por rubros del presupuesto oficial (que fue el mayor inversor en la empresa, directamente o a través del Banco de la Provincia), y el impacto de la compra de esos equipos sobre las cuentas externas (definidos por los montos disponibles en divisas provenientes de las exportaciones).

En primer lugar, conviene insistir en que ya la dimensión del FCO era muy grande respecto de los activos medios del sector privado. Instalar un saladero, que constituía uno de los núcleos productivos de ese período, requería de 2 mil a 3 mil libras hacia 1850, y ese monto era considerado como "una gran inversión". Esa evaluación permite observar que hacia 1860, el FCO representaba una inversión de capital varias veces superior al total acumulado de los 15 a 20 saladeros instalados en Buenos Aires, que controlaban el negocio de la carne y una parte decisiva de las exportaciones del país.[65] Esas relaciones se modifican de carácter, sin embargo, si en lugar de comparar el capital se observa el flujo de fondos de ambos negocios. La exportación de tasajo sumaba unos 6 millones de pesos a comienzos de la década de 1850, monto equivalente a unas 60 mil libras; ese valor,

---

[65] Los datos sobre el capital de los saladeros y sus ventas provienen de J. Lynch, "El crecimiento del comercio", en: J. L. Romero y L. A. Romero (dirs.), *Buenos Aires, historia de cuatro siglos*, Buenos Aires, Abril, 1983, p. 192, y deben ser tomados como una estimación útil sólo para estas comparaciones de orden genérico.

por si solo, era mayor al capital invertido por el conjunto de los saladeros instalados en el país y no refleja el total de sus ingresos porque faltaría adicionarles la venta de carne en el mercado porteño, que formaba parte de sus negocios, y la facturación correspondiente a la venta de cueros. Aun así, esas 60 mil libras eran de magnitud similar al flujo de ingresos generado por el servicio ferroviario en sus primeros ejercicios (aunque esta última magnitud treparía rápidamente en los años siguientes). Estas diferencias se deben al carácter adoptado por la composición del capital en ambas actividades. La inversión fija en los saladeros estaba limitada por la escasa tecnificación del negocio, lo que no impedía que el flujo de fondos generado por su actividad fuera elevado; en cambio, el ferrocarril exigía un gran capital fijo inicial que, en un principio al menos, no estaba relacionado a los ingresos del servicio.

El avance de la producción estaba logrando que los saladeros tendieran a perder su posición de mayores empresas privadas locales, aunque mantenían su predominio en el mercado de la carne y, en especial, en las exportaciones del país. Debido al auge de la ciudad, durante la década de 1850, por ejemplo, se instalaron en Buenos Aires al menos siete grandes molinos de harina, impulsados por máquinas a vapor, con una inversión del orden de un millón de pesos en cada uno de ellos. Esos molinos se instalaron a partir del aporte directo de sus propietarios (uno o varios, según el caso, y hasta hubo uno que constituyó una sociedad anónima para captar el capital necesario), además de préstamos del Banco de la Provincia y otros privados. Como se ve, la inversión en ese conjunto de molinos, efectuada en un período muy breve de tiempo (seis de ellos entre 1854 y 1856), era semejante en magnitud a la inversión realizada por el FCO para llegar a Flores. Esas inversiones tenían cierto componente de riesgo, dado que no se limitaron a ocupar el mercado abandonado por las antiguas tahonas (que no podían competir con la eficiencia de esas instalaciones fabriles); al contrario, su presencia amplió el mercado local de harina en alrededor de ocho veces, durante ese breve período, y más de una vez se vieron obligados a enfrentar problemas con la competencia externa, hasta que forjaron una especie de cártel para sostener sus negocios.[66] Las diferencias potenciales de rentabilidad se repiten cuando se compara el negocio ferroviario con otros negocios locales. Las actividades comerciales, por ejemplo, disponían de capitales más elevados que los saladeros, pero con la característica de que sus fondos tendían a mantenerse líquidos; ellos estaban destinados a sostener el flujo de mercaderías, o a volcarse a otros negocios coyunturales, antes que dirigirse a inversiones fijas. Una parte de esos fondos se reciclaba en actividades financieras, que ofrecían tasas de interés muy elevadas en préstamos a corto plazo, aunque no se dispone de informaciones confiables sobre la magnitud de éstas.[67]

Para disponer de una comparación adicional se pueden observar los capitales privados que estaban dedicados a las actividades agropecuarias, divididas por entonces entre la ganadería vacuna y la ovina. La primera dejaba el 35% de beneficio "sin requerir esfuerzo alguno", como decía un observador de la época, de modo que sus propietarios no parecían muy interesados en dedicarse a otros negocios.[68] Por otro lado, comenzaba a consolidarse la estancia dedicada a la cría de ovejas, que se estaba transformando en la actividad más representativa del agro bonaerense, en rápida expansión en esos momentos. Hacia mediados de la década de 1850 había en Buenos Aires unos 10 mil productores de ovejas,

[66] Seguimos el relato de estos molinos efectuado por J. M. Mariluz Urquijo en *La industria molinera porteña a mediados del siglo XIX*, Buenos Aires, 1966, y "Fomento industrial y crédito bancario en el Estado de Buenos Aires", en *Trabajos y comunicaciones*, Universidad Nacional de La Plata, Facultad de Humanidades y Ciencias de la Educación, núm. 19, 1969.

[67] Es interesante señalar que los trabajos recién mencionados destacan la existencia de un "mercado de créditos privado" en la ciudad, donde había operaciones con sumas del orden de 300 mil pesos (como el préstamo de Anchorena a Onetto para el Molino de San Telmo), para cubrir, sin duda, la todavía escasa oferta relativa de fondos del Banco de la Provincia. De todos modos, las tasas se acercaban, en algunos momentos, al 1,5% mensual, lo que sugiere que los negocios que los demandaban debían tener una elevada rentabilidad para absorber esos costos financieros.

[68] La expresión es de Vicuña Mackenna, 1855, citado por J. M. Mariluz Urquijo, "Fomento industrial y crédito...", *op. cit.*

entre los que se contaban muchos pequeños, pero donde sobresalía un grupo de grandes propietarios que disponía de un promedio de 10 mil cabezas cada uno. Una estimación sugiere que ese grupo de mayores productores operaba con un capital medio del orden de 111 mil pesos oro; en la composición de sus activos predominaba el valor de la tierra (64 mil pesos) y de los animales (41 mil pesos); el saldo restante estaba formado por inversiones fijas de escasa magnitud absoluta y relativa. Cada uno de esos empresarios lograba con esa actividad ganancias anuales de 18 mil pesos oro. Estos datos sugieren que su rentabilidad llegaba al 16% sobre el capital total, pero la tasa efectiva ascendía al 36% cuando se la computaba sobre los activos distintos de la tierra (puesto que ésta se valorizaba sola, con el paso del tiempo, ofreciendo beneficios adicionales por esa misma razón).[69]

La rentabilidad de estas actividades ponía un piso muy elevado a la selección de alternativas por parte de esa clase de productores. Es probable que esa limitación fuera más importante que la disponibilidad de capital para que decidieran entrar a ese negocio. En efecto, se observa que la magnitud de su capital era menor, en términos individuales, que el del FCO, pero que las relaciones de magnitud resultaban razonables. Aunque eran más pequeños, la diferencia absoluta no era tan elevada como para que no dispusieran de cierta capacidad para financiarlo, actuando como accionistas. A modo de síntesis puede presentarse un simple cálculo matemático que sugiere, por ejemplo, que si cincuenta de ellos decidía colocar el 10% de sus beneficios anuales como aporte al ferrocarril, durante los cinco años de la construcción de esa primera etapa hubieran aportado, por sí solos, la mitad de la inversión requerida.[70]

---

[69] Estas cifras están tomadas de las prolijas estimaciones de H. Sábato, *op. cit.*, pp. 151-156, que reconstruyó las cuentas de esos productores para distintas fechas; los valores citados se basan en los promedios para el período 1855-1864, que coinciden con el inicio de las actividades del FCO.

[70] Matemáticamente, el 10% equivalía a 1.800 pesos oro por año por cada productor, que arroja 90 mil pesos oro para el conjunto y cerca de medio millón en cinco años (período que demandó construir esos primeros 39 kilómetros).

Este simple ejemplo permite verificar que la ausencia de capital no era tanto de orden macroeconómico como relativa a su disposición y uso frente a la elevada tasa de ganancia de otras actividades. Ese fenómeno (conocido como costo de oportunidad en la literatura económica) tendía a reducir la disponibilidad de capitales para el ferrocarril, más allá de las restricciones que hacía falta superar, teóricamente, para agrupar a numerosos inversores medianos. Este último problema podía haberse resuelto mediante el sistema de la sociedad por acciones, que ofrecía un mecanismo adecuado para ese fin. En rigor, hubo diversas actividades que recurrieron a ella en esa etapa, con suerte diferente. La mayoría parece haberse manejado con el mismo método que el FCO, en el sentido de no ofrecer suficientes garantías a los posibles accionistas debido al control exclusivo y excluyente de sus directivos y su falta de transparencia, variables que se derivaban de su lógica operativa y de los objetivos de quienes las formaban. Esta variable explicativa es fuerte pero no parece suficiente, dado que algunas sociedades anónimas nuevas lograron captar capitales considerables, como ocurrió con la empresa de iluminación a gas y el Molino del Oeste en ese mismo período.[71]

[71] La Sociedad para la iluminación a gas, donde participó Bragge como constructor de las obras, se creó en 1854 con un capital de 6 millones de pesos, formado por 6 mil acciones de mil pesos cada una, y logró captar la casi totalidad de esos fondos, a pesar de que su rentabilidad no era más segura que el negocio ferroviario (véase, por ejemplo, *The British Packet* del 28 de octubre de 1854 y *La Tribuna* del 16 de febrero de 1855 sobre la suscripción de capital). El concesionario original, M. Jaunet, cedió sus derechos a la nueva Sociedad a cambio de 400 acciones, realizando así sus "ganancias de fundador" en una forma que se haría tradicional en el Río de la Plata y, sobre todo, en el negocio ferroviario en las décadas siguientes, donde diversos gestores pujaban por obtener concesiones que luego canjeaban por acciones de la sociedad que se creaba para construir y explotar la línea. El Molino del Once también se constituyó como sociedad anónima, y obtuvo los fondos necesarios, aunque dos años después fue obligado a convertirse en una sociedad de hecho debido a que Vélez Sarsfield desconfiaba de las sociedades anónimas, con excepción de aquellas, más grandes, que operaban en los servicios públicos (véase J. M. Mariluz Urquijo, *Las sociedades anónimas en Buenos Aires antes del Código de Comercio*, Buenos Aires, Imprenta de la Universidad, 1965).

El riesgo presente en una empresa nueva y desconocida como el ferrocarril, que exigía un gran monto de inversión, desalentaba, sin duda, a los posibles aportantes, pero esa no parece ser una explicación suficiente. Es cierto, de todos modos, que ese riesgo planteaba un freno a los inversores frente a la rentabilidad, elevada y casi segura, de la ganadería ovina. Ésta, aunque sujeta a las intensas fluctuaciones de precios de la lana, ofrecía una tasa de ganancia elevada en el mediano plazo.

Resulta curioso que los aportes privados al FCO se hayan agotado cuando la empresa, precisamente, comenzó a operar y exhibir cifras redituables. Éstas no eran tan elevadas como los mejores negocios locales, pero presentaban ya la expectativa de alcanzarlos a medida que sus actividades se expandían. Es posible que ese fenómeno se explique, también, por la baja densidad de capital registrada en las actividades más importantes de la economía local; esa condición generaba una "preferencia por la liquidez" que contrastaba con la inversión fija, a más largo plazo, que requería la construcción de un ferrocarril. En consecuencia, no debería esperarse que dichos productores estuvieran dispuestos a apostar capitales en condiciones de riesgo como las propuestas por este proyecto, ni siquiera cuando la incertidumbre se redujo. No se trataba de que éste no fuera rentable, sino que su rentabilidad parecía ser de retorno más lento e inferior, dentro de lo previsible, al que ofrecían los negocios locales (y que se reflejaba, por otra parte, en las tasas de interés de la época).

Sin embargo, en ese mismo período aparecen otros negocios semejantes al ferroviario cuando se los mide en función de los montos de inversión y la rentabilidad esperada. El caso más curioso lo ofrece la construcción del Teatro Colón, frente a la actual Plaza de Mayo (donde hoy se levanta el edificio del Banco de la Nación), por iniciativa de E. Pellegrini. Esta obra, que fue llevada a cabo como un negocio privado en el mismo período que se comenzaba a construir el ferrocarril, y ofrecía numerosas novedades técnicas, como una estructura basada en columnas de hierro (las primeras utilizadas en Buenos Aires) y un espacio libre muy amplio entre ellas, costó 5,5 millones de pesos, suma muy cercana al monto de la inversión de la línea férrea para el tramo de El Parque a Flores. De nuevo, estos ejemplos indican que había otros motivos, como el prestigio, la modernidad o la especulación inmobiliaria, que podían dar lugar a emprendimientos locales que no eran menores en demandas de capital que los exigidos para construir el FCO en su primera etapa.

Por otra parte, cuando la línea llega a Moreno ocurre, en paralelo, una primera experiencia de captar fondos en Londres que resulta sumamente exitosa. En efecto, en 1860, la sociedad del ferrocarril a San Fernando, autorizada en 1857, con un capital inicial de 1,5 millones de pesos fuertes dividido en 30 mil acciones de 50 pesos cada una, luego de diversos ensayos, lanza su oferta en la capital británica. Los pedidos de suscripción del público de aquel país, entusiasmado, sin duda, por la garantía del 7% sobre el capital que había otorgado el gobierno de la provincia de Buenos Aires, duplican el monto ofrecido, efecto que redunda en un sobreprecio del valor de las acciones. La experiencia parece impactar muy fuerte en Buenos Aires, donde el dinero generaba intereses más elevados, porque señala la disponibilidad de capital "barato" en Gran Bretaña para llevar adelante estos proyectos tan deseados en el país. Este ensayo inicia así el proceso de ferrocarriles construidos con aportes de capital británico (aunque sin excluir del todo a los inversores locales), que va a marcar el avance del sistema en la Argentina a partir de ese momento.[72]

En este sentido, si bien la creación de la Sociedad no parecía ser atractiva para los capitalistas locales, debe rechazarse la hipótesis de que se trataba solamente de un problema de magnitud o de dudosa rentabilidad y/o de su costo de oportunidad frente a otros proyectos. En cambio, parece cierto que el avance de la empresa ofrecía perspectivas diferentes para los promotores y gestores del negocio. Estos últimos podían obtener ganancias adicionales derivadas del control de las obras, una de las causas que pueden explicar que aceptaran de buen grado el no percibir salarios

---

[72] La suscripción de acciones en Londres es comentada con entusiasmo por *La Tribuna* del 12 de mayo de 1860 y *El Nacional* del 13 y el 18 de junio de 1860.

por sus tareas de gestión. El hecho mismo de que la Comisión Directiva del FCO controlara la Sociedad con escaso aporte de capital propio señala que sus miembros no esperaban grandes beneficios de sus inversiones como accionistas y que no se encontraban muy preocupados por atraer a otros capitalistas mientras pudieran contar con el apoyo del gobierno local, deseoso de que la obra se llevara a cabo.

Los directivos se veían atraídos por oportunidades distintas de las que surgen de la inversión directa de capital. Diversos indicios sugieren que ellos especularon con la propiedad de tierras cercanas a la vía, mientras su tarea como gestores les permitía cobrar comisiones por sus compras y contratos para la obra. En ese sentido, puede decirse que ellos parecían actuar en función de las oportunidades de beneficio surgidas gracias al control de la Sociedad, que eran diferentes o externas a la lógica de la rentabilidad del capital.[73]

LA APUESTA A LA VALORIZACIÓN DE LA TIERRA

Desde el momento mismo del anuncio de la construcción de la línea, hubo un notorio interés de diversos grupos propietarios en que ella pasara por sus tierras o bien en ubicarse sobre su traza. Todos esperaban hacer con ello un gran negocio. Apenas lanzado el proyecto, en abril de 1854, *El Nacional* decía que el "gran interés" de los propietarios por donde pasa el camino era que éste "se haga. Hecho el camino, el negocio está hecho. El agricultor transporta sus productos, economizando cuatro quintas partes, el comerciante hace diez veces más negocio que antes y el propietario ve multiplicarse el valor de su propiedad [...]".[74] Esa esperanza de valorización de la tierra estaba presente en la sociedad

---

[73] De acuerdo con la "teoría de la agencia", los directivos de una empresa pueden maximizar las ganancias de la Sociedad o maximizar sus propios ingresos a costa de la Sociedad. Todo sugiere que prefirieron esta última alternativa.

[74] *El Nacional* del 8 de abril de 1854, en un largo artículo sobre las ventajas del ferrocarril.

porteña. Su impulso generó diversas pujas, como las ya relatadas entre los propietarios del mercado del Once y los directivos de la Sociedad, así como promovió el manejo secreto del trazado definitivo por parte de estos últimos. Ese manejo parecía dirigido a obtener una tajada apreciable del beneficio que se esperaba del aumento de valor de las tierras en la medida en que permitía asegurarse la propiedad de algunas fracciones clave a lo largo de la línea antes de que se conociera que ellas estaban sobre la traza aprobada. La motivación de beneficiarse con el aumento del valor de la tierra explica que las donaciones de la franja necesaria para el tendido de la línea fueron acordadas con relativa facilidad por sus tenedores (término que se adopta porque no todos eran propietarios reales); si en el tramo de El Parque a Flores hubo alguna resistencia, desde allí a Morón toda la tierra fue donada.[75] Aquellos que decidieron vender (o se opusieron a la obra) constituyeron una minoría poco representativa que sólo actuó antes de que se construyera el primer tramo del ferrocarril y cuando había dudas sobre su realización. No cabe duda de que esa generosidad estaba relacionada con la expectativa de beneficios futuros. Los donantes se beneficiaban, igual que la empresa ferroviaria, y esas expectativas generaron decisiones que contribuyeron a definir la traza final así como la ubicación de las estaciones. En octubre de 1854, por ejemplo, mientras se estaba diseñando la traza de la línea, se informa que alguien ha cedido dos manzanas de tierra para la estación de Flores, en una "acción generosa que honra la liberalidad de los donantes y que vale inmensamente para la sociedad del ferrocarril, cuyo capital aumenta por medio de estas donaciones".[76] El nombre del donante no se menciona, aunque todo indica que ese anónimo propietario se arrepintió de su "liberalidad" y el ferrocarril sólo consiguió una fracción menor luego de gestiones difíciles de seguir en los documentos

---

[75] Esta actitud está confirmada en una nota de *El Nacional* del 18 de febrero de 1857.
[76] Nota y comentario en *La Crónica* del 10 de octubre de 1854.

disponibles. En abril de 1856, ya con la construcción en marcha, se informa, de nuevo, que un propietario llamado Giménez había donado un terreno para que se levantase la estación de Flores, pero esa oferta tampoco se concretó.[77] Finalmente, la primera estación en esa ciudad se construyó en una fracción de terreno que fue donada por la señora Inés Indarte de Dorrego, situada en la intersección actual de la calle Caracas y la vía. Ese predio resultó muy pequeño para las necesidades del servicio y Mariano Miró, yerno de la señora de Dorrego y uno de los fundadores y directivos de la Sociedad del FCO, ofreció un área mayor al norte de la vía. En algún momento posterior retiró su propuesta, mientras los vecinos pedían que la estación se acercara más al centro urbano de Flores, que estaba unos 200 metros al Oeste de aquella primera parada. En 1863, cuando ya la línea férrea comenzaba a extenderse hacia la pampa y la empresa había sido estatizada, la municipalidad de esa villa adquirió un terreno que cedió al FCO en el lugar donde se levanta la estación actual. El terreno, de una superficie inferior a media hectárea, fue comprado al señor Romero por 150 onzas de oro, mientras que este propietario retuvo una fracción igual al costado de la vía que seguiría valorizándose con el transcurso del tiempo.[78]

En octubre de 1856, el señor Giménez, ya mencionado más arriba, donó un terreno, una milla más allá de Flores, con destino a la estación Floresta. Su propuesta consolidó el arribo del riel a ese lugar, donde planeaba crear un espacio de recreo para los paseantes que sería conocido como el *Jardín Florida*, y que se convirtió en un espacio particular de atracción para los porteños una vez que el ferrocarril llegó allí.[79] Aquel propietario reservó una cuadra para el jardín, don-

---

[77] Noticia en *El Nacional* del 18 de abril de 1856.

[78] Este relato está tomado de A. J. Cunietti-Ferrando, *op. cit.*, pp. 58-59.

[79] La donación de la tierra y el proyecto del jardín se informa en *El Nacional* del 29 de septiembre de 1856. En un primer momento, esa estación se denominaba "Giménez", por el propietario de la tierra, aunque esa denominación no prosperó (véase *El Nacional* del 31 de octubre de 1856). La atracción de esas iniciativas hizo suponer que "Flores vencerá a Palermo" como lugar de recreo de los porteños, según dice *El Nacional* del 10 de febrero de 1859.

EL AVANCE HASTA MORENO CON FONDOS ESTATALES (1857-1860) 153

de se destacaría un *kiosko* construido de forma especial para atender a los viandantes, y otra cuadra para que estacionaran las carretas, como requería una terminal del servicio, pero que perdió buena parte de su utilidad no bien se extendió la línea.

El atractivo de esos negocios era tal que el propio Terrero, caracterizado por su rechazo a la línea, aparece poco después vendiendo terrenos en Flores, aprovechando seguramente el aumento de valor de algunas fracciones estratégicas de su propiedad.[80]

Los directivos de la empresa no fueron indiferentes a las posibilidades que abría el negocio de la tierra. Algunos datos aislados sobre estos temas parecen representativos. Uno de los directivos del FCO, Miró, además de participar de la propiedad del terreno donde se instaló la estación de Flores, era propietario de una fracción de tierra que hoy corresponde a la plaza ubicada entre las calles Viamonte, Libertad, Córdoba y Talcahuano. La finca quedaba frente a la estación de El Parque, donde se decidió ubicar la terminal frente a las protestas de los comerciantes del Once. En todo caso, al ser autorizada la llegada de la línea hasta ese lugar, el predio se volvió estratégico (y muy valioso) gracias al movimiento del ferrocarril. La municipalidad, en combinación con la empresa, decidió crear una plaza al frente de la estación, por donde pasaba la vía y que sería una de las pocas nuevas establecidas en Buenos Aires luego de la larga vigencia de la Plaza Mayor como centro urbano. La Plaza del Parque incluyó un kiosco para bandas de música que valorizaban la zona acorde con la instalación de la vía férrea.[81] No pasó mucho tiempo hasta que Miró construyera allí una de las mansiones más lujosas de Buenos Aires, realimentando el proceso de valorización de esa zona.[82] No es el úni-

---

[80] Véase el aviso de venta en *La Crónica* del 22 de noviembre de 1856.

[81] La creación de la Plaza del Parque como forma de los nuevos lazos sociales que se creaban en la urbe está contada en González Bernaldo de Quirós, *Civilité et politique aux origines de la Nation Argentine. Les sociabilités à Buenos Aires 1829-1962*, París, Publications de la Sorbonne, 1999.

[82] Esa mansión pasó a sus herederos (entre los que se contaba su yerno, Llavallol, hijo de otro director del ferrocarril) y, finalmente, fue derribada en el

co ejemplo de apuestas inmobiliarias relacionadas con el proyecto hechas por esos directivos; se sabe, asimismo, que Norberto de la Riestra tenía una residencia en Flores, cerca de la línea férrea, donde se retiró a vivir sus últimos años. No había otra manera de llegar allí que en tren, y la empresa (ya estatizada) le abrió un pasaje para facilitarle el acceso a la estación.[83]

La valorización de las tierras fue formidable a partir de la llegada de los rieles y el impacto se extendió en el espacio a medida que la línea se alargaba. Un cónsul inglés cuenta que, en 1855, un molinero emprendedor compró 30 cuadras de terreno en Morón por 16 mil pesos papel. Luego, ofreció tres cuadras a la Sociedad del ferrocarril para que la línea pasara por ese punto y se construyera una estación. Una vez que llegaran los rieles, el visionario comerciante fraccionó su tierra en lotes que vendió en remate a precios de hasta 100 mil pesos la cuadra.[84] De acuerdo al relato, el precio de esa parcela se multiplicó más de *cien veces* en cinco años y dejó, para esa sola fracción, un beneficio superior a dos millones de pesos. La cifra resulta muy significativa puesto que el aumento del valor de las 27 cuadras que quedaron en manos del molinero equivale al 10% de la inversión efectuada en toda la línea férrea hasta 1860.

---

siglo XX para crear la plaza actual. Esos intereses provocaron la creación de una "Comisión Plaza del Parque" que pide ayuda a la municipalidad para embellecerla, de modo que en 1862 se gastan 87 mil pesos en arreglos (véase *El Nacional* del 5 de mayo de 1862).

[83] Este hecho es relatado por una sobrina nieta de De la Riestra y citado por F. Bidabehere, *Norberto de la Riestra. Su obra en bien de la patria*, Buenos Aires, Plus Ultra, 1980.

[84] El relato es de Hutchinson, de 1865, y está citado por V. Vázquez Presedo, *El caso argentino. Migración de factores, comercio exterior y desarrollo, 1875-1914*, Buenos Aires, Eudeba, 1971.

EL AVANCE HASTA MORENO CON FONDOS ESTATALES (1857-1860) 155

GRÁFICO 2. *La ubicación del FCO en la planicie urbana*

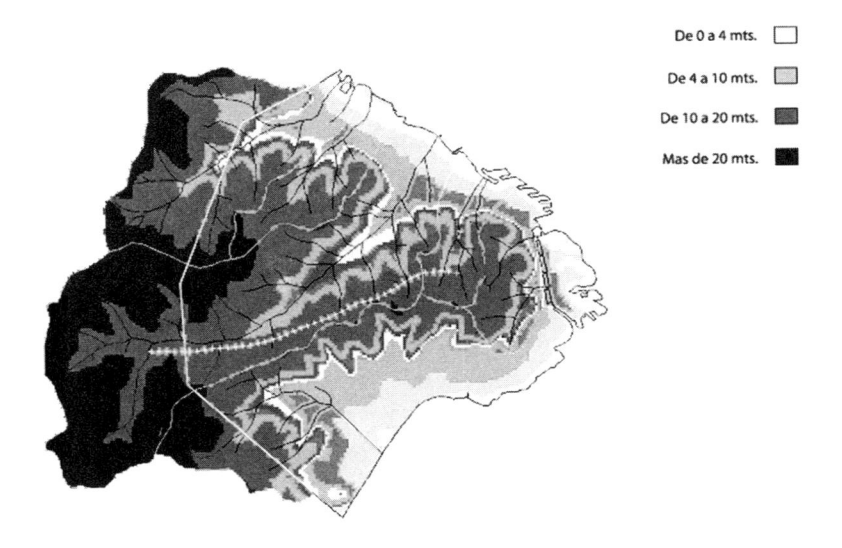

De 0 a 4 mts. ☐
De 4 a 10 mts. ▨
De 10 a 20 mts. ▩
Mas de 20 mts. ■

Fuente: Elaboración de la doctora Diana de Pietri y de la licenciada Nora Prudkin, año 1999. Digitalización de las cartas topográficas del Instituto Geográfico Militar (IGM), esc. 1:50.000.

El mapa registra la altura de las distintas zonas de la Capital desde el nivel del mar, que aparece en blanco, hasta los puntos más altos, que se reconocen por el avance hacia el negro y que llegan hasta los 28 metros sobre aquel cero. La enorme cuenca del Riachuelo, hacia el sur de la ciudad; la menor, pero no poco significativa, del Maldonado (hoy cubierto por la Avenida Juan B. Justo); y la de otros ríos que aparecen en el área. La traza de la línea férrea avanza prácticamente sobre la divisoria de aguas entre el Riachuelo y el Maldonado hasta Flores y, luego, tiende a acercarse a este último hasta salir de la Capital; su recorrido es paralelo al de la actual Avenida Rivadavia, que marcaba el Camino del Oeste definido por la prolongada experiencia de las carretas.

Lo mismo ocurrió en Moreno, donde Amancio Alcorta logró obtener una fracción de 6 mil hectáreas, a través de las cuales pasó el ferrocarril cuando aquél le ofreció cederle la zona de vía y el área para una estación. A partir de la llegada de la vía, el valor de las tierras se multiplicó cincuenta veces, lo que debe haber arrojado una capitalización del orden de 30 mil libras esterlinas para ese afortunado propietario. Scalabrini Ortiz presenta estos datos y concluye ese análisis estimando que el incremento del valor de las tierras en la zona de influencia del ferrocarril resultó suficiente como para "costearlo holgadamente".[85]

Eso explica que, no bien el ferrocarril llegara a Moreno, se registraran numerosas compra-venta de tierras en las cercanías del Río de las Conchas y en San Fernando (donde se pensaba que se dirigiría la línea en el futuro). Esas operaciones llevaron a que un periódico recomendara a los propietarios de esos terrenos: "sean prudentes y no exageren los precios, pues no vaya a sucederles lo que a los vecinos de Flores y Morón, que tanto abusaron con sus propiedades que no tuvieron quién se interese por ellas. Siendo módicos y equitativos lograrán dar valor y realce a la localidad y fomentar el comercio de aquellos pueblos".[86] Las voces de cordura, sin embargo, no parecían desalentar el ánimo de los especuladores ni la euforia social.

El aumento del valor de la tierra era mayor cuando la tierra estaba en la ciudad, o se convertía en urbana, que cuando era rural. Esta última veía facilitada su producción gracias al acceso a este nuevo medio de transporte, pero encontraba límites a la elevación de sus precios de mercado pues éstos dependían de su capacidad productiva. De allí,

---

[85] Véase V. Vázquez Presedo, *op. cit.*, y R. Scalabrini Ortiz, *Historia de los ferrocarriles argentinos, op. cit.* Un relato sobre la adquisición de esas tierras sostiene que Alcorta se benefició de sus relaciones políticas como miembro del Senado y con su cargo en el Banco de la Provincia (donde figuró como Director en 1859-1860), para comprar esos terrenos a precios muy bajos y con créditos del Banco. Véase J. Salcedo, *Alcorta, la élite y la herencia recibida*, San Miguel, Provincia de Buenos Aires, Talleres Gráficos Copy-center, 1995.

[86] *El Nacional*, 13 de abril de 1860.

resulta claro que la mayor cantidad de operaciones especulativas se realizara en la franja más inmediata a Buenos Aires o alrededor de las nuevas estaciones, destinadas a convertirse en centros urbanos (como en el caso de Flores y Floresta y, luego, Morón). El ministro de Hacienda, observando esa experiencia, decía en 1858 que "donde llegue el camino se va a formar un pequeño pueblo o se despertarán muchísimos intereses".[87] Ese efecto de alza continua de precios contribuye a explicar que, desde entonces, la infraestructura de transporte no se pudiera separar de los beneficios inmobiliarios que provocaba, y que ambas, en conjunto, comenzaran a actuar en la forja de una gran ciudad.[88]

Las esperanzas de captar esos beneficios indirectos eran habituales y sus efectos se verifican en diversas actitudes de la elite local de los negocios en ésta y en otras situaciones semejantes. Thomas Armstrong, por ejemplo, un acaudalado comerciante de origen británico radicado durante décadas en Buenos Aires y convertido en terrateniente y en uno de los promotores del FCS, no dudó en participar "con entusiasmo", avanzada la década de 1860, como agente local del FCA (que uniría Rosario a Córdoba). Armstrong asumió esa tarea "sin cobrar honorarios" porque esperaba captar grandes beneficios de la valorización de tierras que tenía en las cercanías de Rosario, y cerca de las cuales pasaría dicha línea.[89]

[87] Mencionado en la sesión de Diputados del 10 de agosto de 1858.
[88] De acuerdo a H. Sábato, *op. cit.*, el valor de la tierra rural, al Norte del Salado, se multiplicó *doce veces* en la década de 1850 y se volvió a duplicar en la siguiente, una proporción importante pero muy inferior al ritmo de valorización de las tierras que se urbanizaban.
[89] Comentario de Armstrong, citado por C. M. Lewis, *British Railways in Argentina. A Case Study of Foreign Investment,* University of London, Institute of Latinoamerican Studies, 1983, p. 20. No está de más señalar que Armstrong fue designado "agente cobrador" de los intereses y amortizaciones de un empréstito que contrató, en 1860, el gobierno de la Confederación, en Paraná (ligado a las tratativas en torno del FCA), además de actuar como "agente secreto" del gobierno británico (según cita de E. A. Zalduendo, *op. cit.*, pp. 288 y 396). Estos datos señalan la multiplicidad de los negocios de este agente y la notable capitalización de sus contactos políticos y sociales. Sus intereses no se limitaban a esperar que se valorizaran las

Los beneficios creados por esos aumentos de valor de inmuebles urbanos y rurales se distribuyeron entre diversos agentes locales, entre los cuales se contaban los directores de la Sociedad.[90] Estos últimos, además, lograban incrementar sus ingresos con los que generaban las comisiones por compra de equipos (o por gestión de créditos) y por su conocimiento interno de las decisiones estratégicas. Las gestiones de compra se realizaban básicamente en Londres, con beneficios para los enviados para esas tareas. Ese método de recompensar a los gestores parece haber constituido un hábito nacional, puesto que la misma experiencia se repite en diversas iniciativas locales.[91] En el caso que nos ocupa, las operaciones basadas en gestores (que eran, a su vez, los promotores y directores) se mantuvieron, incluso, luego, durante el período en que el FCO fue transferido al Estado provincial.

El aporte estatal y sus restricciones

La capacidad y las intenciones del gobierno local plantean otras cuestiones. Éste sentía la necesidad de realizar esfuerzos para promover el progreso de la provincia y se mostraba dispuesto a escuchar con atención los pedidos de recursos de esos capitalistas privados que no dudaban en sentarse a uno y otro lado de los escritorios que utilizaba el poder. Las limitaciones que presentaba el presupuesto público dejaban ciertas posibilidades que conviene explorar. Los recursos del gobierno de la provincia eran del orden de 3,2 millones de pesos fuertes

---

tierras por las cuales debería pasar ese ferrocarril, aunque ellas no eran escasas, puesto que sumaban 140 mil hectáreas, según E. Gallo, *La pampa gringa*, Buenos Aires, Sudamericana, 1984; este autor menciona que Armstrong dejó, a su muerte, una fortuna de un millón de libras esterlinas.

[90] Los promotores "deseaban acrecentar el valor de los bienes raíces que poseían", dice W. Wright, *Los ferrocarriles ingleses en la Argentina*, Buenos Aires, Emecé, 1980, p. 32.

[91] No era específicamente nacional porque Zalduendo señala que la misma práctica se repetía en Canadá, país donde las concesiones ferroviarias fueron promovidas por la corrupción en el sector público.

hacia 1852, y crecían con el progreso económico general. Sin embargo, esos fondos se veían minimizados por la deuda, que llegaba a 30 millones de pesos fuertes, de los cuales un tercio correspondía al empréstito Baring de 1824. Debido a esos compromisos, el 40% del presupuesto se destinaba al pago de la deuda; sobre todo, de la interna, aunque en esa década se incorporó una cuota mensual que se destinaba a saldar la deuda con Baring. Otra fracción presupuestaria del orden del 36% del total era necesaria para sostener a las Fuerzas Armadas, que constituían uno de los pilares del Estado y resultaban indispensables en las luchas civiles y la guerra con los indios. Una vez descontadas esas cifras quedaban alrededor de 800 mil pesos fuertes para el funcionamiento de la administración como tal; no es de extrañar que apenas el 4% del fondo total se destinara a caminos y que éstos fueran virtualmente inexistentes. Aun así, Frank Parish, representante del gobierno británico y, por supuesto, de los acreedores, pedía que también ese fondo miserable se utilizara para pagar la deuda.[92]

La deuda era una limitante de las posibilidades de invertir en obras públicas. El gasto militar era otro que por momentos se hacía imprescindible en las condiciones políticas que se vivían, recortando la disponibilidad de dinero para cualquier objetivo diferente. El historiador H. S. Ferns menciona, con cierto asombro, algunos gastos militares de la provincia cuya magnitud se puede cotejar, en este caso, con la inversión demandada para realizar el FCO. En 1852, por ejemplo, el general Paz fue enviado a "negociar" acuerdos con las provincias provisto de un crédito de 200 mil libras que podía repartir a discreción y que contribuyó a asegurar el éxito de su misión. Poco después, los comerciantes porteños compraron la buena voluntad de los almirantes que dirigían la Armada de la Confederación (que en ese momento bloqueaba el puerto de Buenos Aires, esperando someter a la provincia por el estrangulamiento de su comercio) aportando una suma del orden de 100 mil

---

[92] Estas estimaciones y comentarios están en el clásico estudio de H. S. Ferns, *Gran Bretaña y Argentina en el siglo XIX*, Buenos Aires, Solar-Hachette, 1966, pp. 310-315.

libras. Más tarde, el general Flores salió a combatir con Urquiza munido no sólo con un ejército, "sino con un banco portátil que emitía líneas de crédito".[93] La magnitud de esos rubros, con fondos que, en parte o en todo, quedaron en los bolsillos de dirigentes locales, sugieren una vez más que la escasez de capital era una variable relativa, aunque sí muy dependiente de ese estado de guerra interno.

Es cierto que la unificación nacional tendió, entre otros fines, a frenar esas erogaciones que ya resultaban inaceptables para los intereses económicos y las expectativas de crecimiento del país. Pero los gastos militares bajaron muy poco, en los años siguientes, debido a nuevos conflictos planteados en el escenario nacional.

Mientras tanto, puede decirse que uno de los problemas del período fue que los sucesivos gobiernos porteños mantenían diversas prioridades de obras en la provincia (y, especialmente, en la ciudad) que competían con las sumas solicitadas por el ferrocarril. Entre esas obras se cuenta la Aduana Nueva, el muelle de pasajeros y el Teatro Colón, aparte de otros proyectos menores. El edificio de la Aduana costó unos 17 millones de pesos, de los cuales, una parte fue aportada directamente por el gobierno y otra por un crédito del Banco de la Provincia.[94] El muelle costó cerca de 40 millones de pesos, de acuerdo a algunas estimaciones, aunque la cifra puede ser exagerada y fue financiado de la misma manera.[95] El Teatro Colón, como se mencionó, era un emprendimiento privado, pero que recibió un crédito de 3,3 millones de pesos (el 60% del costo total) del Banco de la Provincia.[96]

---

[93] Estos datos figuran en H. S. Ferns, *ibid.*, pp. 299-307.
[94] El costo total, y la participación del Banco, figura en *La Tribuna* del 25 de febrero de 1858. En 1854, el Poder Ejecutivo solicita autorización para invertir 12,8 millones en esa obra, según *El Nacional* del 27 de junio de 1854.
[95] El monto de 40 millones está en el *British Packet* del 10 de junio de 1857; pero en 1854 el gobierno solicita la autorización para destinar 1,2 millones con ese fin, según *El Nacional* del 10 de junio de 1854.
[96] Estos datos figuran en M. Valencia, "El Estado de Buenos Aires y la reestructuración del Banco", en: A. de Paula y N. Girbal de Blacha (comps.), *Historia del Banco de la Provincia de Buenos Aires*, Buenos Aires, Macchi, 1997.

La dispersión de los escasos fondos públicos en estos diferentes proyectos, todos considerados urgentes, es una de las causas de las dificultades que encuentran las obras. Otra es la decisión del gobierno de neutralizar el papel moneda emitido para contener el proceso inflacionario. A comienzos de 1860 se quemaban 600 mil pesos en billete "todos los meses" a pesar que De la Riestra proponía utilizar ese dinero en construir ferrocarriles.[97]

En el extremo, la carencia de recursos presupuestarios podía ser limitante si se avanzaba demasiado rápido con las obras ferroviarias, pero ese ritmo no se alcanzó hasta una década más tarde (y ya para entonces la economía nacional era más grande). Además, los balances de la Sociedad sugieren que, una vez iniciado el proceso, el propio ferrocarril generaba beneficios que, una vez reinvertidos, permitían continuar las obras de extensión; la condición básica para ello consistía en que no tuviera que devolver en el corto plazo los fondos adelantados para las obras.

Debe recordarse que las necesidades de capital surgían con más fuerza al inicio de la construcción, o bien cuando se deseaba aplicar mayor dimensión y celeridad a los proyectos, dos causas que se dieron como argumento en diversas decisiones de atraer al capital extranjero tomadas más tarde.

Como se señaló, el gobierno podía financiar al ferrocarril, como lo hizo de hecho en diversas oportunidades, a través del Banco de la Provincia. Este organismo contaba con amplias disponibilidades para esa tarea gracias a su carácter de instituto emisor. Sus préstamos podían efectuarse a largo plazo, dando tiempo al tomador para devolverlos con los recursos provenientes de sus operaciones normales aunque, curiosamente, en la práctica de ese período sólo prestaba a corto plazo aun cuando aportara recursos para la inversión a mediano plazo, como en el caso de los molinos. Una de las causas por las que el Banco comenzó a prestar a largo plazo fue, probablemente, el FCO;

---

[97] Véase *El Nacional* del 22 de febrero de 1860, sobre la quema de billetes, y la edición del 28 de julio de 1860 con la opinión de De la Riestra.

una parte de ese proceso se basaba en la emisión de moneda, cuyo excedente podría absorberse a medida que creciera la riqueza de la provincia. El avance de ésta aumentaba la demanda de transacciones, que, a su vez, permitiría absorber esos fondos adelantados en el propio sistema.

La demanda de divisas para instalar el ferrocarril era otra limitante de las posibilidades locales. Esas divisas eran necesarias para importar los equipos y las máquinas, así como para pagar a los contratistas, cuyas cuentas no figuran en la balanza comercial. Aún así, si se estima, como hipótesis de máxima, que todo el costo del FCO fue pagado en divisas, resulta que las 200 mil libras invertidas hasta 1860 habrían generado una exigencia sobre la balanza comercial del orden de 40 mil a 50 mil libras anuales en el período de su construcción.[98] Si ese impacto era reducido, respecto del millón de libras de exportaciones totales de esa etapa, no es menos cierto que el ritmo de avance de las obras era menor: apenas 8 a 10 kilómetros por año (dependiendo del plazo total asumido para construir los 40 kilómetros de la línea). El incremento de la longitud de vías y la aceleración de su instalación, hasta llegar a un ritmo del orden de 100 kilómetros anuales entre 1864 y 1870, exigían por lo tanto, una masa mayor de divisas, aunque ésta debe compararse, a su vez, con el valor alcanzado por las exportaciones, que crecieron de modo acelerado a medida que se desplegaba la capacidad productiva de la pampa. El proceso fue generando un ciclo virtuoso debido a que la misma expansión de la infraestructura de transporte promovía la expansión de las actividades agrarias que alimentaban el flujo exportador.

---

[98] En su prolija recopilación de las estadísticas británicas, E. A. Zalduendo exhibe exportaciones de material ferroviario a la Argentina por valor de cien mil libras esterlinas en la década 1851-60, que equivalen a la mitad de la inversión total del FCO, la única línea construida en esa etapa. La proporción real que se gastó en divisas debe ser mayor a la mitad debido a que los costos de esos equipos, ya puestos en Buenos Aires, debían ser superiores a los que registra la información británica como valor de venta.

Apenas la línea ferroviaria atravesó el Río de las Conchas y se avizoraba la llegada a Moreno, *El Nacional* presentó un "Programa de gobierno para el período 1860 a 1863", que estaba basado, prácticamente, en el éxito de esa inversión.[99] Allí dice que el FCO está prácticamente listo y que no pasará un año hasta que se termine el de San Fernando, porque ninguno de ellos trató de "engañar a nadie ni salir de los límites de lo posible". Mientras que el primero será "el nervio central del Estado" (porque se dirige hacia la pampa), el segundo será "el vínculo indisoluble que lo ligue a la Nación" (a través del puerto fluvial de San Fernando). Ahora, dice, hay que lograr que Londres sepa que los hombres "que han restablecido el crédito de Buenos Aires en los mercados europeos influyen en los destinos de la Confederación entera, como garantía de buena administración" para que se consignen nuevos empréstitos o para que empresarios particulares decidan acometer las obras ferroviarias alentados por la garantía del 7% anual.

En cambio, agrega, la Confederación, que gastó 40 mil pesos fuertes en el trazado del ferrocarril a Córdoba, no pudo obtener crédito para llevar a cabo esa obra, que quedó como un "gasto inútil". Es preciso, concluye,

> que no suenen los nombres de Derqui, Alvear, y toda esa morralla que haría bajar los bonos del gobierno inglés un 50% de su valor actual. Es preciso que Buenos Aires asegure a la Confederación, y se asegure a sí mismo, un gobierno fundado en instituciones, fuera del alcance de las pasiones, que hacen vender, empeñar y malbaratar rentas, contraer empréstitos ruinosos, como sólo deudores desacreditados alcanzan a obtenerlos.

En esa línea de pensamiento, el éxito en los emprendimientos ferroviarios, sumado a la renegociación de la deuda y las buenas relaciones

---

[99] *El Nacional*, 23 de marzo de 1860.

financieras con Londres, contribuía a plantear el predominio de Buenos Aires sobre la nación y a presentar un programa basado en el capital externo, sobre todo británico (como empréstitos o como inversión ferroviaria garantizada), que permitiría forjar la nación. El FCO podría seguir "por sí mismo adelante", dado que bastaría con comprar más rieles Barlow para llegar a Mercedes, pero, agregaba *El Nacional*, para los otros se necesitaba el crédito que Buenos Aires ya tenía. En otras palabras, *El Nacional* ya veía el triunfo de Buenos Aires sobre toda la Confederación cuando el riel se aproximaba a Moreno y se comenzaba el ferrocarril a San Fernando en base al capital británico. La década de 1860 asistiría a la consolidación de ese proyecto que veía en el riel una de las fuentes del progreso nacional.

La primera Estación Central vista desde el ángulo de las calles Cerrito y Tucumán, donde se aprecia el detalle de una obra que impactó en la ciudad.

Vista del mismo sitio que la fotografía anterior, en la actualidad con el imponente Teatro Colón.

Parte posterior de la Estación Central, donde se observa la salida del ferrocarril desde la actual Plaza Lavalle.

Otra vista del Teatro Colón.

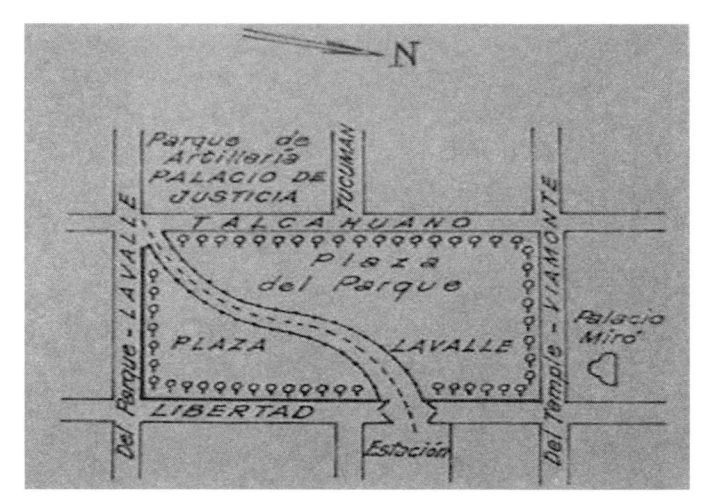

Esquema de la época en el cual se ve el trazado de las vías sobre la Plaza Lavalle, la ubicación del Palacio Miró y el Parque de Artillería (hoy Palacio de Justicia).

El Palacio Miró, propiedad de uno de los directores del Ferrocarril del Oeste, se construyó en diagonal con la estación, en la actual manzana de la Plaza Lavalle, rodeada por las calles Viamonte, Libertad, Córdoba y Talcahuano.
En la segunda mitad del siglo XIX era una de las mansiones más lujosas de Buenos Aires y estaba ubicada en un codiciado espacio inmobiliario por su cercanía respecto de la línea férrea.

Invitación impresa para la ceremonia inaugural del Ferrocarril del Oeste, que marcaba el inicio de la era ferroviaria en la Argentina.

Vista interior de la sala de carpintería del taller del Ferrocarril del Oeste.

Lecheros esperando el tren en la Estación Once de Septiembre con los tarros que ya habían sido bajados de los carros.

La Estación Once de Septiembre en 1880 ya tenía una estructura mucho más sofisticada que la construcción original, aunque es notoria la simplicidad de las instalaciones.

Carros lecheros esperando el tren en la Estación Once de Septiembre.

El ingeniero Allan fue el primer maquinista de "La Porteña" y, de hecho, el primer técnico de la empresa.

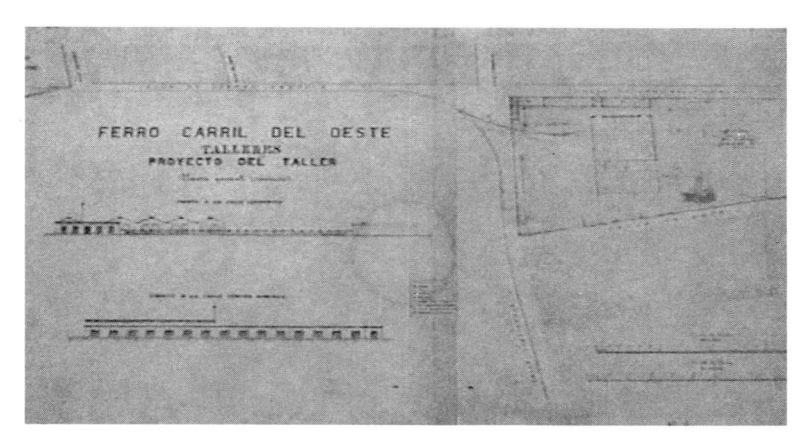

Plano original de la instalación del primer taller del Ferrocarril del Oeste que estaba en la manzana ubicada entre Corrientes, Lavalle, Pueyrredón y Paso. Se observa el trazado de las vías que avanzan por Corrientes y doblan en Pueyrredón, con un ramal que retrocede hacia el taller.

Placa recordatoria de la existencia de la Estación Central del Ferrocarril del Oeste en la pared del Teatro Colón.

Grabado de la época que muestra al ferrocarril cruzando el puente Once de
Septiembre, ubicado seguramente en la actual calle Anchorena.

Acción impresa del Ferrocarril del Oeste,
una de las primeras sociedades anónimas del país.

IV. EL AVANCE HACIA CHIVILCOY Y LA PROPIEDAD DE LA TIERRA: EL DEBATE DE 1860

El ferrocarril se detiene en Moreno

UNA VEZ que arribó a Moreno, el avance físico del ferrocarril se detuvo. El negocio crecía, pero durante los tres años siguientes la extensión total de la línea quedó fijada en esos 39 kilómetros ya logrados. Recién a fines de 1862 se terminaron de resolver los complejos problemas referidos a la propiedad de la empresa y el origen de los recursos necesarios para extender la vía, que, combinados con los cambios políticos ocurridos en los ámbitos nacional y provincial, permitieron el salto hacia la llanura pampeana.

La Comisión Directiva no quería seguir invirtiendo mientras no se diera solución a ciertos problemas cruciales para ellos. Los que más destacaban en sus pedidos eran la escasez de recursos, que se planteaba con urgencia dado que desde el final de esa etapa constructiva hacía falta comprar más material rodante para satisfacer la demanda observada, y la carga de la deuda que tenían con el Banco de la Provincia, avalada por los propios directivos en persona.[1] La adquisición de material rodante no parecía ser demasiado importante, en términos relativos; el *Informe de la Comisión* estimaba que las necesidades inmediatas se podían cubrir con 2 millones de pesos, monto que representaba menos del 10% del total ya invertido en la vía. Los avales, en cambio, planteaban un problema más serio. En efecto, el Banco de la Provincia se había negado a prestar directamente a la empresa,

---

[1] Estos comentarios surgen en el *Informe* de la Comisión formada por Vélez Sarsfield y De la Riestra de mayo de 1860, reproducido en *Antecedentes legales del Ferrocarril del Oeste*, Buenos Aires, Escuela de Artes y Oficios de la Provincia, 1885.

puesto que no consideraba que la sociedad anónima creada al efecto fuera un garante real de los créditos; en consecuencia, había exigido el aval personal de los directivos antes de concretar sus entregas de dinero. De allí que estos últimos se mostraran muy preocupados por quitar esa deuda, ya bastante elevada, de sus hombros; compromisos de esa magnitud les generaban un cierto riesgo al tiempo que reducían su capacidad para pedir crédito para otros negocios.

Las propuestas tendientes a solucionar estos problemas fueron múltiples, pero no se llegó a ningún resultado durante el período señalado. En cambio, el principal debate de ese año se centró sobre la posibilidad de impulsar la creación de pequeñas chacras sobre la traza del ferrocarril, con el objeto declarado de asentar población y generar cargas para el futuro servicio, cuando la línea penetrara en la zona agraria. Mientras se resolvían estos temas, la Comisión Directiva siguió operando la empresa, que ya exhibía posibilidades interesantes.

UNA LÍNEA QUE OPERABA COMO TRANVÍA SUBURBANO

El servicio ferroviario entre El Parque y Moreno continuaba dominado por las demandas de los pasajeros, urbanos y suburbanos. Éstos, que sumaron 300 mil en 1860, crecieron hasta 350 mil al año siguiente para saltar a 380 mil en 1862 y a 409 mil en 1863. La carga, en cambio, que se había duplicado entre 1859 y 1860, en respuesta a las posibilidades que ofrecía ese servicio, se mantuvo en torno de las 18 mil toneladas anuales alcanzadas en dicha fecha hasta 1862. Recién con la nueva extensión de la línea hacia la pampa, en 1864, esa magnitud creció de manera significativa, hasta llegar a las 66 mil toneladas; a partir de entonces, comenzó a tener efectos reales en las actividades operativas de la empresa.

La escasa magnitud de la carga implicaba que ésta representara apenas el 15% de los ingresos del FCO en el período 1858-1859, antes de que la línea llegase a Moreno; en los tres años siguientes, su participación saltó al 25% de ese total, pero mostrando reducido potencial para crecer. La mayor limitación se derivaba de la escasa longitud del servicio, que exigía costosos trasbordos desde las carretas a los vagones y viceversa. Sólo la extensión física de la vía férrea logró que el FCO se transformara en una auténtica empresa de carga, puesto que a partir de entonces los ingresos derivados de dicho transporte comenzaron a tener una presencia real en sus cuentas: más del 50% del total de fletes hacia 1863 y cerca del 60% en 1864. Estos resultados no actuaban sólo en el aspecto económico. Ellos implicaban, además, la aplicación de nuevos procesos organizativos. En primer lugar, resulta obvio que atender esos servicios requería programar trenes especiales de carga (aunque no se pudo detectar información clara sobre cómo se resolvió este tema durante los primeros años), o que se enganchara un número apreciable de vagones en los servicios comunes de pasajeros.

La estructura de la demanda hasta fines de 1862 explica que el FCO operase básicamente atendiendo los servicios de pasajeros, que exigían un gran esfuerzo administrativo (incluyendo la venta y el control de pasajes) y abundante cantidad de coches para llevarlos; en cambio, se asignaba poca importancia a las demandas de cargas, cuyos vagones terminaban acoplados a los trenes regulares. En consecuencia, el movimiento de mercancías se veía afectado tanto por la falta de demanda (originado en parte en la poca extensión de la vía) como por la relativamente escasa oferta de vagones de carga, y los tiempos requeridos para moverla; estos dos aspectos negativos del servicio eran permanente motivo de quejas por parte de los interesados, como se registra en los periódicos de la época.

Los pasajeros se desplazaban a los distintos puntos de la línea, aunque todo indica que la extensión del recorrido impulsaba a los viajes más largos. Un detallado "Informe de la explotación" referido a las operaciones del mes de enero de 1859 (mucho antes de que la línea llegara a Moreno) permite conocer mejor la estructura de la demanda.[2] En ese mes salieron 13.268 pasajeros de El Parque, lo que repre-

---

[2] Publicado en *La Tribuna* del 21 de febrero de 1859.

senta un promedio superior a 400 por día, aunque, sin duda, esos datos disimulan la concentración de la demanda durante los fines de semana. La sexta parte de esos pasajeros viajaron en segunda clase, de modo que la mayoría absoluta optaba por los servicios de primera. No todos recorrían toda la línea. Es significativo que ese total mensual se haya distribuido entre casi mil pasajeros que sólo viajaron de El Parque al Once, mientras que otro grupo de más de 700 personas tenían a Caballito como destino final. Es cierto que había 3.500 que viajaron hasta Flores y 5 mil pasajeros que llegaron hasta San Martín (Haedo), aparte de otros destinos menores, pero esa composición de la demanda sugiere que durante esos años el ferrocarril era utilizado básicamente como un tranvía urbano y suburbano.

El impacto del FCO se reflejaba en el fuerte impulso al aumento de la población a todo lo largo de la línea. Los comentarios al respecto se ven reforzados por los continuos loteos que generaban nuevos pueblos desde la nada. En octubre de 1860, apenas cuatro meses después de inaugurada la extensión a Moreno, se destacaban, por ejemplo, nuevos loteos destinados a fundar un pueblo en terrenos cercanos a la capilla de Merlo. Se trataba de "dos hileras de manzanas que conducen a la estación de ferrocarril" y que estaban divididas en 176 lotes de distinta dimensión pero del orden de 15 varas de frente y 70 a 80 de fondo.[3]

El caso de Moreno era muy especial porque, al convertirse en la cabecera terminal de la línea, daba origen a un gran movimiento adicional, semejante al registrado en Flores a partir de 1857. Moreno se transformó muy pronto en cabecera de los servicios de diligencias que salían de allí para llegar a todos los rincones de la provincia. La ubicación de la estación a distancia prudencial del curso del Río de las Conchas, para evitar que fuera afectada por los desbordes de ese cauce, permitía entonces partir hacia el interior desde una zona elevada, más allá del "lago de barro" que rodeaba a la ciudad de Buenos Aires.

---

[3] Este remate está mencionado en *El Nacional* del 6 de octubre de 1860, que aconseja a sus lectores que compren los lotes si "desean tener un lindo terreno en la campaña" a "precios módicos".

EL AVANCE HASTA CHIVILCOY Y LA PROPIEDAD DE LA TIERRA... 169

GRÁFICO 3. *El trazado del FCO en la provincia de Buenos Aires*

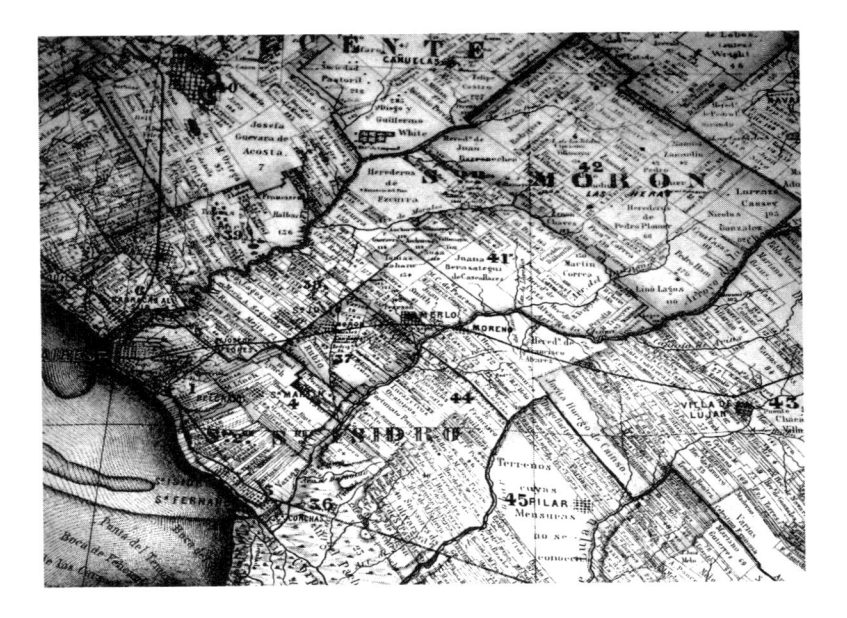

[Mapa]

Fuente: Registro General de la Propiedad Rural de la Provincia de Buenos Aires, construido por el Departamento Topográfico, año 1864.

El mapa exhibe el trazado del FCO desde El Parque hasta Moreno, luego de atravesar el primer río importante (entonces llamado Río de las Conchas) con el que fue, probablemente, el primer puente de hierro instalado en el país. Ese tramo se terminó en 1860, aunque en el mapa figura también la prolongación hacia la Villa de Luján, que se construyó más tarde. Se observa que la división de la tierra se hacía en franjas angostas y largas perpendiculares a cada río (llamadas suertes de estancias y que servían para que todos tuvieran acceso al agua), de modo que la vía férrea tiende a cortarlos en forma perpendicular, o levemente diagonal según el caso, afectando de manera leve la estructura de propiedad.

El beneficio anual de la empresa, medido como diferencia entre ingresos y gastos declarados (sin computar problemas de información y definición, ya mencionados) fue trepando en esos años desde un millón de pesos (1860) hasta 1,9 millones (1862). Esas cifras señalan que la rentabilidad de este servicio hacia 1862 se acercaba al 9% anual, una cifra bastante razonable, teniendo en cuenta la escasa extensión de la línea; ese porcentaje ya era superior al interés que aplicaba por entonces el Banco de la Provincia aunque, por cierto, seguía siendo muy inferior a la tasa de ganancia que ofrecían muchas otras actividades locales.

Los resultados eran buenos, pero la experiencia de esa explotación no se podía proyectar sin más a la extensión de la línea hacia Mercedes o Chivilcoy, los dos destinos más mencionados en los debates de la época. Moreno ya estaba fuera de la zona urbana pero dentro de su influencia. Más allá se abría la pampa, poco poblada, donde no se podría esperar aumentos de población ni, mucho menos, del precio de la tierra con un ritmo como el que ya se estaba verificando en la franja que abarcaba el primer tramo construido. La sentida necesidad de extender la línea para ocupar y colonizar la llanura pampeana se veía frenada por el riesgo de efectuar una inversión de la magnitud requerida y que todavía parecía difícil calificar como rentable en las condiciones de entonces. El debate sobre la propiedad del suelo y la distribución y el uso de la tierra quedaba, así, inextricablemente ligado a la suerte del ferrocarril.

Chivilcoy como meta

Chivilcoy pertenecía a esa amplia y difusa zona de la campaña, hacia el Oeste, que se había ganado como área ocupada desde la Revolución de Mayo. Recostada sobre el Salado, que marcaba un límite natural, y rodeada por varios afluentes menores, quedaba bastante protegida de los malones provenientes de la zona al Sur de aquel río, todavía ocupado por indígenas. La región ofrecía cualidades que explican que se fuera poblando con ritmo creciente en esos años; allí, junto a la cría de ovejas, que se extendía con celeridad, habían surgido actividades agrícolas pioneras realizadas sobre explotaciones de dimensiones medianas y pequeñas. Algunas habían sido ocupadas espontáneamente y otras eran lotes arrendados a los grandes propietarios, que los usufructuaban como enfiteutas.[4] En particular, la producción de trigo comenzaba a tener presencia, junto a otros cultivos propios de esa zona. Ese proceso estaba forjando, de modo incipiente, una nueva estructura social en el ámbito local, que se caracterizaba por vínculos humanos más firmes y estrechos que los generados por la tradicional ganadería extensiva y su mínima demanda de mano de obra.

El atractivo de Chivilcoy, como centro agrícola, y la idea de fomentarlo mediante el reparto de tierras desvelaba a dirigentes como Sarmiento, que veían en la gran propiedad un freno para el progreso del país. Sarmiento había conocido Chivilcoy durante su marcha con Urquiza, en el Ejército Grande, y se mostraba entusiasmado con las posibilidades que ofrecía la agricultura en esa zona.[5]

Estimulados, quizás, por aquella perspectiva, y apoyados en su número y su presencia crecientes, los labradores de Chivilcoy se organizaron durante la década de 1850 para solicitar apoyo oficial a sus planteos. En una de sus notas, de fecha 22 de mayo de 1854, por ejemplo, se dirigieron a la Sala de Representantes para solicitar que se les permitiera comprar las tierras que ocupaban o, en el supuesto caso de que existieran problemas legales, a arrendarlas al gobierno. Escriben:

---

[4] Véase, por ejemplo, M. Birabent, *El pueblo de Sarmiento. Chivilcoy desde sus orígenes hasta 1880*, Buenos Aires, El Ateneo, 1938, y otros más generales, como B. Andreucci, "Ocupantes y enfiteutas en el Camino hacia el Oeste. Chivilcoy 1825-1840", en: S. Rega de Mendoza y M. Valencia (coords.), *Brasil e Argentina, Estado, Agricultura e Empresarios*, Río de Janeiro, La Plata, Universidad Nacional de La Plata, 2001. Hay otros textos sobre esa zona que se mencionan más adelante.

[5] Este dato está mencionado en A. Castellani, "Una convergencia en el Oeste: Chivilcoy. (Apuntes para una filosofía de la colonización en la Argentina)", III Congreso de Historia Argentina y Regional, Santa Fe-Paraná, 1975.

A todos nos es conocido el monopolio que se ha hecho, y aún se hace de las tierras públicas, de las que poseen algunos ciudadanos extensas áreas que no les es posible poblar [...] este Partido, que es de gran extensión, tiene 40 leguas en enfiteusis, poseídas por 12 enfiteutas, quienes no solo monopolizan toda clase de negocios mercantiles e industriales, y tienen a los pobladores en su estado de inseguridad fatal perjudicialísimo al progreso material del país, sino que llegan al egoísmo de algunos hasta arrogarse el derecho de no permitir en ellas, sin su anuencia que pocas veces se obtiene, negocios, atahonas, mataderos y ni aún el de poner montes, siempre que no convenga a sus intereses individuales.[6]

A modo de respuesta a esos pedidos, en 1854 el gobierno provincial decide fundar el pueblo de Chivilcoy. El decreto establece que se disponga para dicho fin un terreno cuadrado de 10 cuadras de lado, con una plaza central de 4 manzanas y 4 plazas adicionales, de una manzana cada una, en cada ángulo externo de ese cuadrado. Alrededor del pueblo se establece una subdivisión adicional en parcelas dimensionadas para quintas (4 manzanas) y chacras (de 10 manzanas). Este reparto de tierra para la agricultura, aunque menor, tendía a estimular esa producción en la zona, que, según estimaciones, ya llegaba a 155 mil fanegas de trigo, aportando un valor de mercado que alcanzaba por entonces a 21 millones de pesos.[7] Asimismo, para proteger los intereses de los agricultores, un decreto fechado el 4 de noviembre de 1854 ordenó suspender los pagos que los subarrendatarios debían efectuar por el uso de la tierra a los terratenientes.[8] Estas medidas contribuyeron a que Chivilcoy fuera concretando algunas condiciones preliminares para convertirse en un centro agrícola en medio de aquella campaña dedicada básicamente a la cría de ganado vacuno y ovino.

---

[6] Citado en M. Birabent, *Chivilcoy, la región y las chacras,* La Plata, Publicación del Archivo Histórico de la Provincia de Buenos Aires, 1941, p. 115.
[7] Todas estas referencias están tomadas de una nota en *El Orden* del 11 de octubre de 1855.
[8] Mencionado por A. Castellani, *op. cit.*

Apenas un año después de haber sido fundado, el pueblo "formado como por encanto", dice una nota periodística, tiene entre 400 a 500 habitantes y ha quedado rodeado "en todas direcciones por más de 5 leguas de establecimientos de labranza con muchas peonadas". La misma nota agrega que en el pueblo ya hay 7 carpinterías, "y todas trabajan", además de 5 hornos de ladrillo, una zapatería "con 3 oficiales que no llena las necesidades", una herrería "con 4 oficiales, incluso un armero" y una sastrería. Se estaba ya terminando de construir la iglesia mientras que la casa para la escuela "se comienza en estos días".[9]

Una parte de la producción local de trigo comenzaba a enviarse al mercado porteño, pero estas transacciones se veían sumamente afectadas por los costos de transporte. El servicio de carretas entre ambas localidades aplicaba un flete que llegaba a 42 pesos la fanega de trigo, monto que resultaba "cinco veces superior" al cobrado por los barcos que traían ese producto desde Santiago de Chile.[10] Ese flete representaba arriba del 30% del valor del trigo y hacía difícil vender el producto en el mercado interno, más allá de la zona directa de influencia del área de cosecha. El costo de transporte se veía agravado por la lentitud de las carretas; esos pesados vehículos demandaban ocho días para llegar a Buenos Aires, siempre y cuando los caminos estuvieran en buen estado, lo que hacía prácticamente imposible el envío de productos frescos desde las chacras.[11] Por eso, la solución ferroviaria de transporte masivo, rápido y económico parecía ofrecer una alternativa ideal para impulsar el desarrollo de toda aquella zona.

Los pobladores de Chivilcoy pedían, por eso, que se protegiera la harina local, ya fuese mediante altos derechos de importación o por

[9] Carta al Director de *El Nacional* de un tal A. B., desde Chivilcoy, y publicada el 7 de septiembre de 1855.
[10] Nota en *El Nacional* del 6 de septiembre de 1855. El flete podía subir hasta 65 pesos cuando los caminos estaban en mal estado, como menciona *El Orden* del 24 de junio de 1857, lo que generaba "grandes quebrantos".
[11] La duración del viaje la menciona M. Birabent, *Chivilcoy, la región y las chacras*, *op. cit.*, p. 85, que registra la expectativa de un productor que espera que el camino de hierro permita llevar a Buenos Aires las verduras frescas de su quinta.

la prohibición lisa y llana de las importadas, hasta que el ferrocarril llegase al menos a la villa de Mercedes y trajera el abaratamiento del transporte. Estimaban ese plazo en cinco años y no dudaban de que, luego, ellos podrían abastecer a la ciudad en condiciones "normales". El ejemplo de los Estados Unidos, que había promocionado sus lanas con una protección del 30% hasta que obtuvieron los beneficios deseados, era, para ellos, el modelo a seguir.[12]

No parece casual que, ya en 1854, Pellegrini visualizara a Chivilcoy como uno de los destinos clave para el ferrocarril proyectado. En la pampa, decía, la dispersión de la población y su escaso producto presentaba el "mayor obstáculo" a la instalación del nuevo medio de transporte. La campaña, "privada de minerales, sin ningún foco de población y de industria", ofrece poco para transportar, aseguraba. Mirando hacia la pampa preveía que, en el futuro, "nuestro Copiapó" (el centro minero chileno que originó el primer enlace férreo para llevar su producto hasta la costa) debería ser "alguna comarca opulenta que poner en contacto con el mar", y ese lugar, agrega, podría ser "Chivilcoy, cuando una paz prolongada haya decuplicado su población". Como dicha posibilidad no era inmediata, dice en tono de carta abierta a los promotores originales del FCO, "al lado de esa fértil mina de productos agrícolas, no debéis descuidar otra que está en vuestro poder establecer desde ahora. Ella consiste en colonizar los lados del ferrocarril, dividiéndolos en lotes de una cuadra de frente al camino y tres o cuatro de fondo".[13]

Este primer análisis señala claramente las preocupaciones que planteaba la extensión del ferrocarril hacia la llanura pampeana. No se visualizaban los potenciales problemas técnicos, pero sí los de orden

---

[12] Carta de los habitantes de Chivilcoy a la Cámara de Representantes solicitando esa medida, sin fecha (aunque probablemente de fines de la década de 1850), firmada por cerca de cien personas y reproducida en el *Archivo del General Mitre, Cartas confidenciales de varios*, t. XV, p. 345.

[13] Nota titulada "Nuevas observaciones sobre el Ferrocarril del Oeste dirigidas a la Comisión Directiva de esa empresa", en *Revista del Plata*, núm. 13, septiembre de 1854.

económico. La base para que una empresa como esa fuera rentable era la presencia conjunta de población y producción. El ferrocarril debería llevar carga en una u otra dirección: o bien hacia la ciudad y el puerto, para lo que todavía no había producción suficiente en la zona ocupada, o bien hacia el interior, para lo que tampoco se observaba ni la población ni la densidad adecuada. El proyecto ferroviario involucraba diversas consideraciones técnicas, sociales y políticas pero, sobre todo, exigía atender una abundante demanda de carga, a semejanza del ejemplo mencionado de Copiapó, que justificara su instalación.[14]

Pellegrini no se limitó a pensar solamente en el punto de destino, optando por aquella zona que se esbozaba prometedora en el Oeste, sino que avanzó sobre la ventaja de colonizar la franja que atravesaría el ferrocarril. La ausencia de una fuente apreciable de cargas en el destino imaginado lo llevaba a postular la creación, a lo largo de aquella misma ruta, de quintas y chacras que ofrecieran una fuente adicional de esa demanda deseada de transporte. En ese proyecto, la zona de influencia del trazado sería tan importante como el punto de llegada para el éxito de la obra.

Es cierto, aclaraba inmediatamente, que la tarea de "expropiar y comprar valiosos terrenos" causaría "resistencias poderosas", que podían hacer fracasar el proyecto. Si ese fuera el caso, continuaba sin rendirse, se podía llegar a instalar, con el mismo objetivo, colonias agrícolas en las áreas todavía no ocupadas de la campaña. Su propuesta no avanzó de ese aspecto y la idea inicial de fraccionar la tierra a lo largo de la línea quedó latente durante varios años; la misma idea fue retomada hacia 1860 como una alternativa eficiente para impulsar las obras del ferrocarril, una vez que éste llegara a Moreno y se hubiera verificado su posibilidad fáctica.

[14] Una crónica de *El Nacional* del 3 de septiembre de 1860 celebraba que se había logrado exportar velas de estearina, fabricadas en Barracas y, pensando en el caso de Chivilcoy, agrega con un entusiasmo cuya veracidad se verificaría con los años: "El día que el Ferrocarril del Oeste llegue a Chivilcoy nuestras harinas irán a abastecer al gran mercado de Río de Janeiro y nuestro engrandecimiento será incalculable".

Paralelamente, los vecinos de Chivilcoy mantuvieron continuamente su presión sobre las autoridades para que el ferrocarril llegara hasta allí. En agosto de 1855, afirmaban que estaban dispuestos a suscribir acciones, aportando capital con tal de que la línea se extendiera hasta dicha localidad; en octubre de ese mismo año ratificaban esa misma propuesta, mientras se preparaba la primera etapa de la obra. Sus demandas eran oídas, aunque no todos creían en sus ofertas, pero las magnitudes de la inversión requerida y la propia dimensión técnica del proyecto frenaban la decisión final.[15]

En 1857, la llegada del FCO a Flores volvió a dar impulso al tema de continuar con la línea hacia la pampa. El impulso a la población agrícola en esa zona actuaba de modo paralelo a dichas preocupaciones. En octubre de ese año, la Legislatura votó una ley que autorizaba a vender 100 leguas cuadradas de tierras públicas en el partido de Chivilcoy (además de otras 100 leguas en toda la provincia ya votadas en agosto) que se debían subdividir en lotes de distinta dimensión; la ley establecía que éstos podían llegar hasta un mínimo de "20 cuadras por 10" (equivalentes a cerca de 250 hectáreas).[16] Esta ley, que llevaba la firma de Sarmiento y de Mitre, establecía una serie de condiciones detalladas para asegurar que se cumplieran sus objetivos: ofrecía una prioridad en la compra para los ocupantes instalados previamente en la tierra, prohibía que alguien tomara "más de un lote" (para evitar la concentración de la propiedad), reservaba espacios "para beneficio de la municipalidad" y exigía la delimitación formal y precisa de todos los terrenos con vistas a su escritura pública. Para lograr este último objetivo, otorgaba, con cierta picardía, el 1% de su valor

---

[15] Hay numerosas notas de "los vecinos" de Chivilcoy en los periódicos de la época. Los dos pedidos mencionados, que incluyen la oferta de suscribir entre 1 y 2 millones de pesos en acciones de la empresa ferroviaria, entre otros, están en *El Nacional* del 8 de agosto y del 13 de octubre de 1855.

[16] La ley está publicada en *El Orden* del 22 de octubre de 1857, donde se menciona, también, la ley anterior, del 16 de agosto, que ordenó vender 100 leguas cuadradas, al norte del Salado, a 200 mil pesos la legua, para destinar esos fondos al pago del empréstito Baring.

al juez de paz encargado de formalizar la tarea como una manera de interesarlo económicamente en que ella se llevara a cabo. La ley determinaba, por último, que el valor de los lotes sería pagado en el plazo de un año (ofreciendo así una financiación a los beneficiarios).[17]

Esta ley es la primera de la provincia que plantea la subdivisión de la tierra para destinarla a fines agrícolas. Se trata, decía un artículo con fuerte tono elogioso, de aplicar "principios nuevos, que influirán poderosamente en el porvenir del país [...] la propiedad territorial empieza a tener por objetivo el interés de la agricultura y apropiación de la tierra al trabajo, consultando el establecimiento de las familias, y no las necesidades de la cría del ganado [...] se distribuye el suelo de manera que el trabajo pueda llegar a la fortuna sin que el capital monopolice el suelo".[18]

Los vecinos de Chivilcoy escribieron a Mitre agradeciendo ese beneficio "trascendental" que ofrece la ley y no perdieron la oportunidad de pedir al mismo tiempo otro beneficio sustancial para sus actividades. Se trataba, decían, de que no se los llamara a servir en la guardia militar, porque la dedicación de los vecinos a la agricultura se veía muy comprometida por esas exigencias que les impedían llevar adelante sus tareas en las fechas correspondientes. Esas levas, agregaban con claro énfasis en la diferencia, no afectaban a los partidos ganaderos, donde "el procreo y engorde obedece a las leyes naturales, sin participación de sus guardianes".[19]

Las esperanzas de impulso a la agricultura quedaron frustradas. Con el paso del tiempo surgieron numerosas trabas para la aplicación de la ley. Las mensuras no se definían y las ventas no se realizaban de acuerdo a lo esperado. Finalmente, en marzo de 1863 (precisamente

---

[17] Esta ley está comentada en M. A. Cárcano, *Evolución histórica del régimen de la tierra pública, 1810-1916*, Buenos Aires, Eudeba, 1972, pp. 129 y ss.; en M. Birabent, *Chivilcoy, la región y las chacras, op. cit.*, pp. 65 y ss., y en diversos estudios sobre la época.
[18] *El Nacional*, 15 de octubre de 1857.
[19] Carta al coronel Mitre de los vecinos de Chivilcoy, del 6 de octubre de 1857, firmada por unas 40 personas y reproducida en el *Archivo del General Mitre...*, *op. cit.*, p. 286.

cuando ya se estaban iniciando las ansiadas obras de extensión del ferrocarril), la ley quedó suspendida. Las explicaciones son casi ingenuas pues se refieren a que "hay una gran parte de [productores] que no pueden comprar los lotes que ocupan".[20] Un par de meses más tarde, la Legislatura decidió permitir "el arrendamiento por un plazo de seis años para aquellos que no hagan opción a compra" y derogó definitivamente la ley. El nuevo texto decía que el espíritu de aquélla entraría en "contradicción" con las disposiciones que se planteaban y exigía eliminarlas.[21]

De todos modos, las diversas leyes provinciales de este período dieron la posibilidad de cierto reparto de tierras, aunque en dimensiones promedio más grandes que lo previsto y con fuerte tendencia a estimular la cría de ovejas en los campos. El interés por la franja ubicada en dirección al Oeste se aprecia en el hecho de que la quinta parte de las escasas escrituras otorgadas fueron registradas en ubicaciones en torno de la localidad de Mercedes, sobre el camino a Chivilcoy. De las 61 escrituras registradas en ese período, sólo 4 operaciones fueron firmadas en 1858; esta cantidad subió a 17 en 1859 y a alrededor de 40 en conjunto durante los cuatro años siguientes. El mísero promedio de diez casos por año señala la morosidad de ese proceso de adjudicación y reparto de tierras pese a las expectativas iniciales.[22]

---

[20] Decretos del 28 de marzo y del 24 de abril de 1863 que afirman que no se está cumpliendo con la mensura de las tierras públicas y otras medidas dictadas en la ley.

[21] Ley del 8 de julio de 1863, transcripta en J. Muzlera, *Recopilación de leyes, decretos y resoluciones de la provincia de Buenos Aires sobre tierras públicas, desde 1810 a 1895*, La Plata.

[22] Estos datos están analizados en M. Valencia, *Ferrocarriles y tierras públicas*. *V Congreso nacional y regional de historia argentina*, Buenos Aires, Academia Nacional de la Historia, 1987. De esta misma autora, véase "Los derechos adquiridos y las nuevas ocupaciones de la frontera bonaerense: el sistema de arriendo público 1857-1876", en: S. Amoral y M. Valencia (comps.), *Argentina, país nuevo*, Universidad Nacional de La Plata, 1999.

Las propuestas de dividir la tierra

El antecedente más claro de división de la tierra era la política aplicada en los Estados Unidos desde su origen, que aparece repetidas veces en los debates de la época. En cambio, era poco o nada comentado entonces en la Argentina que aquel país había comenzado, hacia 1850, una estrategia específica de conceder tierras a los costados de las vías que se proyectaban como una manera de estimular su construcción. La donación de esas tierras tenía un doble objetivo. Por una parte, operaba como un subsidio a la empresa constructora de la línea, que recuperaría parte del capital avanzado en la obra con la venta posterior de ese recurso, sin costo directo para el Tesoro (que era dueño de la tierra). Por otra, garantizaba el fraccionamiento de la tierra en la franja en torno de la nueva línea, proceso que daba lugar al aumento de la población y la producción de la zona, que, a su vez, ofrecía una demanda creciente de transporte hacia el ferrocarril que se construía a partir de esa estrategia. Las donaciones oficiales no cubrían una franja continua sino que ofrecían lotes alternados a cada lado de la vía, de modo que el Estado reservaba una superficie igual y simétrica a la que entregaba, para venderla luego.

Sólo durante la década de 1850, el gobierno de los Estados Unidos donó nada menos que 9 millones de hectáreas con ese fin, un área semejante a la ocupada por la provincia de Buenos Aires en esa época. La continuación de esa política, que se mantuvo en la medida en que se la consideraba exitosa, llevó a una donación total de 70 millones de hectáreas a las empresas constructoras de ferrocarriles a lo largo del siglo XIX, sin contar otros 12 millones adicionales cedidas a proyectos que en definitiva no se llevaron a cabo.[23]

---

[23] La política de donación de tierras para favorecer la construcción ferroviaria en los Estados Unidos puede verse en C. J. Pusateri, *A History of American Business*, Illinois, Harlan Davidson, 1984. E. A. Zalduendo (*Libras y rieles*, Buenos Aires, El Coloquio, 1975, p. 394), señala que se repartieron 53 millones de hectáreas, equivalentes a 6,3% de la superficie total de aquella nación. La importancia de los ferrocarriles en el desarrollo económico de esa nación se destaca, entre otros, en W. P. Adams,

Conviene señalar que la estrategia de donación de tierra en los Estados Unidos sólo se repitió en algunos países despoblados y con grandes extensiones de propiedad pública. En Europa, en cambio, donde la tierra estaba dividida y era mayoritariamente privada, los ferrocarriles debieron asumir la compra de las superficies que necesitaban ocupar, cuyos costos fueron en muchas ocasiones equivalentes, o superiores, a los requeridos por la inversión física en equipos e instalaciones. Esa diferencia explica las enormes variaciones en los montos de inversión incurridos por kilómetro de línea en distintas naciones; en efecto, las diferencias en las estructuras de costos generales de distintos proyectos no son comparables por la incidencia de los valores de la tierra, entre otras variables.

El proyecto de repartir tierra tenía un antecedente local en aquel momento en la decisión del gobierno de la Confederación de impulsar por ese medio el proyecto del ferrocarril de Rosario a Córdoba. Las negociaciones que se llevaban a cabo con dicho fin desde 1854 habían llevado al dictado de una de las primeras leyes públicas, la número 24, del 30 de junio de 1855, que ofrecía una franja continua de hasta una legua a cada costado de la vía para el concesionario. Al comienzo, se pensó en ceder media legua a cada lado, pero esa dimensión se extendió debido a las demandas de Buschental, que era el promotor original del proyecto y que no consideraba suficiente esa oferta. Aun así, la experiencia sugiere que este promotor no conseguía obtener el capital necesario hasta que en septiembre de 1861 se decidió incorporar, como incentivo adicional, el 7% de garantía oficial sobre un capital estimado, como máximo, en 7,5 millones de pesos fuertes para esa línea; se aclaraba expresamente que esa garantía

---

Los Estados Unidos de América, Madrid, Siglo XXI 1996. Por su parte, R. W. Fogel (*Los ferrocarriles y el crecimiento económico de los Estados Unidos. Ensayos de historia econométrica*, Madrid, Tecnos, 1972), que tiende a reducir la importancia asignada a los ferrocarriles en el desarrollo de los Estados Unidos, agrega el dato de que los gobiernos estatales donaron, además, dinero en efectivo para la construcción de nuevas líneas.

sólo se abonaría por un plazo no superior a los diez años.[24] Sucesivas tratativas mantuvieron estas condiciones, pese a la resistencia formal de sucesivos gobiernos, hasta que se concretó la línea, ya durante la década de 1860. La concesión final sumó 386 mil hectáreas, cuya entrega se realizó a lo largo del período de la construcción, aunque algunos lotes tardaron mucho tiempo en ser transferidos a la empresa. Éste fue el único caso masivo de concesión de tierras en el país con el objeto de promover construcciones férreas. Aunque escapa al marco temporal de este trabajo, conviene señalar que el gobierno no disponía de buena parte de la tierra en esa franja, de modo que tuvo que comprarla (para lo que necesitó obtener recursos mediante la venta de otras tierras marginales); además, enfrentó numerosos problemas con aquellos que estaban asentados en esa franja y se resistían a perder una parte de su propiedad. En consecuencia, los elevados costos económicos y políticos afrontados por el gobierno nacional (y también por los provinciales de Córdoba y de Santa Fe, donde pasaba la línea, que asumieron buena parte de aquéllos) no fueron despreciables, a diferencia de lo que estaba ocurriendo en los Estados Unidos. Aun así, la distribución posterior de esa franja de tierra en lotes medianos y pequeños, así como la creación de colonias en la zona servida por la vía, posibilitó un desarrollo agrícola y de asentamiento de la población que plantea un notable ejemplo, prácticamente no repetido en otras regiones del país, sobre las ventajas que podía ofrecer una política como aquella en la Argentina.[25]

Sarmiento era uno de los grandes propulsores de dar tierras a las empresas ferroviarias, siguiendo el ejemplo de los Estados Unidos, y

---

[24] La historia del Ferrocarril Central Argentino puede seguirse en Scalabrini Ortiz, Zalduendo y López, entre otros. Este último ofrece un detallado análisis de la concesión de la tierra que seguimos aquí.

[25] Sobre el problema de la concesión de tierras, véase E. A. Zalduendo, *op. cit.*, pp. 393-400; M. López, *Historia de los ferrocarriles nacionales, op. cit.*, pp. 65-74; y R. Scalabrini Ortiz, *Historia de los ferrocarriles argentinos, op. cit.*, pp. 129-134. La valorización de la tierra con el paso del tiempo ofreció un excelente negocio a la empresa ferroviaria que creó una sociedad especial para manejar las ventas.

hasta proponía, sin dudar, que se aumentaran los beneficios ofrecidos, si era necesario, con tal de que se construyeran líneas en el país. Para él, la mala distribución de la tierra en la Argentina era un "hecho único, del que no hay ejemplo en el mundo", que constituía un gran "obstáculo" para el desarrollo de los ferrocarriles. "Si fuera a decir en Europa que un país de mil leguas está en manos de cuatro mil propietarios, nadie lo creería [...] un pueblo donde la tierra está en relación de legua y media por poseedor es una cosa que existe en Buenos Aires únicamente pues nadie comprendería ese fenómeno." Si esas condiciones se mantenían, no podrían extenderse los ferrocarriles, que quedaban encerrados en un círculo vicioso, puesto que "no habrá vías de comunicación porque hay estancias y no dejará de haber estancias mientras no haya vías para transportar el producto humano".[26]

Construir ferrocarriles requería mucho dinero y no se podía conseguir en esas condiciones, afirmaba. Por eso creía que no hubo capitalistas para el camino a Flores: "el capital se ha negado a suscribir para ese camino porque tiene las narices más largas que nadie, y ni el patriotismo ni la ciencia han sido bastantes a hacerlo mover". Ahora, adelantaba, estaba por presentar un proyecto para llevar el ferrocarril, que en ese mes estaba por inaugurar su primer tramo a Flores, hasta Chivilcoy. La vía resultaba necesaria para el desarrollo pero sus ventajas no se limitaban a las razones económicas. Sarmiento agregaba su esperanza de que ese avance cubriera la frontera, "porque es medio de defenderla, mejor que soldados, [porque] facilita el movimiento para acudir con facilidad a esos puntos y de modo que consulte la ventaja de hacer venir capitales europeos que son los únicos que pueden realizar estas empresas".

Un par de días más tarde, Sarmiento se vio obligado a volver sobre este mismo tema. En la Legislatura se discutía la concesión del ferrocarril a Ensenada, cuyos promotores pedían unas varas de tierras a los costados de la vía, y Azcuénaga había calificado de "alarmante" esa

---

[26] "Discurso del 4 de agosto de 1857", tomado del tomo de *Discursos Parlamentarios* de las *Obras completas* de Sarmiento (Buenos Aires, Luz del Día, pp. 46-49).

entrega, aunque se trataba de 40 manzanas en una franja baja, cercana al río, que ese mismo representante reconocía que nada producían. En la sesión del 8 de agosto de 1857, Sarmiento tomó ese tema con vigor. Insistió primero en que, a la inversa de su postura, se le pedían demasiadas "condiciones" a la empresa, de modo que bastaba con "leer el proyecto para comprender que quien quisiera realizarlo, se negaría a hacerlo"; la gran cantidad de "restricciones, trabas y multas" impuestas por el poder político desanimaba, antes que estimular, proyectos como ése, tan necesarios para el país.

En cambio, decía con fervor, los Estados Unidos, que "tiene tierras, las da a cambio de ferrocarriles; porque éstos, han dicho, hacen rico al país, devuelven con usura esa riqueza que pudo haberles dado y que sin ellos sería improductiva". A la inversa de aquella experiencia, insistía, la Legislatura se negaba a donar una mínima porción de tierra a una empresa que era necesaria y deseable para avanzar con el sistema de caminos de fierro. Esa actitud contrastaba con "la ley fundamental de este país [que] es regalar tierras. No hay una sola persona que tenga casa, finca, estancia, lote de tierra de cualquier clase, que no les haya sido regalado a sus padres o ascendientes. Se han regalado siete mil leguas de país, de a una, de a dos leguas". Y ahora, insistía, ¡se negaban a dar una pequeña porción de tierra a una empresa para que construyera un ferrocarril![27]

La región agraria del Oeste

El Departamento del Oeste, compuesto de San José de Flores, Morón, Merlo, Luján, San Antonio y Fortín de Areco, Mercedes, Bragado, 25 de Mayo y Junín, no cuenta más de 48 a 50 mil habitantes [...] [en esa] vasta superficie, sólo 7.500 cuadras cuadradas aparecen por el censo sometidas a una transitoria e imperfecta cultura, de donde saldrían los cereales que el ferrocarril habría de transportar [...] 2.700.000 ovejas pas-

---

[27] D. F. Sarmiento, "Discurso del 4 de agosto de 1857", en *op. cit.*, pp. 51-53.

tan en sus campos [...] cuya lana computada en toneladas [...] daría alimento al camino para 30 días al año.

Este resumido balance social y productivo regional iniciaba el *Mensaje* del Poder Ejecutivo a la Honorable Cámara de Senadores, en el que se proponía financiar la extensión del FCO y, al mismo tiempo, subdividir la propiedad en la franja de influencia de la línea para realizar este proyecto.[28]

La tierra estaba concentrada en grandes propiedades aunque comenzaban a aparecer explotaciones medianas, ya fuese por la oferta de arrendamientos, la subdivisión de algunas grandes parcelas o hasta la ocupación de hecho por parte de los interesados. Una muestra tomada sobre 16 partidos al norte del Salado computó cerca de 900 propiedades en 1864; de ellas, 122, que tenían un promedio de 10 mil hectáreas cada una, ocupaban el 51% de la superficie analizada (2,4 millones de hectáreas en total). Las otras 747 propiedades, con un promedio de 1.500 hectáreas por unidad, ocupando cada una superficies inferiores a 5 mil hectáreas, ocupaban el 49% restante.[29] La zona de Mercedes, junto a Navarro, San Vicente y Suipacha, mostraba en ese año una mayor proporción de propiedades de menos de 5 mil hectáreas, frente al predominio de estas últimas en otros partidos, como Salto, Monte y Rojas.

La meta de Mercedes resultaba lejana todavía, y más aún la de Chivilcoy. Mientras tanto, el trazado del camino ofrecía otras oportunidades para el reparto del suelo. Los planos del registro topográfico de 1864, en la parte que cubre esa zona, permiten detectar que solamente había unas 35 propiedades situadas en los 120 kilómetros

---

[28] El *Mensaje* está reproducido en *Antecedentes legales...*, *op. cit.*, pp. LXX y ss. La mención que hace a la superficie dedicada a la agricultura debe tomarse con cuidado puesto que los comentarios publicados en la *Revista del Plata* sobre Chivilcoy, en 1854, ya le asignaban a esa región una extensión de 10 mil cuadras cuadradas, igual a la mencionada en el *Mensaje* para todo el Departamento del Oeste.

[29] Este análisis fue realizado por H. Sábato, *Capitalismo y ganadería en Buenos Aires: la fiebre del lanar, 1850-1890*, Buenos Aires, Sudamericana, 1989, y resumido en sus pp. 68 y 69.

del recorrido necesario para llevar la línea ferroviaria de Moreno a Chivilcoy. Algunas de las estancias que se observan en dicho plano son muy extensas, como la registrada a nombre de Bernarda Frías, viuda de Domingo Gorostiaga, cuyas 23 mil hectáreas estaban destinadas a ser divididas en dos por el paso de la línea férrea. En el otro extremo de la escala se observa una explotación de 940 hectáreas, ubicada en Mercedes, propiedad de Tomas Mc Guire, un irlandés dedicado a la cría de ovejas. Debe aclararse que no era necesario ir más allá de Moreno para encontrar la gran propiedad; la estancia de Francisco Álvarez, situada sobre el tramo de vía ya construido, cubría unas 7.500 hectáreas, mientras que Amancio Alcorta poseía otras 6 mil, de las cuales había donado una franja para la vía y un pequeño lote para instalar la estación, como se mencionó más arriba.[30]

En resumen, dentro del fenómeno general de concentración de la tierra, se destaca la presencia de un grupo relativamente pequeño de propietarios, tanto grandes como medianos, que estaban ubicados en la franja por donde debía pasar la vía. Había otros en la zona de influencia del ferrocarril, que dependía de la extensión asignada a esta última, pero no pasaban de unas docenas. Es decir que los afectados (o beneficiados) por el proyecto no formaban un amplio grupo social sino que se limitaban a un reducido número de individuos cuya presencia real queda disimulada en los debates sobre la distribución de la tierra que originaba el proyecto del ferrocarril.

Los ferrocarriles exigen, como condición de éxito, que haya pasajeros y carga que sostengan su operación, continúa el *Mensaje* del Poder Ejecutivo luego del balance ya mencionado. Sin embargo, explica, el trayecto de Moreno a Mercedes (primer tramo imaginado de la extensión) "no reúne esas condiciones" porque carece de población

---

[30] Este análisis detallado de los planos fue realizado en un estudio especial efectuado por Viviana Barry dentro de este proyecto, que fue premiado por la Fundación Museo Ferroviario y se titula "El proyecto de 1860 de dividir y colonizar las tierras por las que debía pasar el Ferrocarril Oeste hasta Chivilcoy: propuestas y debates", agosto de 2000. En este capítulo se retoman varios aspectos tratados en ese trabajo.

y de productos (ofrecidos o demandados) que requieran el uso del ferrocarril. Hay sólo "estancias sin habitantes y sin otros productos que la lana de algunos miles de ovejas". En la campaña sólo hay "dos y un sexto de habitantes en los campos por milla cuadrada. Esta rareza sin ejemplo de la población es producida por la distribución de la tierra en suertes de estancias, medidas en leguas, siendo indiferente y, a veces, oneroso, al poseedor, el número de seres humanos que la habitan". Esas condiciones, concluye aquel texto firmado por Mitre y por Sarmiento, hacen temer que haya que esperar un par de generaciones para poder contar con ese nuevo medio de transporte. La alternativa sería que el "erario se encargue de responder por los intereses garantidos, con la certidumbre" de que deberá pagarlos "por muchos años". Ambos extremos eran inadmisibles, aclaraba, para pasar a la propuesta de dividir las tierras del área de influencia de la línea, que debía contribuir a poblar la zona y asegurar la existencia económica del riel.

El proyecto de subdivisión de la tierra

El proyecto de dividir la tierra sobre la franja que recorrería la vía no era nuevo. Estaba en la imaginación de Pellegrini en 1854 y fue retomado por una comisión nombrada para resolver los problemas del FCO, que estaba formada por Vélez Sarsfield y De la Riestra. El informe que presentan ambos agentes en mayo de 1860, luego de varias acotaciones sobre los problemas financieros y legales de la empresa, que se verán más adelante, señala también la ventaja de distribuir tierras para asegurar la realización del próximo tramo de la vía. El texto proponía que se le concediese a la empresa (todavía privada) la facultad de expropiar la tierra para "su beneficio". Esta atribución se aplicaría, a uno y otro lado del camino, en lotes "intermedios", aunque el texto no daba una definición explícita del ancho deseado y lo limitaba a "los lugares que no estuvieran ya poblados". El precio a pagar a los propietarios existentes sería el que correspondiese al valor de la tierra "previo al establecimiento de la vía" y los lotes generados por la subdivisión serían revendidos para chacras. Esta solución permitiría el aumento de la población localizada en el trayecto y una mayor demanda de pasajeros y cargas. Además, decían, expresando una preocupación de la época, podría contribuir a "alejar el ganado" de los costados de la vía, facilitando una mayor seguridad en el movimiento de trenes. Los firmantes concluían que también los propietarios previos de aquellas tierras se beneficiarían "notablemente" con el aumento de valor de los lotes que les quedaban, de modo que todos salían favorecidos.[31]

Una idea presente en ese proyecto, aunque no claramente explicitada, era que se podía financiar, en parte, el ferrocarril con los beneficios de esas compra-ventas de tierras. Por eso, aclaraban, si el Poder Ejecutivo no veía conveniente llevar adelante dicho proyecto, podría ofrecer los recursos necesarios para proseguir las obras a partir de "alguna otra fuente" que no quedaba identificada. Como se puede apreciar, la división de la tierra, la financiación de las obras ferroviarias y la justificación económica del proyecto seguían estrechamente unidas en estas propuestas.

Muy pocos meses después, en agosto de 1860, el Poder Ejecutivo envió su propio proyecto para resolver este tema a la Legislatura. La propuesta retomaba algunas de aquellas ideas pero también modificaba algunos criterios relevantes que debían ser analizados en detalle. El texto recordaba que ese sistema de reparto de la tierra fue el utilizado en los Estados Unidos, método que logró penetrar, así, en espacios no habitados "creando a un mismo tiempo la vía, el producto y el propietario productor". Pero, señalaba, ese sistema fue aplicado gracias al sistema de legislación agraria de aquel país, que no se repetía en la provincia de Buenos Aires, donde la tierra se repartió desde un inicio "por leguas, llegando hasta 12 a un mismo individuo". En las condiciones creadas por la historia local, no quedaba más remedio

---

[31] Este Informe, fechado el 14 de mayo de 1860, está incluido en los *Antecedentes legales...*, *op. cit.*, pp. LXIII-LXIX.

que la "expropiación por causa de utilidad pública", método que podría remediar "la imprevisión de nuestras leyes coloniales", permitiendo "el progreso general y la seguridad misma del país".

El gobierno sigue la propuesta, quiere ofrecer al propietario actual una parte del valor que genera el ferrocarril, dejándole la mitad de la extensión de la franja que propone expropiar. En cambio, no está dispuesto a que aquél "imponga el precio de la tierra", porque "el mayor valor que [ésta] adquiriría no es obra suya, ni el resultado de su trabajo, sino de la proximidad de un ferrocarril"; además, de no aplicarse esta medida, "el interés particular retardaría con exigencias inmoderadas, o haría ruinosa la pronta población y cultivo de la tierra, como auxiliar del ferrocarril". Para lograr ese objetivo, el proyecto de ley propone expropiar las suertes de estancia, en lotes alternativos a uno y otro lado del camino. Una suerte de estancia es una extensión de media legua de frente por 1,5 legua de fondo (alrededor de 5.600 hectáreas), de modo que se puede presumir que el proyecto plantea expropiar una franja de un ancho de al menos una legua, a ambos lados del camino, que podría ser 3 leguas si se interpreta que el frente de las suertes de estancia quedaría sobre la vía.

El proyecto establece que la mitad del terreno a expropiar quedará para el propietario siempre que éste acepte que su valor sea el que "reconoce para el pago de la contribución directa". Con esta sencilla aclaración, el artículo de la ley reduce el costo de la expropiación mientras que asocia al propietario al negocio futuro de valorización de la tierra.

Por último, el proyecto propone dividir los terrenos afectados por la expropiación en lotes de 200, 100 y 50 cuadras, para ser vendidos para quintas y campos de labor. El precio de venta, agrega, será el "de costo", de modo que, a diferencia del proyecto de Vélez Sarsfield y De la Riestra, esta versión traslada todo el beneficio de la operación a los nuevos ocupantes de la tierra, convertidos en sujetos privilegiados del proyecto. Esta propuesta tendía a consolidar la operación futura del ferrocarril, pero no resolvía el tema de financiamiento de la inversión requerida, que debería encararse por otros medios.

El debate del proyecto

El proyecto del gobierno llegó al Senado el 20 de agosto de 1860, que lo remitió a la Comisión de Hacienda. El proyecto fue modificado por dicha Comisión. Si bien no se han encontrado registros de sus deliberaciones ni de las negociaciones al respecto con el Poder Ejecutivo, éstas parecen haber resultado intensas, como lo sugieren algunos comentarios posteriores. En ese ínterin, y mientras se acercaba el momento en que la Legislatura debía tratar el proyecto, Vélez Sarsfield escribió seis extensas notas para defender esa propuesta, que se publicaron diariamente en *El Nacional* del 23 al 30 de octubre (con excepción del 25 de octubre). A los pocos días, Alcorta responde, destacando su enérgica oposición mediante una serie de cuatro artículos que se publican entre el 8 y el 16 de noviembre en ese mismo periódico. El Senado se reúne, para tratar esa propuesta, los días 29 y 30 de octubre, al mismo tiempo que se publican los últimos artículos de Vélez Sarsfield; finalmente, la Cámara de Representantes se reúne tres jornadas con el mismo objeto (los días 30 de noviembre, 3 y 17 de diciembre de 1860). Los artículos mencionados, además de los diarios de sesiones, registran un apasionado intercambio de posiciones durante los tres meses que habría durado el debate, que parece centrado, más de una vez, en ciertos principios antes que en los objetivos propuestos. Los intereses afectados, por más decisivos que hayan sido, no aparecen mencionados, aunque se observa que algunos de los polemistas son propietarios de tierras en esa zona.[32]

Los primeros artículos de Vélez Sarsfield insisten en la importancia de la pequeña propiedad agrícola como "base de democracia y progreso". Ése es el sistema que puede transformar un lugar árido en fértil, como lo están demostrando, reitera, diversos ejemplos euro-

---

[32] Los artículos mencionados de *El Nacional*, que se revisaron directamente en los originales de este periódico, están reproducidos en *Proyectos de ley sobre el Ferro-carril del Oeste y artículos de El Nacional apoyándolos*, Buenos Aires, Imprenta Argentina de El Nacional, 1860. Los debates de las cámaras, en los diarios de sesiones.

peos, que detalla con sumo cuidado. Como en Buenos Aires, la tierra no se "subdividirá por sí sola", concluye que se puede y se debe expropiar. Su argumento gira en torno a los intereses sociales que debe satisfacer la propiedad del suelo. "Cuando no hay el designio de cultivar la tierra [...] porque el interés privado halla más utilidad en guardar la tierra inculta para enagenarla después de algunos años, no se pueden dar razones para que ella sea privada."

En la zona que va a atender el ferrocarril, continúa el autor, el paisano no podrá adquirir la propiedad ni dedicarse a la agricultura "sin someterse al capricho del propietario y soportar la exageración en el precio". Pero si la tierra "queda estéril va a imposibilitar la venta o producción del ferrocarril", que sólo podría funcionar mediante aportes de la comunidad o del propio gobierno. En consecuencia, la expropiación surge como una necesidad y un medio para asegurar los objetivos planteados.

El último artículo de esa serie se publica cuando el Senado está tratando el tema y contiene las propuestas más fuertes y concretas. Ese texto va más allá del debate sobre el ferrocarril, porque propone además declarar nulo el arrendamiento de los terrenos que están dedicados a la agricultura "en los ejidos de los pueblos y otros que se destinen (a ese fin) en adelante", además de declarar "destinados a la agricultura" a los terrenos laterales del FCO en un "fondo de 2 leguas"; esa medida deberá extenderse, agrega con previsión, "a cualquier otro ferrocarril que se forme más adelante". Los arrendatarios actuales podrían comprar la tierra a un precio de 18 veces el pago anual que efectúan (suponiendo que éste representa una renta del 5,5% sobre el capital), medida que ofrecería un "remedio heroico" para los problemas sociales de la campaña. Mientras tanto, dice, el gobierno sólo pide expropiar una parte de los terrenos laterales a la vía, para dividirlos y venderlos. Y "aún esto encuentra oposición", agrega indignado; destaca que la Comisión de Hacienda del Senado llega "hasta el ridículo de designar un fondo de 400 metros, cuando no es posible un cultivo regular en una chacra que tenga menos de 100 cuadras cuadradas". Y esto, concluye, cuando todos saben que la tierra se va a valorizar mucho y muy rápido y que a los propietarios actuales sólo se les quita una parte de la ganancia que van a lograr en ese proceso gracias a la construcción del ferrocarril que se garantiza con esa medida. A esos propietarios no se les exige un sacrificio, puesto que se trata de la condición necesaria para que sus terrenos, que están distantes "15 o 20 leguas valgan lo que hoy valen los terrenos de Morón".

Este artículo fogoso responde a las decisiones de la Comisión del Senado, que había reducido el ancho de la franja a expropiar propuesta por el Ejecutivo. El proyecto corregido limitaba dicha franja a 400 metros a cada lado de la vía. La diferencia con la primera idea resultó tan grande que la sesión del Senado comenzó discutiendo cuál de los dos proyectos, el del Ejecutivo o el de la Comisión, correspondía debatir. Al final, se aceptó que se tratara este último, aunque implicaba reducir por anticipado la franja que se proponía expropiar.[33]

Alsina, en nombre de la Comisión, explicó en la sesión del Senado del 29 de octubre que "no quisieron chocar con las exigencias de intereses" y, por eso, aceptaron cambiar la propuesta momentáneamente; "después se verá", agrega con tono filosófico. Ese nuevo proyecto eliminaba también las menciones sobre tamaño de los lotes que debían surgir de la subdivisión prevista para su venta futura; este cambio se puede explicar por el hecho de que el nuevo ancho de franja propuesto no permitiría asentar explotaciones medianas, como las que se habían imaginado originalmente. Alsina defiendía, por último, la expropiación que se iba a llevar a cabo porque se trataba de un proyecto de "utilidad pública", una de las figuras que sería más cuestionada en el debate.

El senador Mármol le contesta que la superficie a repartir se achicó tanto que la propuesta ya "no vale la pena". Insiste en el derecho de

---

[33] La Comisión de Hacienda estaba integrada por Alsina, Lezica, Agüero, Trelles y Barros Pazos, y su rol era crucial en el funcionamiento y las decisiones tomadas por las cámaras, de acuerdo al análisis que efectúa M. A. Irigoin, "Del dominio autocrático al de la negociación. Las razones económicas del renacimiento de la política en Buenos Aires en la década de 1850", en *Anuario IHES*, UNCPBA, núm. 14, 1999.

expropiar y considera que la versión original de esa ley planteaba el proyecto "más atrevido" destinado a cambiar la actividad agraria que había existido en la provincia. El senador Cazón habla a continuación para sostener la posición contraria. Señala, primero, que el FCO ya daba ganacias y considera que podía seguir operando en esas condiciones sin necesidad de expropiar. Por otro lado, insiste, no hay brazos para trabajar la tierra aunque se pretenda ese fin, ni ésta se puede subdividir por ley.

Entonces interviene Sarmiento, en nombre del gobierno, que asistía como ministro al debate, decidido a impulsar la solución propuesta.[34] El ilustre expositor insiste en la necesidad de dividir la tierra a lo largo de la vía y considera que esa tarea no puede afectar a los criadores de ovejas, quienes se pueden desplazar a otras zonas de la provincia. Además, reclama que el ancho a expropiar se extienda a 1.500 metros, lo que permitiría, calcula, que en las primeras 16 leguas (distancia hasta Mercedes) pudiesen hacerse 356 "moradas". Resulta curioso que ya no se haga mención de la idea de expropiar lotes alternados, de modo que la nueva versión del proyecto implica expropiar 24 mil hectáreas a lo largo de ese tramo, magnitud que supone que Sarmiento esperaba distribuir un promedio de 67 hectáreas a cada beneficiario.

En el proyecto de la Comisión había desaparecido también el criterio de expropiar de acuerdo a la tasación. El monto a pagar debía establecerse, dice el articulado, mediante "libre convención de las partes", o por una comisión de dos personas, una por el gobierno y otra designada por el propietario, que decidirían ese valor por consenso o por una mediación del juez de paz respectivo si no había acuerdo. Resulta claro que esta nueva versión fortalecía el poder de negociación de los propietarios en todas las etapas previstas, a diferencia de la primera versión oficial.

[34] J. Castro, en *Sarmiento y los ferrocarriles argentinos* (Buenos Aires, Museo Histórico Sarmiento, 1950), dice que el interés de Sarmiento por el proyecto era tal que rechazó una propuesta de ocupar el cargo de ministro plenipotenciario en los Estados Unidos porque no quería "dejar de vigilar el mensaje enviado a la Legislatura sobre la creación de centros agrícolas a lo largo del Ferrocarril del Oeste".

Luego de un breve debate, el proyecto fue aprobado por la casi totalidad de los miembros de la Cámara: 14 a 1, en general, y por 13 a 2 votos para los artículos referidos a la expropiación, incluyendo la ampliación a 1.500 metros del ancho de esa franja, como había pedido Sarmiento.

Pocos días después comienzan a aparecer los artículos de Alcorta en *El Nacional* en contra del proyecto. Este autor comienza afirmando que no se puede expropiar porque la propiedad es uno de los derechos originales del hombre, junto con la vida y la libertad. La propiedad contiene el derecho de "usar y abusar", agrega, y debe ser protegida para asegurar la libertad. En su primera nota, concluye afirmando que ese valor es tan importante que no se puede vivir sin propiedad, aunque sí se puede vivir sin ferrocarriles.[35]

En la segunda nota protesta contra las intenciones de echar el ganado para poner el arado, que van contra el "orden natural"; por eso opina que se debe "dejar hacer". A la larga, la tierra se va a dividir sola a través de la herencia y de la venta de las propiedades, supone. La protección ofrecida a la agricultura, dice, se aplicó durante años en el país sin que se pudieran satisfacer las necesidades del consumo ni resolver los problemas de la producción. Por lo tanto, deben abandonarse esas prácticas de fomento compulsivo y permitir que actúe el interés particular que es "más sabio y vigilante que el legislador".

Por último, asume que el loteo propuesto tampoco va a resultar útil, porque esa oferta no le interesa a los ricos, mientras que los pobres no lo van a poder pagar. En su última nota vuelve sobre sus primeras opiniones y destaca no sólo que dividir la propiedad "es el comunismo", sino que la especulación es una actividad positiva que conviene fomentar. Los campos llenos de criadores de ovejas deben quedar así porque ésa es la respuesta natural de los productores.

Sus intervenciones no sólo presentan una defensa de la propiedad privada como derecho natural (valor superior al de disponer de ferro-

---

[35] Como se señaló, estas notas están en *El Nacional*, los días 8, 9, 12 y 16 de noviembre de 1860.

carriles, como dice) sino de defensa de la ganadería respecto a la agricultura:

> al habitante de Buenos Aires, por la carta constitucional, le es garantido la libertad de comercio y de todo trabajo que no ofenda la moral pública; y no obstante, se trata de arrebatarle la propiedad de aquella tierra donde cría ganado para entregarla al arado [...] Dios dio a unos pueblos lo que negó a otros; esta tierra sería apta para el pastoreo, aquella para la agricultura [...] pero vienen los gobiernos y mandan qué debe sembrarse, dónde debe criarse. Vienen pretendiendo trastocar el orden natural de las cosas.[36]

En este clima de debate tiene lugar la primera sesión de la Cámara de Diputados para tratar el proyecto, que se realiza el 30 de noviembre de 1860. El miembro informante de la Comisión de Hacienda señala que la propuesta del Senado no se modificó, aunque incluye la cuestión de la expropiación, que plantea cuestiones "delicadas". Una de las razones que sugiere cierto optimismo, menciona, consiste en que se aprobó en el Senado, que está "compuesto por ciudadanos propietarios de grandes áreas de terrenos"; en ese recinto sólo hubo un voto en contra, que habría actuado como "eco lejano de ideas que han hecho su tiempo", destaca. La única manera de impulsar la agricultura, concluye, es ofrecerle un sistema de transporte que permita a sus productos llegar al mercado. Ello permitiría eliminar el proteccionismo aplicado a esos productos, que está "proscripto por la ciencia económica" y no debe mantenerse.

La voz cantante en contra del proyecto en esta Cámara la tendrá Obligado, que interviene en diversas oportunidades para oponerse a la expropiación, que sería, a su juicio, contraria a la Constitución. Obligado insiste en su apoyo a la ganadería, que es tan conveniente como la agricultura y sugiere que la lana rinde más que el trigo, dado que el precio por arroba de la primera es de 100 pesos frente a 15 pesos para el segundo. Considera, además, que no se puede imponer la agricultura, que sólo resultará de la conveniencia de los propios pro-

[36] *El Nacional*, 9 de noviembre de 1860.

ductores y que llegará cuando "se justifique económicamente". Por otra parte, supone que la producción prevista para el caso de que se aplique el proyecto no dará para más de un mes por año de transporte en el ferrocarril a construir; concluye que ese pequeño monto no justifica afectar el carácter "inviolable" de la propiedad.

Obligado considera que la tierra ya estaba bastante dividida en el trazado propuesto para el ferrocarril y señala que observó los planos existentes, gracias a los cuales detectó 11 propietarios en una legua y 15 en otra; sólo encontró, afirma, dos propietarios grandes entre Moreno y Mercedes, de modo que la cuestión planteada no tiene justificación real.

El ministro de Hacienda trata de minimizar la cuestión explicando que sólo se plantea expropiar 6 leguas que deben compararse con las 7 mil que son propiedad del Estado; tampoco se van a expropiar de golpe, agrega con espíritu conciliador. En cambio, Sarmiento responde una a una, en cada intervención, las objeciones que se plantean. Si no conviene sembrar trigo, los nuevos propietarios pequeños que se propone tendrán que producir "huevos o leche", dice. Insiste en que la propiedad no se divide sola y recuerda, con énfasis, que se habla contra las expropiaciones en el mismo momento en que están "echando abajo la mitad de París" (haciendo una referencia a las obras de construcción de las grandes avenidas llevadas a cabo por el barón Haussmann desde 1853). La concreción del ferrocarril requiere esta medida que justificará su construcción y llevará el progreso a la campaña.

Todo el esfuerzo de los defensores de la expropiación resulta inútil. La votación final rechaza la propuesta de expropiación por 14 votos a 11. El debate terminó.

Conclusiones

La posibilidad del ferrocarril impulsó la propuesta de expropiar la tierra para generar población y carga sobre la línea, pero esa idea fue reduciendo sus pretensiones a lo largo del debate, sin conseguir su objetivo. Las sucesivas modificaciones decididas para el ancho de la franja que se proponía expropiar, así como en el precio a pagar, exhiben las resistencias de los propietarios a esos proyectos que tendían a cambiar la estructura social de la campaña a partir de una base tan moderada como el área directa de influencia de la vía.

La defensa de la propiedad, repartida generosamente apenas unas décadas antes, se había convertido en un valor que bloqueaba la posibilidad de cambio. La defensa de la ganadería, basada en sus ventajas económicas y la ausencia de brazos para otras tareas, era otra base de la resistencia al proyecto.

Aun así, resulta notable que éste fue aprobado en el Senado (aunque con varios recortes) y perdió por sólo 3 votos en la Cámara de Diputados. Esa pequeña diferencia terminó con el debate y con la posibilidad de repartir tierra para justificar la construcción de nuevos ferrocarriles. El gobierno provincial no volvió nunca a discutir ese tema, de modo que la experiencia del FCA quedó como la única y solitaria prueba de las posibilidades y ventajas de ese mecanismo.

No está de más señalar que Scalabrini Ortiz no menciona este debate, ni mucho menos sus consecuencias, en su historia del FCO. Es probable que el odio a Sarmiento de ese autor explique ese silencio sobre el proyecto de cambiar la estructura de la propiedad agraria de la provincia.[37]

En los hechos, los ferrocarriles deberían justificarse por sí mismos, lo que implicaba la necesidad de marchar hacia otras dos soluciones posibles: la construcción de líneas financiadas por el Estado, como se ensayó con éxito con el FCO durante casi tres décadas (criterio que repitió más tarde el Estado nacional), o bien ofreciendo un sistema de garantía estatal para los inversores, como se hizo de manera siste-

---

[37] La referencia al odio de Scalabrini Ortiz respecto a Sarmiento la presenta M. J. López en su obra *Historia de los ferrocarriles nacionales, 1866-1896* y parece posible como explicación. Además, Scalabrini afirma que las tierras por las que pasaría el ferrocarril eran "de ingleses" (*Historia de los ferrocarriles argentinos, op. cit.*, p. 34) aun cuando no se encuentran apellidos de ese origen en el plano mencionado.

mática desde entonces tanto en la provincia como en la nación. En ambos casos, el Tesoro debía asumir una pesada carga para sostener el desarrollo de los ferrocarriles, ya fuese porque aportaba el capital necesario para construir las líneas estatales o porque pagaba los beneficios pedidos por los inversores privados (que serían casi exclusivamente extranjeros). En cualquiera de estas dos variantes, los recursos oficiales provendrían del crédito externo, oferta que generaría una dependencia que marcó la evolución argentina. Al mismo tiempo, los terratenientes verían multiplicarse, como por arte de magia, el valor de sus propiedades a medida que las nuevas líneas avanzaban a través de ellas. El ejemplo de los Estados Unidos había quedado descartado. La fuerza del debate había quedado regulada por otras razones: la tierra ya no era pública y poderosos sectores de opinión buscaban soluciones más adecuadas a la visión de sus intereses que su expropiación y su reparto.

V. TRES AÑOS DE NEGOCIACIONES SOBRE EL FUTURO DE LA EMPRESA (1860-1862): SUBSIDIOS, GARANTÍAS Y PROPIEDAD ESTATAL

Proyectos y experiencia ferroviarias

Entre el momento del arribo de las vías a Moreno y diciembre de 1862, cuando el FCO es adquirido por el Estado provincial, ese pequeño tramo de línea se mantiene prácticamente como el único existente en el país. Recién a mediados de 1862 se inaugura una segunda vía, cuando se termina el primer tramo del ferrocarril a San Fernando, que se extiende desde Retiro a Belgrano. Es decir que la inversión efectiva total en ferrocarriles en esos casi tres años fue muy reducida y se limitó al tramo de 8 kilómetros del último. Los recorridos de ambas líneas no sólo eran muy breves sino que sus servicios se limitaban al entorno urbano y sus alrededores más cercanos (o periurbanos). Los montos invertidos eran todavía de escasa magnitud relativa y todo sugiere que su efecto más intenso se hacía sentir sobre los precios de la tierra que atravesaban, mientras atendían una demanda donde los pasajeros (y, a veces, las tropas militares) eran mucho más importantes que las cargas.

La mínima actividad que se observa en la extensión del sistema no impidió que durante esos años se desplegara un amplio debate en el ámbito local sobre los medios deseables para impulsar el desarrollo ferroviario y su avance sobre la llanura pampeana. Uno, ya analizado, se refería a la posibilidad de utilizar la valorización de la tierra como palanca o motor de la inversión; su conclusión, que cerró el debate, fue que ese negocio debía pertenecer a los felices tenedores de las tierras y los beneficios no se podrían utilizar con otro destino. Otra polémica, más general y confusa, se llevó a cabo originada por las demandas de distintas empresas y agentes que se mostraban interesados en entrar en el negocio ferroviario o, simplemente, en las nuevas oportunidades que éstos podían crear en su desarrollo. Las negociaciones que mantuvieron continuamente distintos promotores durante ese período, tanto con el gobierno de la provincia como con el nacional (en este caso, por el FCA), fueron sentando antecedentes decisivos para la estrategia que se siguió con el FCO y con el resto de las empresas ferroviarias. Se observa que los argumentos aplicados y las experiencias recogidas en esas tareas fueron estableciendo los criterios que signaron la política ferroviaria argentina durante el resto del siglo XIX. Esas tratativas, que tuvieron lugar al mismo tiempo que las negociaciones con el FCO y contribuyeron a definir los resultados, parecen esenciales para comprender cómo se arribó a estos últimos.

Los proyectos en danza fueron varios. Uno de los primeros tendía a unir la ciudad con el puerto de San Fernando, en el Norte. Otro buscaba llegar a Ensenada, en el Sur, como ya se había pensado a mediados de la década de 1850, para enlazar Buenos Aires con los dos puertos imaginados como decisivos para el tráfico fluvial y de ultramar.[1] En 1861, el ferrocarril se había consolidado como un factor exitoso en la provincia, permitiendo propuestas más ambiciosas; fue entonces que se propuso construir una línea hacia el Sur, hasta Chascomús, que, con sus algo más de 100 kilómetros de longitud proyectada, marcaba la decisión de avanzar sobre la pampa con una extensión semejante al trayecto a Chivilcoy que impulsaba el FCO. La propuesta no ignoraba el ámbito urbano, porque atravesaba la ciudad hacia el Sur, pero tendía a extenderse más allá de ella en una nueva etapa de las obras ferroviarias. Mientras tanto, seguían las negociaciones con el FCA, el proyecto más ambicioso de todos por su longitud inicial, que eran llevadas a cabo por el gobierno nacional,

[1] En agosto de 1857, los Casares pidieron un privilegio para construir, "a su nombre y de una sociedad extranjera", un ferrocarril de Buenos Aires al Arroyo del Medio, pero no se encontraron debates ni otras menciones a este proyecto que buscaba, tempranamente, unir la provincia a la Confederación. Véase *La Tribuna* del 30 de agosto de 1857.

pero donde en 1862 ya aparecían muchos de quienes habían participado en las tratativas previas mencionadas así como en las referidas al avance del FCO. Todos estos proyectos contribuían a capitalizar experiencias y a plantear nuevas propuestas.

El antecedente del Ferrocarril del Norte

El proyecto decisivo, no tanto por su dimensión física sino por el impacto sobre los demás de ciertas decisiones adoptadas en su negociación, fue el Ferrocarril del Norte (FCN). Esa empresa, que se denominó en sus inicios tomando un punto cardinal, con el mismo sentido de orientación geográfica global que definía al Oeste, tenía como objetivo llegar al puerto de San Fernando, pasando por los pueblos de Belgrano y San Isidro. El proyecto buscaba conectar la ciudad con aquel puerto fluvial para captar las cargas que iban y venían por barco en toda la cuenca del Plata, y hasta incluía la construcción de un muelle y los depósitos necesarios para ese fin en su extremo norte. La línea fue aprobada por ley del 27 de junio de 1857, en momentos de entusiasmo puesto que se preparaba la inauguración del primer tramo del FCO, y quedó definida por un contrato firmado con el concesionario pocos días después: el 3 de agosto; la celeridad de esos primeros trámites contrasta con el muy lento proceso posterior de concreción del proyecto.

Al FCN se le autorizó a salir de la Aduana, pero en su primera versión estaba previsto que el tramo hasta Retiro sería operado por unidades con tracción a caballo; recién desde allí, el servicio seguiría con locomotoras a vapor hasta San Fernando. Esta decisión repetía las vacilaciones respecto del uso de locomotoras que habían marcado a los responsables del FCO hacia 1855. El criterio definido en este caso implicaba que el tramo urbano sería servido por vehículos de tracción a sangre, en una especie de adelanto del sistema de tranvías que aparecería en la década de 1870, y recién más allá de esa zona comenzaba el tren como tal. Esa diferencia de equipamiento entre ambos tramos señala con claridad la superposición de visiones de la época sobre la demanda diferencial de transporte urbano (pasajeros en vehículos tirados por caballos) y de transporte de carga (vehículos movidos a vapor en dirección a un puerto o a un lugar de concentración de oferta); de todos modos, la atención a las demandas urbanas seguía siendo la preferida por los empresarios locales, que no parecían dispuestos a arriesgarse, todavía, mucho más allá de los límites de influencia de la ciudad.[2]

El contenido formal del contrato era muy semejante al firmado con el FCO. En especial, interesa destacar que no se mencionaba ninguna garantía oficial para el negocio y el gobierno se limitaba a donar terrenos ubicados en las zonas donde se pensaba construir estaciones: 2 manzanas en la estación principal (de 150 varas cada una, de las cuales una sería para los talleres), una manzana en Belgrano, otra en San Isidro y, por último, otras dos en San Fernando. El resto de la tierra necesaria sería expropiada por el gobierno, pero pagada por la empresa, salvo aquella que fuera propiedad pública que se cedería gratuitamente. La franja de terreno a utilizar debía tener un ancho de 20 varas, dimensión que marcaba una expectativa de ampliación futura de la obra superior a la observada en las primeras reservas para el FCO (más aún, esa reserva fue ampliada a 25 varas en la renegociación del contrato con el FCN, en 1860).[3]

El concesionario era Eduardo A. Hopkins, de origen norteamericano, que estaba asociado a Juan Cruz Ocampo para presentar la propuesta. El primero parecía disponer de los contactos externos necesarios para captar el capital requerido para el proyecto, mientras que el

---

[2] Un decreto de 1864 autorizó a la empresa a utilizar locomotoras a vapor en el tramo Aduana-Retiro, pero la vocación urbana de la línea se mantuvo. El FCN llegó a Tigre (29 kilómetros) en 1865 y no intentó extender la línea más allá de esa zona de influencia de la ciudad. En 1874 prefirió construir una doble vía en el área servida antes que continuar hacia la pampa, negocio que quedó reservado a otras empresas. Véase M. J. López, *Historia de los ferrocarriles de la Provincia de Buenos Aires*, Buenos Aires, Lumiere, 1991, uno de los pocos autores que ha estudiado los antecedentes de esta empresa, y de quien tomamos algunos datos extractados del contrato de concesión.

[3] *Ibid.*

segundo facilitaba el apoyo de la elite local, como se aprecia en todos estos casos.[4] Pero la firma del contrato con el gobierno no resultó suficiente; en los primeros pasos de la ejecución fueron surgiendo dificultades en los trámites para concretar el proyecto que postergaron su inicio. Lo cierto es que ambos concesionarios se volvieron a presentar al gobierno, en 1858, pidiendo una garantía oficial que asegurara el 7% de beneficios sobre el capital como incentivo para atraer el interés de los potenciales inversores. Este pedido presentaba una novedad absoluta en el país, aunque ese sistema ya comenzaba a ensayarse en otras latitudes. La garantía oficial permitía asegurar a los financistas de Londres (prácticamente, la única plaza disponible entonces para estas operaciones) un beneficio mínimo superior al que rendían las inversiones en Gran Bretaña; se suponía que ella los llevaría a suscribir acciones de la nueva empresa alentados por la seguridad de dicha ganancia, aun en el caso de que la actividad de la empresa ferroviaria no obtuviera los ingresos deseados. De esa forma, los riesgos de proyecto eran asumidos por el gobierno local, que se comprometía a pagar los montos de dinero necesarios para que la empresa pudiera repartir ese beneficio cualquiera fuese el resultado efectivo de su negocio.

Esta propuesta generó un prolongado debate, cuyos argumentos no siempre parecen haberse difundido en la prensa. Se aprecia la oposición activa de varios legisladores a esa opción porque incorporaba nuevos compromisos al presupuesto provincial; este último sufría, todavía, las cargas de guerra, y se sentía el peso de las demandas financieras (incluyendo los pagos que se habían comenzado a efectuar por el ya antiguo empréstito Baring). En el otro extremo, había legisladores muy dispuestos frente a la esperanza de impulsar el avance del sistema ferroviario. El Senado trató, y aprobó con poca oposición

[4] En rigor, estos dos nombres son los únicos mencionados por M. J. López, pero la Comisión Directiva de la nueva sociedad incluía a Francisco Balbín (que estaba en el FCO) junto a José Pérez Mendoza, Juan José Méndez, Manuel Lynch, Guillermo Thompson y Juan Hughes, aparte de Eduardo Hopkins. Todos ellos aparecen en la Comisión Directiva que figura en la publicación del estatuto, impresa ese mismo año, así como en una primera información en *El Orden* del 25 de septiembre de 1857.

abierta, esa garantía en la sesión del 7 de octubre de 1858, reconociendo que el proyecto es "de la más alta importancia porque por él se adopta el sistema más eficaz para que se multipliquen en Buenos Aires los ferrocarriles", como decía ese mismo día *El Nacional*. Vélez Sarsfield fue el miembro informante y organizó su exposición sobre varios aspectos relevantes del tema. En primer término, explicó que Hopkins le había dicho que no podría obtener capitales de otra manera y afirmó que le había creído, pese a que no lo conocía. En segundo lugar, porque el sistema de la garantía se estaba aplicando ya en otros países; Brasil acababa de dar una concesión con garantía del 7%, aseguró, y en Rusia proponían ofrecer una garantía del 5%. El método resolvía diversos problemas porque, a su juicio, los capitalistas del exterior no podían "estudiar las ventajas de un ferrocarril a San Fernando" en un país que no conocían, dejando implícito que tampoco podrían confiar en algún empresario que les presentara el proyecto.[5]

Vélez Sarsfield, por otro lado, se mostró desilusionado con la posibilidad de captar inversores locales, debido a las primeras experiencias tenidas con el FCO. Recuerda en la Cámara que hacia 1854 los comerciantes del Once habían pedido que la vía pasara por allí y habían llegado a ofrecer un aporte de 2 millones de pesos como prueba de su interés; finalmente, sólo "una acción" fue suscripta cuando el trazado se decidió de modo favorable para esos vecinos. Ahora, agregaba con cierta decepción, los productores de Chivilcoy ofrecen 2 millones de pesos de capital si el ferrocarril llega hasta allí, pero está seguro de que "no han de dar un sólo peso". Su escasa confianza en el potencial aporte de dinero de los capitalistas porteños a estos proyectos lo lleva a imaginar las ventajas de recurrir a los inversores externos; y éstos sólo podrían venir atraídos por la garantía.

Por último, Vélez Sarsfield parecía creer que el proyecto era rentable y que la garantía, por lo tanto, no sería aplicada en la práctica. Señalando que ya había 80 mil pasajeros en el FCO, estimaba que

---

[5] Todas estas citas y comentarios se basan en el *Diario de Sesiones del Senado de la Provincia*, que detalla la reunión del 27 de octubre de 1858.

habría 100 mil en el ferrocarril a San Fernando, que, calculaba, a 10 pesos por viaje (frente a 15 pesos que cobraban las diligencias) arrojaría unos 2 millones de pesos de ingresos anuales; ese flujo era suficiente, decía, para cubrir el 7% de los 30 millones de inversión total estimada para la línea. Y todavía faltaba computar las cargas, agregaba sin mayor detalle, como fuente adicional de recursos. El énfasis que pone en el traslado de pasajeros señala su reconocimiento temprano de la importancia del ferrocarril en el medio urbano y el servicio a los viajeros como parte integral del nuevo negocio; esta nueva orientación de esos proyectos se destaca frente a las estimaciones originales del FCO, que en los primeros años de tanteos se limitaba a calcular solamente el ingreso esperado de las cargas.

El optimismo del cálculo reseñado deriva de una curiosa omisión: Vélez Sarsfield no menciona los costos operativos del servicio, de modo que estaba comparando erróneamente el flujo de ingresos, y no los beneficios posibles, con el capital a invertir; por eso, precisamente, su optimismo resultaba evidente.

La garantía sobre el capital exigía definir el monto a invertir. Por eso, en el debate, Montes de Oca y otros senadores expresaron su temor de que el concesionario lograra invertir menos de lo calculado, de modo que el gobierno estaría pagando la garantía "sobre un capital imaginario". El miembro informante le contesta de inmediato opinando "que debemos presentarnos como generosos y no con mezquindad"; esta frase era una clara señal de cómo veía la relación de fuerzas con los capitalistas británicos en esos momentos. Además, explicó en el curso del debate, no era malo que se estimara una suma mayor a la real porque "en la Bolsa de Londres no se puede hablar de menos de 100 mil libras".[6]

Finalmente, Vélez Sarsfield agregó dos comentarios significativos de su visión sobre las características del negocio, que seguramente era

---

[6] Los 30 millones de pesos mencionados equivalían a cerca de 300 mil libras, de modo que el proyecto del FCN ya estaba por encima de ese umbral que se le asignaba a las propuestas en Londres.

compartida por otros miembros de la elite local. En primer lugar, explicó que las negociaciones eran difíciles porque los miembros del gobierno local "no conocen nada de los mercados de Europa" ni, tampoco, de las operaciones ferroviarias; ya hemos visto, dijo, que "no sabíamos qué era ni cuánto valía un wagon".[7]

Ese desconocimiento técnico que, por otra parte, no disimulaba ni presentaba como un problema que el Estado debería superar, lo lleva a colocar su confianza en los directores de las empresas que proponían las obras. En las sociedades anónimas, destacaba, "no hay fraudes ni robos posibles" porque tendrían que "repartir el (producto del) robo entre los accionistas". Como si esa supuesta restricción fuera poco, concluía, está la ventaja adicional de que los proponentes "son caballeros que no autorizarán el fraude". Vélez Sarsfield había expresado ciertas dudas sobre las sociedades anónimas apenas unos años antes, pero ahora aparecía convencido de sus ventajas sobre la capacidad de control de los accionistas y sobre el carácter de caballeros de quienes las dirigían. La experiencia del FCO, a cuyos directores conocía bien, parecía contribuir a reforzar esa opinión en lugar de cambiarla.[8]

Lo cierto es que el Senado aprobó la garantía en esa misma sesión señalando que había dudas pero no oposición a esa nueva estrategia que se proponía para alentar la inversión ferroviaria. Sin embargo, a los pocos días surgieron indicaciones de que en la Cámara de Representantes había opositores al proyecto que evaluaban distintas variantes. La Comisión de Hacienda de esta Cámara preparaba esa tarea, aunque el propio Hopkins le habría adelantado que no aceptaría ningún cambio a su propuesta. El 27 de octubre, los senadores fue-

---

[7] Los promotores del proyecto decían, a su vez, que planeaban traer un ingeniero de los Estados Unidos para hacer el presupuesto dado que "no conocen el costo aproximado del camino porque en el país no hay quien pueda presuponerlo". Carta de la Comisión Directiva al general B. Mitre, del 12 de octubre de 1857, donde le adjuntan el estatuto y le piden que se suscriba a la nueva sociedad.

[8] En la sesión del 21 de junio de 1859, el ministro de Hacienda vuelve a repetir esa opinión sobre la imposibilidad de robar en las sociedades anónimas porque no había "para quién".

ron informados de esa situación y ratificaron su acuerdo con la propuesta original, luego de un breve debate, por 12 votos contra 3.[9]

En el ínterin, Diputados trató otro proyecto sobre ferrocarriles en sus sesiones del 20 y 22 de octubre de 1858. En la primera fecha se presentó un proyecto de ley general sobre ferrocarriles que otorgaba el 9% de garantía a todos los caminos de fierro que se aprobaran en la provincia, por el plazo de 20 años y calculado sobre "el presupuesto" (se supone que de inversión) que presente el interesado. Elizalde explica en la sesión siguiente que un proyecto de orden general permite "eliminar el carácter personal de las concesiones" como ocurre cuando éstas se deciden de una por vez. La propuesta agrega otros beneficios (cesión de tierras públicas en el trayecto, si las hay, además de importaciones libres de derechos) mientras que un artículo especial extiende esos beneficios al ferrocarril de San Fernando. La Cámara se limita a pedir que ese texto se imprima y su tratamiento queda para la sesión del 22 de octubre.

En la versión que se presenta ese día, la garantía ha bajado al 7%. El debate pasa rápidamente por ese valor, aunque alguno llega a pedir que se la eleve al 10%, mientras el ministro de Gobierno explica que se trata de "asegurar un mínimo de interés" para atraer a los inversores extranjeros, dado que esas obras no se pueden hacer con el capital local. El artículo es aprobado por una amplia mayoría (22 votos a 3) y se pasa a discutir el referido al presupuesto, donde se proponen algunos cambios formales. Sarmiento explica, con su énfasis habitual, que ese artículo está redactado en forma muy general porque el "gobierno y el país" no saben nada en materia de presupuesto de ferrocarriles y que, en definitiva, sería "mejor que nos engañen a que no hagan nada". Finalmente, se agrega en el proyecto que la garantía "debe devolverse" y el debate sigue sobre el resto del articulado sin

---

[9] Véase la sesión del 27 de octubre de 1858 en el *Diario de Sesiones del Senado de la Provincia* y los comentarios al respecto de *El Nacional* del 14 de octubre de 1858. El 16 de noviembre de 1858, este mismo diario insta a la Asamblea a resolver el tema, mencionando que hay interés en Inglaterra por el proyecto.

mayores polémicas hasta que algunos se oponen a extender esa garantía al ferrocarril a San Fernando. De nuevo, Sarmiento insiste en la importancia de reconocer el contrato previo y agrega que no le molesta que el concesionario cobre una "comisión" por su gestión porque eso ya ha ocurrido en otros proyectos como en el ferrocarril a Copiapó.[10] El proyecto es aprobado y pasa al Senado, que, ignorando ese texto, vota el 27 la propuesta referida únicamente a la garantía al ferrocarril a San Fernando.

El debate se posterga una y otra vez hasta junio de 1859, cuando se decide tratar esos proyectos en Asamblea conjunta de ambas cámaras. En la primera reunión de éstas, el 3 de junio de 1859, vuelven a aparecer los dos proyectos (uno con la garantía de 7% al ferrocarril a San Fernando y otro con garantía del 10% a todos los que se presenten), y se resuelve mandarlos a comisión. Esta última presenta una opinión favorable a la primera iniciativa, que se discute en forma excluyente en sesiones sucesivas del 22, el 23 y el 25 de junio.

Sarmiento presenta el tema, señalando con enojo que se llevan "dos años de discusión" sin que se resuelva un tema de tanta importancia como construir ferrocarriles en la provincia. El prócer vuelve sobre el tema de los capitales y dice que no los hay disponibles para esas obras en el país, porque el dinero "vale 18% y no acepta el 7%"; recuerda que sólo se suscribieron 10 mil pesos para el ferrocarril a San Fernando y concluye que se debe traer capital "de afuera", reconociendo que "ellos tienen sus condiciones". Por otra parte, Sarmiento afirma la necesidad de contratar especialistas en ferrocarriles y destaca la oferta del concesionario de traer "ingenieros yankees", decisión que permitirá superar "errores" como los cometidos en el FCO.[11]

[10] Hopkins cedió sus derechos por el 4% con la condición de seguir trabajando en la empresa creada al efecto. Esta sociedad publicó sus *Estatutos*, donde se determinó que los cargos en la Comisión Directiva serían "gratuitos" pero el presidente sería rentado con un salario a determinar por los accionistas, de modo que, por primera vez, se reconocía la importancia de un ejecutivo rentado para dedicarse a este tipo de negocios.

[11] Esta presentación de Sarmiento figura en las actas impresas de la Asamblea del 21 de junio de 1859, al igual que otras opiniones que se registran en el texto, tanto en esa fecha como en los dos días siguientes del debate.

A partir de entonces, el debate vuelve a centrarse en el costo de la obra y, por lo tanto, en el costo para el gobierno del pago de la garantía, mientras que el 7% queda como un valor consensuado. Conviene recordar que la garantía pedida del ferrocarril a San Fernando era del 7% sobre un capital de 1,5 millones de pesos fuertes. La extensión prevista de la línea era de 20 millas, de modo que se tomaba implícitamente un monto de inversión de 75 mil pesos fuertes, o 15 mil libras por milla. Ese valor, sin embargo, no puede tomarse como tal porque incluía la construcción de un muelle y de depósitos en San Fernando que encarecían la obra y que se mencionaban en el debate como proyectos que, por su carácter específico, no debían contar con la garantía oficial.

Elizalde considera que la garantía va a "costar caro" y que el gobierno dispone de recursos escasos porque está pagando el empréstito Baring; termina proponiendo otorgar un subsidio por kilómetro construido, iniciativa que no es tomada en cuenta por la Asamblea. Cazón propone bajar el capital garantido a un millón de pesos a partir de la idea de que no necesita "más de 700 mil", pero considera que el concesionario pide más para hacer el muelle. Sarmiento responde, en la sesión del 22, que Campbell había calculado la obra en 750 mil pesos pero que a ese presupuesto le falta agregar el tramo de fango de San Fernando a la costa, más los muelles y el depósito, de modo que convalida las dudas de los legisladores; acto seguido, afirma con su conocido énfasis que esos costos no tendrían importancia frente al hecho que Senadores "votó 2,5 millones de pesos para la guerra [...] en un cuarto de hora y sin revisar" los datos.

El proyecto se aprueba en términos generales, pero Cazón y Azcuénaga insisten en que la vía no puede costar más de 6 mil libras la milla y piden que se garantice solamente un capital de hasta 750 mil pesos. El ministro de Gobierno protesta señalando que "con gente tan mezquina no se hacen caminos de fierro" y afirma a renglón seguido que el monto pedido se debe a la necesidad de obras "dignas" de Buenos Aires. En otro momento del debate, Sarmiento insiste en el escaso monto relativo de la propuesta frente a las posibilidades del país y agrega, levantando la apuesta: "En cuanto a mí no he de morirme sin ver empleados en ferrocarriles en este país no digo 800 mil duros sino 800 millones de duros!". El *Diario de Sesiones* no registra que una mayoría de senadores se echó a reír frente a esa propuesta que les parecía "insensata". Frente a esa reacción, Sarmiento pide que conste dicha hilaridad en el acta, y concluye: "necesito que las generaciones venideras sepan que para ayudar al progreso de mi país he debido adquirir inquebrantable confianza en su porvenir. Necesito que consten esa risas para que se sepa también con qué clase de necios he tenido que lidiar".[12]

En definitiva, ese monto se lleva a votación: la propuesta de aceptar un capital de un millón de pesos resulta rechazada por 47 votos contra 1, mientras que la siguiente, que reconoce un capital de 750 mil pesos, es aprobada por 34 a 14.

La sesión del 25 de junio se centra en la propuesta de que se reintegre la garantía cuando la empresa sea suficientemente rentable, idea que vuelve a ser tomada como "injusta y mezquina" por el ministro de Hacienda y que Sarmiento rechaza con el argumento de que se debe "dejarles ganar" a los capitalistas si se quiere que vengan a invertir en el país. Ante la insistencia de algunos legisladores en esa devolución, Sarmiento, preocupado por un debate que se "hace interminable", acusa a los críticos de "perseguir al capital extranjero" y consigue que se rechaze el reembolso.

Al terminar el debate, el ministro de Hacienda observa que el resultado del debate ha hecho que "variaron todas las condiciones del contrato" en un claro reflejo de las dificultades que plantea la negociación con los contratistas a través de las decisiones de la Legislatura.

La autorización definitiva de la garantía lleva a la firma del nuevo contrato con Hopkins el 18 de julio de 1859, que incluía la garantía del 7% sobre el capital de 750 mil pesos fuertes, la tracción a vapor en todo el trayecto desde la Aduana nueva, la construcción de casillas

---

[12] Historia recogida por A. Belín Sarmiento en *Sarmiento anecdótico (ensayo biográfico)*, Saint Cloud, Francia, Imprenta Belín, 1929.

intermedias de parada y un ancho de la zona de vía de 25 varas.[13] El concesionario, luego del acto formal de inauguración de las obras, partió a Londres para negociar la creación de la empresa que debía captar esos capitales. En Buenos Aires, el ingeniero Sourdeaux quedó a cargo de los trabajos preparatorios.[14]

Se conoce poco de la negociación encarada por Hopkins en Londres, aunque ella desembocó en la formación de una sociedad anónima que salió a cotizar en la Bolsa en abril de 1860.[15] El lanzamiento logró un éxito inesperado. La oferta de fondos duplicó el monto demandado y las acciones se cotizaban con una prima adicional. Al parecer, hubo "sobreventa" de papeles hasta que la cotización se suspendió. Ese entusiasmo resultaba suficiente para Buenos Aires cuando llegaron las noticias contando el resultado: los deseados capitales para los ferrocarriles estaban disponibles en la plaza de Londres bajo la condición de la garantía. "No podemos dar una nueva más placentera al pueblo de Buenos Aires", decía *El Nacional* antes de transcribir la carta de Hopkins del 8 de marzo que acababa de llegar a la ciudad.[16]

El FCN comenzó a construirse poco después, pero la tarea no fue fácil debido a la traza proyectada. La línea avanzaba paralela al Río de la Plata,

[13] M. J. López, *op. cit.*, p. 89. Nótese que el monto aprobado implicaba un monto de 7.500 libras por milla que se suponía elevado de acuerdo al debate.

[14] Véase *El Nacional* del 15 de agosto y el 27 de septiembre de 1859, que mencionan estos acontecimientos.

[15] La nueva sociedad supuso, como es previsible, la entrada de nuevos socios junto con cierto reparto de los negocios entre ellos. En todo caso, se sabe que Hopkins nombró a dos conocidos comerciantes británicos, T. Armstrong y D. Thompson, que participarían en diversos proyectos de ferrocarriles, como "proveedores fiscales de la empresa en Europa" (carta en *La Tribuna* del 18 de marzo de 1860), y que el directorio de la sociedad anónima incluía al general R. B. Campbell, cónsul de los Estados Unidos, y a H. Lewis, director del Banco Nacional (*La Tribuna* del 18 de abril de 1860, mencionando un aviso del periódico inglés *Morning Star* del 5 de marzo de 1860).

[16] Véase la noticia en *El Nacional* del 16 y el 18 de abril de 1860. La sobreventa de acciones está contada en C. M. Lewis, *British Railways in Argentina. A Case Study of Foreing Investment,* University of London, Institute of Latinoamerican Studies, 1983, p. 17.

atravesando los numerosos arroyos que fluían hacia aquél, avanzando por zonas donde el peligro de inundaciones era muy elevado (a tal punto que algunos de esos inconvenientes continúan hasta la actualidad). Una crecida del río destrozó parte de las obras, obligó a modificar la traza final y a reforzar algunas instalaciones y generó un atraso apreciable en contraste con las expectativas de los primeros momentos.[17]

En 1862, la concesión caducó debido a los atrasos en el cumplimiento del proyecto, pero fue renovada por las autoridades, que reconocieron así las dificultades encontradas. Finalmente, en diciembre de 1862, se inauguró el primer tramo de 8 kilómetros entre la Usina de Gas (Retiro) y el pueblo de Belgrano; tres meses después se habilitó el tramo adicional de 3 kilómetros que llegaba a la estación Rivadavia. La lentitud de las obras, pese a la aparente disponibilidad de recursos, no impidió la distribución de beneficios a los accionistas, que debían ser alentados a mantener sus inversiones.[18] En el primer semestre de operaciones, la empresa pagó dividendos sin recurrir a la garantía y a pesar de que seguía invirtiendo en la extensión de la vía; es decir que recurrió a parte del capital captado para pagar dividendos en un típico esquema financiero de corto plazo, aprovechando la escasez de información de los accionistas.[19] El ferrocarril recién llegó a San Fernando (29 kilómetros totales de línea) en febrero de 1864.

Lewis menciona que hubo "mala gerencia y dudosas operaciones financieras del contratista", que provocaron quejas de los accionistas. Esos manejos hicieron que los costos registrados de la línea a Tigre llegaran a 16.500 libras por milla, una cifra demasiado elevada que se

---

[17] Al parecer, ese desastre hizo que quedaran sobrando dos locomotoras que el gobierno compró durante "la guerra" de 1861 para darle esos equipos al FCO, que transportaba a las tropas; según el ministro de Hacienda, el costo había sido de 4 mil libras. La única referencia al tema figura en el debate en el Senado sobre la concesión al Ferrocarril del Sur, sesión del 25 de octubre de 1861.

[18] Mencionado por C. M. Lewis, *British Railways...*, op. cit.

[19] Ese mecanismo fue bautizado como "método Ponzi", por el nombre de un especulador americano de la década de 1920 que lo aplicó, aunque estos datos sugieren que ese criterio ya había sido ensayado en otras latitudes con el mismo resultado.

reflejó en una ampliación especulativa del capital social así como en la "falsificación de cuentas para cobrar la garantía".[20] La idílica imagen de las sociedades anónimas como entidades dirigidas por "caballeros" que no podían robar era desmentida por la experiencia pionera de esta sociedad formada en Londres, donde los pequeños accionistas estaban demasiado lejos del teatro de las operaciones para conocer la realidad de esos negocios, frente a directores que disponían de un amplio margen de discrecionalidad en todas sus decisiones.

Otros proyectos ferroviarios

La aprobación original del FCN coincidió con la decisión de autorizar a alguna otra empresa a construir una línea hasta Ensenada "en las mismas condiciones" que las otorgadas a la primera, según la ley del 26 de junio de 1857. Este proyecto resultó más complicado aún que el anterior y su concreción quedó, como en otros casos de la época, sumergido en oscuros conflictos entre diversos intereses. El primer grupo que aspiró a obtener la obra pidió la concesión a perpetuidad del frente sobre el río, desde la Aduana nueva hasta La Boca, en un ancho de 300 varas. La amplitud de esa demanda de terreno sugiere que los aspirantes buscaban controlar el negocio inmobiliario en ese recorrido casi exclusivamente urbano; por otra parte, el proyecto terminaba en el Riachuelo, decisión que permitía evitar la construcción de un costoso puente sobre ese curso de agua, mientras que centraba las actividades de transporte en la zona de influencia de la ciudad.

Bragge fue uno de los mayores críticos del proyecto, que, en su opinión, dejaba a Buenos Aires "aislada" del Río de la Plata. A los problemas del presente agregaba las dificultades para el futuro, porque en esa zona habría que levantar "los almacenes, arsenales, diques, muelles y otras obras al pie del agua necesarias al comercio moderno". En consecuencia, decía, ese "privilegio" que se concede a los responsables de la

---

[20] C. M. Lewis, *British Railways...*, op. cit., pp.17 y 18.

vía "puede hallarse mañana erizado de inconvenientes": no parece adecuado promover "el interés del comercio actual a expensas de la generación venidera". Por otra parte, agregaba, el gobierno no podría luego negar ese mismo privilegio a otras empresas, como la del ferrocarril a San Fernando, lo que afectaría aún más la organización funcional de la ciudad.[21]

A los conflictos técnicos y de intereses se agregaba el hecho de que no todos creían en un futuro con ferrocarriles para el país. Un senador insistió en que un "ferrocarril hasta la Ensenada [...] no vale nada" porque no existía el puerto para buques de ultramar, porque "hay un bañado de una legua y media de ancho y nada hay que conducir de allí a la ciudad". Además, agregaba, el Senado estaba aprobando "ferrocarriles en embrión, sin objeto, sin fondos, sin antecedentes, sin conocimientos y sin estudios. Todo el país es poco para una sola traza de ferrocarril y, sin embargo, queremos tener 20, 30, un mundo". Como conclusión, afirmaba que, puesto que este país "ha pasado 300 años sin ferrocarril, puede pasar 325, pero no puede pasar sin la defensa de la frontera y sin otras cosas indispensables".[22]

Un par de semanas después, el Senado rechazó el proyecto, que había sido aprobado previamente por Diputados. El mayor fundamento es un informe de los ingenieros Pellegrini, Duteil y Bragge que señala que esa propuesta resultaba inadecuada y que perjudicaría a las obras hidráulicas proyectadas; el informe menciona los elevados costos del murallón y los terraplenes que se deberían construir para cumplir con esa traza, frente a la posibilidad alternativa de avanzar con la vía sobre alguna zona más alejada de la costa y en dirección a un punto ubicado en el interior del Riachuelo.[23]

[21] Carta de Bragge al Director del diario *El Orden*, publicada el 10 de agosto de 1857.

[22] Esta imagen fuertemente pesimista del futuro más o menos inmediato del país fue presentada por el senador Pirán en la sesión del 4 de agosto de 1857.

[23] Sesión del Senado del 27 de agosto de 1857 en *Diario de Sesiones del Senado de la Provincia*. En ese debate, Sarmiento, siempre preocupado por avanzar con las obras ferroviarias, insistía en que esos temas de costos eran un "problema del concesionario" que éste debía resolver, pero su posición no fue tomada.

En 1858 hubo una fugaz propuesta de un grupo de capitalistas del país y del extranjero de comprar el FCO y construir una extensión de la línea hasta el Arroyo del Medio siempre que el gobierno otorgara una garantía del 7% anual.[24] Era, sin duda, una concesión conflictiva y prematura. En primer lugar, porque el proyecto iba contra los intereses de los directivos del FCO (a quienes les compraba la empresa). En segundo lugar, porque la extensión prevista de la nueva línea se dirigía a unir la provincia con el resto del país antes que a penetrar en la campaña, y esa dirección no formaba parte de las perspectivas de la elite porteña. El proyecto, si era real, se perdió en el medio de los conflictos sociales de la época.

A mediados de 1859 hubo un proyecto más ambicioso, pero no menos efímero, presentado por el ingeniero Henry Russell Shaw, que proponía construir una red de ferrocarriles que, a partir de una estación central en el Paseo de Julio, iría hacia las tres direcciones imaginadas entonces: uno a San Fernando, otro a Dolores pasando por La Boca y Chascomús y, por último, la línea a Chivilcoy, que pasaría por Luján y Mercedes (lo que repetía la idea de comprar el FCO en condiciones "a determinar", según la nota). El interesado se comprometía a construir diez "leguas patrias" por año de camino hasta llegar al total, en unos diez años, para lo cual formaría una sociedad "en Europa" con un capital de 2,5 millones de libras. A cambio, pedía una garantía del 7% sobre un presupuesto de construcción de 8 mil libras por milla, aparte de otras concesiones como el derecho a construir un muelle "de fierro", depósitos de carga y otros.[25]

Esta propuesta merece un solitario comentario de *La Tribuna* unos días después y, al parecer, terminó perdida en los vericuetos administrativos.[26] El artículo del periódico señala dos temas princi-

---

[24] Nota en *La Tribuna* del 27 de noviembre de 1858, mencionando un proyecto que claramente no prosperó porque no vuelve a haber comentarios al respecto.

[25] La propuesta figura completa en *La Tribuna* del 4 de junio de 1859 con el nombre de "Ferrocarriles unidos de Buenos Aires".

[26] Este comentario de *La Tribuna* se publica el 14 de junio de 1859, diez días después de la información sobre el proyecto que no encuentra eco en los restantes

pales. El primero disputa la ventaja de que una "compañía extranjera importe algunos capitales para [...] retirarse más tarde llevando grandes beneficios" frente a la posibilidad de que operen capitales locales de manera de "dejar en el país los inmensos beneficios que este ramo de la industria debe producir temprano o tarde". Esta posibilidad era mal evaluada por la dirigencia local, que no veía interés en el capital local por estas obras, y su mención desaparece rápidamente en todo el debate al respecto. El segundo tema reside en el precio pedido de 8 mil libras por milla, que el comentarista cree muy exagerado porque supone que las vías pueden construirse a 4.200 libras, de modo que la rentabilidad asegurada del 7% iría a "cerca del 12%" a costa de los pagos que efectuaría el gobierno. Estas menciones ni siquiera se enlazan con el debate que se lleva adelante en la Legislatura sobre el mismo tema y que culminan en la concesión de la garantía al ferrocarril a San Fernando.

Los concesionarios cambian y las polémicas siguen sin que se definan otras obras a lo largo de varios años. En febrero de 1860, el gobernador de la provincia firmó un contrato de concesión de la línea a Ensenada, que ya había sido autorizada por la Legislatura, con A. Lelievre; el contrato se mantuvo en los términos usuales pero sin que se mencionara siquiera la posibilidad de una garantía oficial, aunque ya se había aprobado la otorgada al FCN, que podía servir de antecedente. Precisamente, el beneficiario utilizó ese argumento para solicitar de inmediato nuevas condiciones y logró firmar un contrato, con modificaciones al original, en junio de ese mismo año. Las prórrogas se sucedieron hasta que el concesionario transfirió sus derechos a Diego Simpson en noviembre de 1862; apenas seis meses más tarde, éste volvió a cederlos a favor de W. Wheelwright. Este enérgico contratista, que estaba negociando la concesión del FCA, quería tomar también el control de esta otra línea que le permitía instalarse en la provincia de Buenos Aires.

---

medios y que, probablemente, no pasaba de ser un globo de ensayo dada la magnitud de la inversión propuesta en esos momentos.

En ese momento, el Ferrocarril a Ensenada aparecía en competencia objetiva con otro que comenzaba a esbozarse en dirección al Sur, pero no ya hacia aquel puerto, sino en dirección a los espacios productivos de la llanura pampeana. En efecto, hacia 1861, se estaba elaborando el proyecto del Ferrocarril del Sur (FCS) que se menciona más abajo. Aun así, Wheelwright, a cargo de la concesión original del Ferrocarril a Ensenada, firmó un nuevo contrato con el gobierno, donde se preveía construir una conexión con el FCN y se hablaba de construir un puerto en Ensenada. En una primera etapa, la línea sólo se llevó hasta La Boca (como parecía haberse pensado originalmente), tramo que se inauguró en septiembre de 1865. El servicio quedó limitado a ese recorrido casi urbano hasta 1870, fecha en que se relanza la obra hasta Ensenada.[27]

El proyecto del FCS era más ambicioso. La idea nació, seguramente, a partir del éxito de la colocación en Londres de las acciones del FCN, y ofrecía, igual que la extensión prevista del FCO, la decisión de penetrar en la región pampeana. La propuesta, presentada por E. Lumb en 1861, planteaba llegar a Chascomús, 114 kilómetros al Sur de la ciudad de Buenos Aires. La extensión es semejante a la alternativa más ambiciosa que se estaba pensando para el FCO (120 kilómetros de Moreno a Chivilcoy); la partida estaría en la plaza del Mercado de Constitución, punto de concentración de las carretas que transitaban esa región, a semejanza de lo que era la Plaza Once para el tráfico del Oeste. A diferencia de este último, los promotores no se proponían llegar al centro de la ciudad, aunque el proyecto incluía la construcción de una línea de tranvía para asegurar la conexión entre la estación y la urbe.

El tema clave reside en el criterio de financiación. Los promotores piden que se les conceda lo mismo que al FCN: el 7% de

---

[27] C. M. Lewis, *British Railways...*, *op. cit.*, menciona las pujas entre Wheelwright y los Robertson y destaca que, enojado por ese conflicto, Baring retira su apoyo a Wheelwright para la financiación del FCA, creándole dificultades muy serias para avanzar en esa línea. Por su parte, M. J. López ofrece las fechas y los datos más relevantes del avance de ese proyecto.

garantía, basado sobre un capital de 10 mil libras por millas que sumaba 750 mil libras en total. Medida por el capital en juego, la apuesta supera a las experiencias previas. El FCN había emitido acciones por 150 mil libras y recibió una oferta de cerca de 300 mil de esa moneda; ahora se esperaba captar 2,5 veces esa última cantidad para construir un ferrocarril que ya tenía pretensiones de ir más allá de la zona de influencia de la ciudad. Lo más significativo es que aquella medida original de garantizar la inversión del FCN se estaba convirtiendo en un antecedente decisivo de la política ferroviaria local.

Este proyecto genera un intenso debate en las Cámaras. Diputados lo trata el 25 de octubre de 1861 y lo aprueba por 19 votos a 6 en medio de un intercambio de opiniones de poca profundidad. En los meses siguientes, en cambio, la oposición parece crecer y la Comisión de Hacienda del Senado se toma varios meses para presentar un pormenorizado informe sobre el proyecto y sus consecuencias. En ese nuevo texto, así como en el debate en el Senado, se objeta el costo de la línea, muy superior al costo del FCO y al proyectado para el FCA, aunque los promotores insisten en que se trata de una vía de "primera clase" donde están previstos gastos elevados para construir estaciones y otros servicios. Se objeta, asimismo, el porcentaje de la garantía que, multiplicado por el capital, arroja un costo potencial para el Tesoro del orden de 4,5 millones de pesos anuales, suma que se destaca frente a un presupuesto provincial de 100 millones. Esta duda se acrecienta con la incertidumbre sobre la rentabilidad real de la obra, fenómeno que aumenta la carga potencial sobre el Tesoro. Se objeta, por último, que los costos incluyen "comisiones" del orden de 120 mil libras para el beneficiario que encarecen la inversión a realizar. En abril de 1862, como parte de esos análisis, la Comisión de Hacienda propone al concesionario que lleve a cabo un ferrocarril "más económico" a un costo que se le podría reconocer de 8 mil libras por milla, acompañado de una garantía del 5%. Este último valor, que reduce casi a la mitad el monto máximo del compromiso oficial, estaría en línea con los ejemplos de Francia y

Rusia, que habrían otorgado garantías del 4% para construir algunas líneas ferroviarias.[28] La respuesta de Lumb es terminante. Considera que cualquier cambio que se le pida en el proyecto equivale "al rechazo" de su propuesta. Esa afirmación, que ha planteado en la reunión con los integrantes de la Comisión de Hacienda, la repite con más fuerza aún en una carta al Senado donde afirma no sólo que los términos de su propuesta son "irreversibles" sino que no alterará su monto "ni aun en cien libras".[29] El resto de su comentario destaca varios puntos que conviene detallar. Calcula que el ferrocarril va a ser rentable porque la carga y los pasajeros se van a multiplicar una vez que esté construido, a semejanza de lo ocurrido con el FCO, de modo que la garantía sólo serviría para lanzarlo, estima, pero no será una carga para el Tesoro. En lo que respecta a la inversión total, elige compararla con el FCO, que calcula en 5 mil libras por kilómetro, y ensaya justificar la diferencia en más por algunas obras especiales y la mayor cantidad de material rodante.[30] Lumb reconoce que se puede hacer una línea por

---

[28] La historia de los primeros pasos del FCS está ampliamente relatada en diversas obras: W. Rögind, *Historia del Ferrocarril Sud,* Buenos Aires, Establecimiento Gráfico Argentino, 1937; E. A. Zalduendo, *Libras y rieles,* Buenos Aires, El Coloquio, 1975; M. J. López, *Historia de los ferrocarriles...,* op. cit.; C. M. Lewis, *British Railways...,* op. cit. La posición de la Comisión está impresa en *Dictamen de la Comisión de Hacienda del Senado sobre el proyecto,* Buenos Aires, 1862, y tiene fecha del 25 de abril de ese año. Los debates en las Cámaras son del 25 de octubre de 1861 en Diputados y del 13 de mayo de 1862 en Senadores, aunque ellos prosiguen en diversas fechas posteriores.

[29] Esa nota del 7 de mayo de 1862 está publicada, junto con un análisis de la propuesta y de las críticas de la Comisión de Hacienda, en *Observaciones al Informe de la Comisión de Hacienda del Senado,* Buenos Aires, 1862.

[30] La presentación presupuestaria de Lumb es por lo menos ingenua y sus comentarios sugieren la escasa experiencia de la dirigencia porteña (a quien se dirige) en estos temas. Primero, porque compara los costos por kilómetro del FCO (5 mil libras) con el FCS (6 mil) pero supone una distancia de 125 kilómetros a Chascomús frente a los 114 reales que exigió la línea; con esta distancia el promedio del segundo arroja 6.580 libras o el 30% más que el primero. Segundo, porque luego toma mayor costo el material rodante que va a utilizar el FCS comparado con el del FCO (132 mil libras *versus* 23 mil) sin señalar que este mayor equipo es un reflejo de la distancia que ya

8 mil libras por milla, pero cree que será una "construcción mala" que no va a cumplir con sus objetivos. En cuanto al 7% de garantía, lo ve como mínimo; como referencia, señala que los bonos de la deuda argentina al 6% (los Baring) cotizan en Londres al 90 o 92%, de modo que arrojan un beneficio de casi el 6,5% a sus poseedores. En esas condiciones, cualquier operador de Bolsa va a preferir comprar dichos títulos, que "no corren riesgos", afirma, antes que entrar en un negocio que ofrezca menor renta.[31]

El debate se agudiza a mediados de 1862, de forma casi simultánea con la solución que se discute para el FCO, en medio de confusas situaciones. Otro grupo se presenta para construir una línea al Sur ofreciendo mejores condiciones al gobierno, pero la firmeza del concesionario original, y de un grupo clave de comerciantes locales, lleva a que se siga negociando con el primer candidato.[32] Las tratativas continúan en ese crítico año de transición política de 1862 hasta que se aprueba una ley al respecto en diciembre. El tema que quedaba pendiente era la atribución que asumía el gobierno de controlar las tarifas si la empresa ganara más del 12%; este umbral se elevó al 15% por una nueva ley de agosto de 1863 que cierra el capítulo de las negociaciones y abre paso a los preparativos definitivos para la obra.

---

está, en buena medida, en el costo por kilómetro mencionado primero. Para justificar esos costos afirma que se incorporarán 16 locomotoras, pese a que la línea se inauguró con apenas 8, según Rögind; agrega que harán falta 30 coches de pasajeros (se habilitó la línea con 38) y 300 vagones (que sólo fueron 177). El resto de los argumentos tiene falencias semejantes.

[31] Los pagos de la deuda habían estado suspendidos por décadas y el gobierno de Buenos Aires había comenzado a pagar algunos adelantos a partir de 1857 como una manera de recuperar el crédito externo, de modo que era muy optimista considerarlos como "sin riesgo", aunque el argumento de Lumb tiene fuerza en lo que se refiere a las alternativas financieras para el inversor británico.

[32] La propuesta presentada por Alfonso Lelievre, con Diego Simpson y Juan Murray (los dos primeros a cargo, por entonces, del Ferrocarril a Ensenada), incluía la concesión a Chascomús y a Dolores así como otras líneas conectadas con el FCO; ofrecían un presupuesto de 9 mil libras por milla y pedían una garantía del 6%, pero fue desechada por su "poca seriedad" (según Zalduendo) y una refutación escrita por Lumb. Rögind, Zalduendo y López señalan diversos aspectos de esta presentación.

El debate permite destacar la ausencia de referencias concretas sobre los costos de la línea. Se mencionan los costos incurridos en el FCO pero que no se aceptan como antecedente por los errores cometidos y la falta de pago de los intereses al Banco de la Provincia. El ministro de Hacienda, que adopta esta postura, estima que el FCO costó 22 millones de pesos por sus 25 millas, pero le suma 3 millones de intereses no pagados, de modo que el cociente arroja 10 mil libras por milla; agrega que llegó a ese monto pese a que la empresa no hizo las obras necesarias: "no hay peores estaciones" que las de esa línea, que "gasta 10% de su producto en reparaciones".[33] Las referencias a otros proyectos son muy generales en vista de que no hay presupuestos de detalle para avanzar en el tema.

Más tarde se supo que el concesionario, Lumb, vendió sus derechos para ganar una comisión y que el contratista británico que tomó la obra pidió 651 mil libras por construirla, de modo que, efectivamente, el capital garantizado era superior al realmente necesario. Está registrado que Lumb cobró 21.500 libras por su trabajo previo a la constitución definitiva de la sociedad pero, al mismo tiempo, suscribió 5 mil acciones de ésta por 100 mil libras. El contratista, Peto, firmó la obra por 651.500 libras y también suscribió otras 5 mil acciones por 100 mil libras. Finalmente, Drabble, un comerciante angloargentino, suscribió 2.500 acciones por 50 mil libras adicionales, de modo que estos tres agentes controlaban por sí solos un tercio del capital total. El resto (500 mil libras) fue tomado por 198 inversores británicos (arrojando un promedio de aporte de 2.500 libras cada uno), aunque es probable que algunos de ellos tuvieran una presencia mayor en el total.

Las posiciones de control de los mayores accionistas permiten suponer otras maniobras no registradas. Por ejemplo, el excedente del capital nominal sobre el costo real pudo haber sido repartido bajo la forma de acciones a estos beneficiarios como parte de los montos

---

[33] Declaraciones del ministro de Hacienda en la sesión del Senado del 13 de mayo de 1862, donde se debate la propuesta del Ferrocarril del Sur.

suscriptos que se mencionaron; esas "ganancias de fundador", típicas de las operaciones bursátiles de la época, son muy difíciles de probar pero resultan verosímiles en vista de la forma en que se llevaron a cabo las tratativas.[34] El reconocimiento de esos fenómenos forma parte de la cultura local. El propio ministro de Hacienda afirma en el debate que considera que las comisiones forman parte del costo "si son legítimas y usuales".[35] Un par de meses después, Vélez Sarsfield reconoce que en el FCS se presupuestó "una comisión de 100 mil patacones por el costo de reunir el dinero" y concluye que ese beneficio es normal con un curioso argumento geográfico: "en Inglaterra no se pagan comisiones, pero en Buenos Aires sí".[36]

Las propuestas se aceptan, concluye el ministro de Hacienda, porque "Buenos Aires no está todavía, ni puede estarlo, [con capacidad] de imponer condiciones al capital que debe venir".[37] A la falta de poder político y presencia internacional se sumaba la incapacidad técnica de los funcionarios de gobierno, confesada nuevamente en ese mismo debate; le toca esta vez al diputado García afirmar que "no existen en Buenos Aires los hombres competentes para ilustrar en esta materia [precios] ni para informar si la construcción se hace en las condiciones requeridas [...] pocos o ningún ciudadano se halla en aptitud de dirigir o examinar la construcción de un ferrocarril".[38] Las afirmaciones convergentes del ministro y el legislador señalan

---

[34] E. A. Zalduendo, *op. cit.*, pp. 443 y 444, denomina a estas operaciones como "aguamiento del capital", y en ellas incluye el reparto de acciones a los promotores que eran vendidas por éstos cuando la empresa confirmaba su capacidad de generar ganancias y las cotizaciones subían en el mercado.

[35] Sesión del Senado del 13 de mayo de 1862.

[36] Declaraciones en la sesión del Senado Nacional del 12 de julio de 1862 en ocasión de tratarse la concesión al Ferrocarril Central Argentino.

[37] Declaraciones en la sesión de Diputados provinciales del 13 de mayo de 1862 en ocasión de tratarse la concesión al Ferrocarril del Sur.

[38] Declaración en la sesión de Diputados provinciales del 24 de mayo de 1862 en ocasión de tratarse la concesión al Ferrocarril del Sur.

que el propio gobierno se declaraba impotente frente a propuestas a las que sólo podía decir que sí o que no, dado que todavía muy pocos promotores estaban dispuestos a avanzar en la construcción de los deseados ferrocarriles.

La concesión del FCN fue el antecedente pionero del sistema de garantías, ofrecida para una obra de pequeña dimensión. Luego, el contrato con el FCS consolidó esa estrategia hasta convertirla en norma y ya aplicada sobre una inversión considerable. Esa aprobación abrió paso a una política que aceptaba el 7% como regla y que se fue extendiendo a una gran mayoría de los proyectos ferroviarios en el país. El FCO era una de las pocas excepciones decididas en ese período que se mantenía sin garantía oficial, pero con jugosos subsidios, y para el que las definiciones sobre su ampliación se postergaban en 1862.

El debate sobre la concesión al Ferrocarril Central Argentino

El proyecto de ferrocarril de Rosario a Córdoba no mostraba avances. Iniciado por la Confederación casi al mismo tiempo que se presentaba el del FCO, seguía sin definirse aún después de que este último llegara a Moreno. La Confederación había pagado al ingeniero Campbell, ya en 1854, los planes y estudios necesarios y había iniciado prolongadas negociaciones con los promotores, donde el principal era Wheelwright desde su asociación con éstos en 1856. Pero el proyecto no llegaba a concretarse. El gobierno de Paraná había aceptado conceder una legua de tierra a cada lado de la vía como una forma de atraer capitales, a la usanza de la estrategia aplicada en los Estados Unidos, pero ni siquiera esa oferta permitía lograr la construcción de la línea.

Desde Buenos Aires, esas dificultades se veían como un triunfo del puerto y de sus contactos externos. Un comentario periodístico de agosto de 1860 se mofaba del gobierno de Paraná que "gastó 40 mil pesos fuertes en un trazado del ferrocarril a Córdoba y en este nuevo inútil acto pararon [sus] trabajos". La causa es que ese gobierno carecía de crédito, insistía, lo que lo lleva a tomar dinero al 24% "y entregar las aduanas en prenda a los usureros, pues ni el derecho de pagar por sí les queda". En cambio, Buenos Aires ya había llevado los rieles hasta más allá del Río de las Conchas y estaba por comenzar la línea a San Fernando. Esa superioridad se hará sentir, concluía; bastará con que "en Londres se sepa que los hombres que han restablecido el crédito de Buenos Aires en los mercados europeos influyen en los destinos de la Confederación entera para que [...] se pueda negociar la obra garantiendo el 7% de intereses a 14 millones de pesos fuertes, con los que se impondría a las rentas generales un millón anual de responsabilidad en cuanto el camino no produjese aquel interés".[39] Los dirigentes de Buenos Aires se veían como dignos de crédito y listos para dirigir a toda la República aunque todavía faltaban un par de años, y algunas batallas, para la unificación nacional. Pero lo más curioso del texto es que ignoraba el sistema de ofrecimiento de tierras que había imaginado el gobierno de Paraná y se lanzaba de lleno a la propuesta de una garantía, cuyo éxito aún no se había probado, en esa fecha, ni siquiera en el FCN.[40]

En septiembre de 1861, el Congreso de la Confederación amplió las ventajas ofrecidas al concesionario para cristalizar el proyecto, beneficios que incluían la garantía del 7% sobre el capital invertido, sobre un máximo de 7,5 millones de pesos fuertes y por un período de 10 años.[41] A mediados del año siguiente, el Congreso Nacional, que ya incluía a los representantes de Buenos Aires, volvió a tratar el tema. El primer aspecto radicó en el monto de la inversión proyectada, que definía el

---

[39] Nota en *El Nacional* del 23 de marzo de 1860, sobre "El programa de gobierno de 1860 a 1863".

[40] Obsérvese que Hopkins informaba, desde Londres, del éxito de la suscripción el 8 de marzo de 1860, mientras que esta nota fue publicada el 23 de marzo de 1860, aparentemente unos días antes de que dicho texto hubiera llegado a Buenos Aires, aunque podía haber llegado información previa adelantando ese suceso.

[41] Ley 286, relatada por M. J. López, *Historia de los ferrocarriles nacionales*, Buenos Aires, Lumier, 1994, p. 38.

valor de la garantía. En la sesión del Senado, el ministro de Hacienda explicó que Campbell había hecho un presupuesto de construcción de 4 mil libras la milla pero estimó que era "un error" y que nadie lo haría por ese precio; señaló que el de Copiapó había costado 6.400 libras la milla para considerar que 6 mil "estaba bien". El debate llevó a una comparación con el FCS y se justificó la diferencia en factores del terreno (en el FCA sólo había que hacer dos puentes, aclaró Vélez Sarsfield) y en las comisiones que se aplicaban en aquél. De todos modos, el ministro no dudó en afirmar que de presupuesto "no sé nada" y que, para él, era como si "estuviera en griego".[42] En Diputados, Gorostiaga se encargó de comparar la concesión con el "modelo" del FCS, con la ventaja de un costo aceptado de 6 mil libras por milla en vez de 10 mil; concluyó que las condiciones "no eran las mejores pero por ahora las más practicables". Alguien recordó que el gobierno no disponía del estudio hecho por Campbell, aunque lo había pagado, y se terminó aprobando la concesión sin mención alguna de la tierra prometida en las versiones previas.[43]

Wheelwright no aceptó estas condiciones y la negociación se reabrió hasta que, en marzo de 1863, se firmó un nuevo contrato que incluía la concesión de una legua de tierra a cada lado de la vía en todo su trayecto, más la garantía del 7% sobre un capital estimado, definitivamente, en 6.400 libras la milla y otras cláusulas de menor entidad.[44] Este acuerdo inició el proceso de creación de la sociedad que se haría cargo de la construcción del ferrocarril, que comenzó a llevarse a cabo hacia fines de 1864.

---

[42] Sesión del Senado de la Nación del 12 de julio de 1862.
[43] Sesión de Diputados de la Nación del 29 de agosto de 1862. El estudio de Campbell lo tenía el concesionario, y no el gobierno, como señaló Gorostiaga en Diputados, pero esta "apropiación" fue cubierta en el contrato final de 1863 por el cual se le "cedió" formalmente el estudio al primero.
[44] M. J. López, *Historia de los ferrocarriles nacionales, op. cit.,* pp. 39-45. López detalla estas concesiones y estima que ese contrato "había sido muy generoso: el más generoso que se había firmado en el país hasta entonces, y el más generoso que el gobierno nacional firmaría jamás" [...] "la opción era aceptar las condiciones o demorar la construcción, y esto no lo quería nadie".

El nuevo entorno político de la negociación del Ferrocarril del Oeste

En 1854, el FCO se había iniciado sin garantía oficial y con una cesión de tierra que se limitaba a algunas parcelas públicas. Los estatutos de la sociedad habían ofrecido una "garantía" del 6% en efectivo que era abstracta; ella suponía un privilegio a los accionistas siempre y cuando la empresa tuviera beneficios o hubiera algún otro agente que aportara capital. En la práctica, el gobierno de la provincia realizó el aporte de dinero necesario en proporciones abrumadoras; el 90% de la inversión total para llevar la línea a Moreno surgió de recursos públicos o de préstamos del Banco de la Provincia. Eso no impidió que la Comisión Directiva, que representaba aportes minoritarios, manejara la empresa como propia. El gobierno no tenía voz directa en ella, igual que los accionistas, que tampoco cobraban sus dividendos (puesto que los recursos excedentes de la empresa se destinaban a fortalecer la inversión).

Una porción del aporte estatal se había entregado prácticamente sin condiciones al sólo efecto de construir la línea. En cambio, los créditos del Banco de la Provincia pesaban directamente sobre los hombros de algunos miembros de la Comisión Directiva del FCO. El Banco no había aceptado como sujeto de crédito a la sociedad anónima, cuya existencia era más virtual que real, y exigió por eso que los directores asumieran su responsabilidad como deudores personales por las sumas concedidas. Este compromiso preocupaba a dichos dirigentes, que, desde muy temprano, comenzaron a buscar alguna manera de aliviar esa carga que venía de la construcción del tramo a Flores. Se destaca que la extensión de la línea hasta Moreno se había realizado exclusivamente con aportes públicos y sin que mediaran fondos privados ni nuevos créditos, pero esos fondos no generaban derechos de control por parte del gobierno, que continuaba al margen de la administración de la Sociedad.

En ese período, que va de agosto de 1857 a comienzos de 1860, se aprobó la garantía para el FCN, que mostró su capacidad de atraer capitales en el mercado de Londres precisamente cuando el FCO inauguraba el tramo a Moreno. La aprobación de esa misma lógica al FCS en 1862, en coincidencia con los debates sobre la aplicación de la garantía al FCA, mientras se afianzaba la unidad del país, implicaban que se consolidaba una nueva orientación al respecto en la política nacional.[45] No cabe duda de que los directivos del FCO tuvieron presente estas circunstancias que se iban definiendo en el país a lo largo de sus negociaciones.

Los directores del FCO parecían tener varios objetivos en mente. Los más importantes radicaban en mantener el control de las obras y de la gestión de la empresa; al mismo tiempo, buscaban liberarse de la carga que planteaba su compromiso con el Banco de la Provincia. Paralelamente, sentían la presión del gobierno que deseaba avanzar con las obras hacia la campaña, de modo que la empresa y su desarrollo era de gran importancia en los planes de la provincia.

La primera propuesta efectiva sobre el futuro del ferrocarril se presenta en mayo de 1860. La oportunidad surge, luego de la inauguración del tramo a Moreno, cuando Sarmiento les pide a De la Riestra y a Vélez Sarsfield que, en calidad de representantes del gobierno, se pongan en contacto con los directores del FCO para definir en conjunto un balance de las obras realizadas y proponer la mejor forma de que la línea se extienda hasta Mercedes o Chivilcoy. El 14 de mayo, los comisionados informan que cumplieron el pedido y dan contenido a lo solicitado en una propuesta que sugieren como consensuada con los dirigentes del FCO. El informe estima el costo total de la obra realizada en 19 millones de pesos, suma que "no comprende la crecida suma de intereses pagados sobre la deuda contraída por la empresa", pero que, al mismo tiempo, "incluye gastos estériles o infructuosos", propios de una experiencia como ésa; en un rápido balance, supone que ambos se compensan y propone tomar aquel valor como costo total, a lo que se debería agregar otro millón para adquirir material rodante

---

[45] En rigor, la única línea de esas primeras existentes en el país que se llevó a cabo sin garantía, aparte del FCO, fue la del ferrocarril a La Boca, que quedó como un exponente solitario de que se podía llevar a cabo un proyecto, de extensión reducida, sin ese apoyo oficial.

adicional necesario para el servicio. En seguida señalan que el monto reseñado incluye 5,6 millones de deuda al Banco, además de 2 millones de pesos aportados por los accionistas; este último capital no se había podido aumentar, explican, amén de recordar que nunca se les había pagado el 9% de ganancia asegurada en los compromisos oficiales.[46]

Estos antecedentes, concluyen, muestran que hace falta liquidar la Sociedad para formar una nueva, aun cuando no se continúe el camino. Para ello habría que "estinguir la deuda que hoy pesa gravosamente sobre la empresa y cuyos intereses consumen una buena parte de sus entradas". Este objetivo se podía cumplir fácilmente si el gobierno tomaba dicho monto a su cargo. En segundo lugar, piden "redimir a la par" el valor de las acciones particulares, dejándoles la opción de continuar en la nueva sociedad mediante alicientes "para conseguir el objetivo deseado". En otras palabras, el proyecto estatizaba prácticamente a la empresa, dado que el gobierno tendría al menos el 90% del capital de la nueva sociedad; eso siempre y cuando los accionistas aceptaran quedarse en ella.

El informe analiza entonces la continuación del camino, hasta cubrir alrededor de 60 kilómetros restantes a Mercedes. Ese tramo de obra demandaría 20 millones de pesos adicionales, aunque "el presupuesto del ingeniero [Dawust] es menor".[47] Entonces, la nueva sociedad podría establecerse con un capital de 40 millones de pesos en la cual el gobierno tendría ya aportado 18 o 20 millones según que los

---

[46] Esta nota, del 14 de mayo de 1860 está reproducida en *Antecedentes legales del Ferro-carril del Oeste,* Buenos Aires, Escuela de Artes y Oficios de la Provincia, 1885. Es notable que la nota insiste en hablar del 9% reconocido por el gobierno a los accionistas particulares, con motivo de la suscripción de agosto de 1857, y de la distribución de dividendos al 6% establecida en los estatutos, "disposición que no debió existir por inconducente", sin definirse por ninguno de ambos valores.

[47] El presupuesto para esos 60 kilómetros era igual que el costo total de los 40 kilómetros ya construidos, y hasta "podía ser menor". Es decir que se estimaba un costo por kilómetro del orden de 3.300 libras por kilómetro para llegar a Mercedes, valor que no fue mencionado en otros debates sobre los costos reales de la construcción de ferrocarriles.

accionistas actuales aceptasen continuar o no. El resto de esos recursos se podría encontrar en el país, a "sentir de los comisionados [...] siempre que el gobierno garanta a los accionistas el 9% actual de dividendo por 25 años, afectando a esta garantía el todo de las entradas del camino". Los comisionados adelantan que la garantía "parece un poco alta" pero proponen esa cifra pensando que se debe dar "todo el aliciente posible a los capitalistas" y que no demanda un sacrificio mayor: bastaría con obtener el 4,5% de beneficio sobre el capital total para repartir el 9% sobre esa mitad de capital privado. Si esos términos "tan liberales" no fuesen suficiente atractivo para "encontrar capital en el país, de cierto que en el extranjero se obtendría fácilmente", finalizan, en una sugerente preferencia, bajo ciertas condiciones garantizadas, para el capital local. El ferrocarril a San Fernando estaba mostrando que el 7% era satisfactorio para los accionistas extranjeros, de modo que el 9% parecía pensado para los potenciales inversores locales, que eran potencialmente demandantes de beneficios mayores para interesarse.

En el informe, los comisionados incluyen la propuesta de que se le otorgue a la empresa la facultad de expropiar "para su beneficio" lotes alternados de tierra a lo largo del camino proyectado, como manera de asegurar el negocio y la oferta futura de cargas. Si esa solución fuera "difícil de realizar" (como ocurrió), ellos sugieren que el gobierno "acaso encontraría en sí" los recursos necesarios para proseguir la obra. La presentación sugiere, entonces, una estrategia consistente en una garantía oficial para atraer al capital privado, sumada a un modelo de reparto y aprovechamiento de la valorización de la tierra que "reasegure" el beneficio de la empresa; un criterio muy semejante se aplicó, finalmente, en la concesión del FCA.

En junio de 1860, la Comisión Directiva llama a Asamblea de accionistas para el mes siguiente con el objeto de presentar la *Memoria* de la Sociedad y proceder a la elección de nuevos directores. En esa *Memoria* resume la situación de la Sociedad, pero sobre todo retoma la propuesta de los comisionados presentada el mes anterior. El texto expresa la urgencia de encontrar una solución a un próximo pago de 900 mil pesos del "empréstito por vencer", que propone saldar con otro tanto que habría quedado pendiente del aporte de 10 millones de pesos votado por la Legislatura. La siguiente demanda expresa el deseo del Directorio de "verse exonerado de la responsabilidad que pesa sobre algunos de sus miembros" por la deuda con el Banco, remarcando que ese compromiso "tuvo su origen en el deseo evidentemente patriótico de dotar al país de un camino reclamado por la civilización y sus necesidades".[48] Para cancelar esa deuda, la Comisión propone que el Banco acepte en depósito las acciones de la Sociedad, "pagando a la Compañía el interés por trimestre, hasta que se enajenasen a la par".

En base a esos antecedentes, en agosto de ese mismo año, el gobierno propone a la Legislatura una solución completa, aunque con ligeras diferencias con las anteriores, para los problemas de deuda del FCO y la extensión de la línea a Mercedes. La propuesta de ley incluye la compra de las acciones privadas, a la par más el 9% de interés anual desde el momento del aporte, más la "redención" oficial de la deuda con el Banco y otras contraídas en plaza, más la autorización para vender la empresa a quien se obligue a continuar la línea hasta Mercedes en las condiciones que se celebren. El proyecto agrega la expropiación y la división de la tierra a lo largo de la línea, aunque no para beneficio de la empresa, criterio que prácticamente absorbe todo el debate en la Legislatura con los resultados ya analizados.

El debate en la Legislatura, aunque mucho más centrado en el tema de la tierra, dedica algunos momentos a la cuestión específica de las deudas del FCO y la compra de sus acciones. El diputado Elizalde plantea que los accionistas tienen sólo 2 millones de capital, sobre 20, y, sin embargo, "se consideran con derecho a dirigir" la empresa, que presenta "un mosaico de errores y gastos inútiles". La compra de las acciones permite el control estatal, agrega, pero esos títulos se están vendiendo en el mercado a apenas el 75% de su valor, de modo

---

[48] *Memoria leída en la Asamblea General de accionistas del Ferrocarril del Oeste el 18 de junio de 1860,* Buenos Aires, Imprenta del Comercio del Plata, 1860.

que se plantea la cuestión de cómo fijar el precio a pagar. El ministro de Hacienda explica que "no están expropiando" las acciones sino que el gobierno procede a una compra "voluntaria", criterio que exige reconocer el interés de los accionistas. Otros diputados mencionan que la sola difusión del proyecto llevó el precio de las acciones al 80%, de modo que el valor de éstas dependería de la disposición oficial a comprarlas antes del negocio potencial de la empresa; además, mencionan, no se justificaría devolverles todo el dinero a quienes, a su juicio, "malgastaron" 6 millones de pesos (de la inversión total) pese a que sólo pusieron 2 millones. El diputado Obligado agrega que el 9% de interés adicional implica "pagarles caro" a los accionistas, que encuentran de esa manera asegurado su negocio. Sarmiento responde insistiendo en la necesidad de enviar una señal de confianza al sector privado: "pagar lo que se ha gastado, salvar todos los capitales, es estimular a otros capitales a entrar en los negocios sin temor a un quebranto". Finalmente, la votación respecto a la compra de las acciones arrojó un empate en la sesión del 3 de diciembre, empate que el presidente de la Cámara resolvió votando por la afirmativa.

La deuda con el Banco de la Provincia, problema del que los directivos "no tienen cómo salir", según la explicación del ministro de Hacienda, no tuvo oposición efectiva y se aprobó que la tomara a su cargo el gobierno.[49]

En definitiva, el debate legislativo llevó al rechazo de los artículos referidos a la expropiación de la tierra, pero dejó vigente la autorización a comprar las acciones privadas, liquidar los créditos de algunos directivos de la empresa con el Banco y buscar un candidato dispuesto a continuar las obras del camino hasta Mercedes. El gobierno resolvía así las demandas de los directivos del FCO, y aportaba para eso sumas superiores a toda la inversión realizada (puesto que incluían el

---

[49] Según Sarmiento, en la sesión de Diputados del 17 de diciembre de 1860, cinco miembros de la Comisión habían afectado su crédito personal, entre los que estaban Llavallol y Guerrico.

9% de interés a los accionistas), al mismo tiempo que afirmaba que no estaba dispuesto a tomar el ferrocarril como empresa pública, puesto que sólo compraba las acciones para venderlas a quien continuara con las obras, en condiciones no definidas previamente. En ese mismo período, el gobierno presentó un proyecto de ley para autorizar al Banco a abrir un crédito de 25 millones de pesos al Poder Ejecutivo destinado a la extensión de la línea a Mercedes, además de satisfacer los créditos de dicho ferrocarril. Esta propuesta se basaba en la gran disponibilidad de depósitos en dicha institución, pero quedó descartada en el debate.[50]

Nuevas propuestas en 1862

A partir de ese momento, la situación del FCO entró en una *impasse* que duró hasta mediados de 1862. La ley aprobada por la Legislatura no se cumplía; tampoco se definían los medios para continuar las obras. La Comisión Directiva seguía gestionando la empresa, que comenzaba a ofrecer beneficios interesantes. En 1861, su recaudación ascendió a 3,1 millones de pesos con un beneficio bruto de 660 mil pesos; en 1862, último año de la gestión privada y con la misma longitud de vías, los ingresos treparon a casi 4 millones de pesos y los beneficios eran superiores a 2 millones. Es decir que los gastos estaban en el orden de la mitad de los ingresos y podía predecirse que estos últimos subirían más rápido que los segundos, como efectivamente ocurrió. Ese beneficio superior a los 2 millones de pesos aseguraba el pago de créditos al Banco, si éste financiaba la continuación de la línea (que, a su vez, permitiría aumentar aún más los ingresos). La empresa exhibía posibilidades de negocio aunque quizás no en la medida esperada por los capitalistas porteños.[51]

---

[50] Véase M. J. López, *Historia de los ferrocarriles de la Provincia...*, *op. cit.*, 1991, p. 43.

[51] La información proviene de los balances del FCO y de las estadísticas públicas. Debe notarse que la Sociedad no estaba pagando los dividendos comprometidos del

La *impasse* terminó a mediados de 1862, cuando la unidad nacional ya estaba lograda. En marzo, el general Mitre pasó de gobernador de la provincia a presidente provisorio mientras se esperaba el momento de su asunción definitiva, el 12 de octubre de ese año. Mariano Saavedra ocupó su lugar en el gobierno de la provincia y en esos momentos se desplegó un nuevo e intenso debate sobre el futuro ferroviario, incluyendo la situación del FCO.

En mayo, De la Riestra, como ministro de Hacienda, abre el debate mediante el envío de sendas cartas al Banco y a la Comisión Directiva del FCO. En la primera, consulta al Banco sobre la posibilidad de que éste disponga de la capacidad crediticia para prestar el monto necesario para continuar la línea. Cazón, presidente del Banco, le responde una semana después, diciendo que la institución tiene en caja 50 millones de pesos y que no ve inconveniente en prestarle 30 millones al FCO; más aún, agrega, cuando se advierte que los fondos no serán entregados en una sola vez sino a lo largo del plazo de construcción, que no sería breve. Considera, por último, que puede otorgar esos fondos al 6% de interés a un plazo que estima en 18 años para la cancelación total.[52]

Llavallol, presidente de la Comisión Directiva del FCO, responde en tres cartas sucesivas. En la primera, apenas recibida la nota del gobierno, dice que ellos quieren seguir con la extensión de la línea pero que los 30 millones de pesos requeridos es una suma demasiado grande para la Sociedad; a renglón seguido agrega su preocupación

---

6% a los accionistas (que equivalían a 120 mil anuales para los tenedores privados de acciones) ni los créditos previos al Banco, pero se trataba de una línea muy corta, todavía, para ofrecer ingresos más elevados.

[52] La carta de De la Riestra, del 14 de mayo de 1862, y la respuesta de Cazón, del 22 de mayo de 1862, están reproducidas en *Antecedentes legales..., op. cit*. Cazón estima que el Banco no debería otorgar más de un millón de pesos por mes para esas obras y calcula que seguirá recibiendo cobros de 600 mil pesos mensuales por parte del gobierno (que estaba cancelando la deuda del FCO), de modo que el flujo neto de créditos sería de menos de 500 mil pesos por mes. Agrega que no le parece suficiente la garantía del ferrocarril, de modo que pide una garantía adicional del gobierno para la operación.

por la deuda personal que mantiene la Comisión Directiva, sin hacer ninguna mención a la Ley de 1860, que había resuelto formalmente dicha cuestión (aunque no se había llevado a la práctica). Al día siguiente, una nueva carta plantea posiciones distintas; Llavallol vuelve a escribir al ministro señalando que el camino a Mercedes tiene 33 millas en "línea recta" y que ellos podrían construirlo si no tuvieran que afrontar la deuda anterior; para hacer la obra, menciona que existe la posibilidad de pagar con acciones de la empresa los dividendos adeudados así como los compromisos con los contratistas y hasta la deuda con el Banco, mecanismo que ampliaría el capital sin mayor esfuerzo y resolvería la cuestión.[53] El texto sugiere que la Sociedad quería colocar las acciones entre sus acreedores dado que no se veía la posibilidad de nuevos suscriptores en el mercado local.

Dos semanas más tarde, el 5 de junio, Llavallol vuelve a escribir al ministro. En esta carta adicional explica que realizaron una reunión de "varios" accionistas y que tienen una nueva propuesta para presentar. Ésta consiste en que el gobierno ceda su parte a la empresa actual, que se compromete a continuar las obras hasta Mercedes, adonde estima llegar en tres años. Esa cesión de capital, que por otra parte ya se ha gastado, dice, representa un aporte del gobierno a la tarea de construir la infraestructura de caminos del país; estima que ese monto equivale a un subsidio de 160 mil pesos por milla sobre el resto de la línea a construir, monto que permitiría que la empresa pague los costos de dicha ampliación con los ingresos operativos que va a captar con sus servicios.[54]

Esta propuesta genera una respuesta casi inmediata de un grupo de comerciantes, liderado por Lezica, que pone gran énfasis en la

[53] Estas cartas, del 19 y el 20 de mayo de 1862, en respuesta a la carta del ministro del 16 de mayo de 1862, figuran también en *Antecedentes legales..., op. cit.*

[54] *Ibid.* Los 160.000 pesos por milla sumaban poco más de 5 millones para el tramo hasta Mercedes, pero el aporte del gobierno había sido cuatro veces mayor; esto implica que la Comisión Directiva hablaba sólo de que el gobierno saldara su deuda personal con el Banco o bien que presentaba un dato erróneo en su nota. De todos modos, lo interesante es que proponía un subsidio por una única vez en lugar del régimen de garantía que comprometía aportes por un período no definido. Es

crítica para hacer, a su vez, una propuesta alternativa. Menciona que la disponibilidad del Banco a ofrecer crédito "arrojó la manzana de oro". Destaca que la Comisión Directiva no habló con los accionistas, sino "con algunos", aunque se sabe que aquellos "no quieren seguir"; de allí deduce que ese proyecto sólo trata de beneficiar a 6 u 8 personas que "usurpan" la representación del FCO. Ese grupo, afirman sus críticos, quiere hacer la línea con el dinero del Banco, al que dará como garantía el propio camino, lo que considera una "burla". El gobierno no podrá recuperar su dinero, agrega, mientras que la empresa se queda con recursos importantes; en este punto señala, como ejemplo, que los terrenos de El Parque ya "valen 15 millones de pesos", en clara indicación de la valorización que provocaba el ferrocarril en las tierras urbanas.[55]

Concretando su posición, Lezica propone comprar la empresa por 750 mil pesos fuertes y construir la línea hasta Chivilcoy con una garantía oficial del 7% sobre una inversión establecida en 40 mil pesos fuertes (unas 8 mil libras) la milla. La nota agrega consideraciones de diverso tipo y señala que en el primer trimestre de 1862 (último dato conocido en ese momento), el FCO habría ganado 460 mil pesos, que equivalen a 1,9 millones de pesos anuales, o sea, el "9% del capital". ¿Cómo no va a ganar más cuando llegue a Chivilcoy?, se pregunta.[56] Este proyecto, concluye Lezica, implica que el gobierno recupera su aporte y que, además, se traerán 3 millones de pesos fuertes del exterior, capital adicional que se va a incorporar a las actividades locales.

---

cierto que, en este caso, la existencia de un primer tramo de línea en operación y recaudando ingresos ofrecía una seguridad diferente a la de otras líneas a construir desde cero.

[55] Conviene observar que la valuación que ya le asigna a los terrenos de El Parque, donde estaba la Estación Central (y el terreno adyacente donde levantaría su casa el pariente de Llavallol), equivale al 75% de la inversión total del ferrocarril hasta Moreno, monto que arroja una idea de la importancia de la valorización de la tierra urbana debido a la construcción de la línea, aunque no se pueden tomar esos valores como efectivos dado el carácter de la polémica.

[56] La carta de Lezica, del 7 de junio de 1862 (apenas dos días después de la nota de Llavallol), está publicada en *Proyectos presentados al Gobierno y pasados a las Honorables*

Lezica no menciona en la carta los orígenes del capital que se volcará a la compra y la inversión posterior, pero ofrece que, "seis meses después de obtenida la concesión", la nueva empresa admita como accionistas a todos los que deseen formar parte en ella, incluyendo a quienes "actualmente lo son del Ferrocarril del Oeste".

En segundo lugar, la propuesta de seguir la obra hasta Chivilcoy resulta más ambiciosa que la de Llavallol de llegar a Mercedes, aunque Lezica "acepta" limitar las obras hasta esta última localidad si el gobierno lo dispone. El monto del capital a invertir, decisivo para estimar la garantía, se basa, dice la nota, en el presupuesto de 40 mil pesos fuertes por milla que había calculado la Sociedad del FCO; considera "mínimo" ese promedio si se atiende a la necesidad de dotar de suficiente material rodante al servicio "que va a hacer y del que hoy carece". Esta aclaración final puede ligarse al hecho de que ese promedio arrojaría una inversión de un millón de pesos fuertes para el tramo hasta Moreno (en coincidencia con los valores que se conocen); en cambio, si estuviera subcapitalizado, dada la carencia afirmada de material rodante, se justificaría la oferta de compra por 750 mil pesos fuertes.

La presentación especula con la hipótesis de que, aun en el caso de que el gobierno tuviera que pagar esa garantía, podría apelar a las sumas que el propio Lezica ofrecía por la compra del camino existente (que propone pagar en cuotas a los 9, 15 y 18 meses de obtenida la concesión), de modo que, argumenta, ésta no pesaría sobre los ingresos normales del Tesoro. Las dos propuestas son desechadas finalmente sin mayor debate y el tema vuelve a sus cauces anteriores.

Interesa señalar que Lezica no debía estar pensando sólo en una propuesta de manejo de una empresa ferroviaria, puesto que él tenía tierras e intereses relacionados con la línea existente. Lezica operaba cargas en el Once y más tarde levantó allí un mercado y frigo-

---

Cámaras para la continuación del Ferro-carril al Oeste, Buenos Aires, Imprenta Argentina de El Nacional, 1862, junto con un texto que discute la propuesta de la Comisión Directiva del Ferrocarril del Oeste y que, evidentemente, forma parte del conjunto.

rífico cuyo edificio todavía se conserva en la esquina de Pueyrredón y Rivadavia; además, tenía una quinta sobre el recorrido de la vía cuyos restos se conocen hoy como Plaza Lezica o Parque Rivadavia. Esos antecedentes permiten suponer que sus proyectos contenían una combinación semejante de negocios inmobiliarios y personales como los que caracterizaban a los miembros de la primera Comisión Directiva.

En octubre de 1862, el gobierno propone a la Legislatura que se pidan 40 millones de pesos al Banco de la Provincia, una parte de los cuales será para pagar los créditos previos y comprar las acciones privadas del FCO. En esencia, el Banco refinancia así toda su deuda anterior (dado que la parte de los accionistas privados en el total es menor). El resto del crédito se debe utilizar para construir la extensión de la línea a Mercedes. El crédito al ferrocarril (ahora estatal) se pagará de sus entradas y tendrá como garantía al propio "camino" y, en segunda instancia, al gobierno: "si las sumas no alcanzan se pagará de Rentas", aclara.

Todavía en noviembre Mitre recomienda ante el gobierno de la provincia al señor Shaw, que presenta otra propuesta de compra del ferrocarril además de extensión de la línea. Pero Mariano Saavedra, gobernador de Buenos Aires, ya ha decidido avanzar con la línea estatal. En una carta de respuesta a Mitre le dice que no le faltan propuestas, pero que

> hoy más que nunca es interesante conocer el "verdadero costo" del [camino] hasta Mercedes y, reformando la administración y las tarifas actuales, saber de un modo evidente lo que cuesta y lo que produce. Entonces el gobierno tendría esa base de comparación para no ser engañado por las compañías garantidas [...] creo que saldrá mejor y más barato [y les] mostraremos a los ingleses que sin ellos sabemos hacer nuestro negocio.[57]

---

[57] Carta de Mariano Saavedra a Bartolomé Mitre del 8 de diciembre de 1862, en *Archivo del General Mitre*, Presidencia de la República, p. 162.

Saavedra no pretende mantener el ferrocarril bajo el control estatal y aclara, en esa misma carta, que el gobierno se desprenderá de él un año después de que esté abierto al servicio público, ya sea por venta o por arriendo y dando preferencia a los "hijos del país". Para ese entonces, la decisión está tomada y el proyecto se aprueba en la Legislatura; acto seguido, un decreto del 26 de diciembre de 1862 decide que el gobierno toma el control de la empresa el 1º de enero de 1863. El gobierno provincial asume al mismo tiempo el manejo de la empresa y la continuación de la línea hacia la campaña. Con esas medidas termina casi una década de gestión privada y las vacilaciones sobre la salida a la pampa. El ferrocarril se apresta a dejar atrás la urbe y avanzar hacia el desierto bajo la conducción oficial.

VI. LA SOCIEDAD ANÓNIMA DEL FERROCARRIL DEL OESTE: CAPITAL, DIRECTIVOS Y VENTA AL ESTADO

El capital accionario de la Sociedad

El capital de la sociedad anónima se estableció originalmente en 10 millones de pesos que se debía materializar en la emisión de 4 mil acciones de 2.500 pesos cada una. Los directivos salieron a vender esas acciones y, pese a sus ruegos, de acuerdo a sus dichos, no pudieron colocar más de 800 en el primer año de gestión. Las acciones que se vendían a los inversores locales se podían pagar en cuotas, a medida que avanzaban las obras, facilidades que no parecen haber contribuido demasiado a ampliar el monto de las colocaciones más allá de esas magras cifras.

Parece razonable que, después de una primera ola de entusiasmo, los posibles accionistas tuvieran sospechas respecto de la rentabilidad potencial, y hasta de la posibilidad misma de existencia de la empresa durante el prolongado período en el que las obras estuvieron semiparalizadas. En 1857, la situación había cambiado, y a partir de agosto, el ferrocarril comenzó a brindar servicios con un éxito más que razonable, de modo que parece, en retrospectiva, que había posibilidades de captar capitales adicionales en una nueva suscripción. Sin embargo, no aparecen menciones de que se hubiera vuelto a intentar una capitalización de la empresa colocando más acciones y los comentarios que registraba la prensa eran pesimistas respecto de las ganancias posibles. La Sociedad tampoco distribuyó dividendos, como estaba previsto, factor que debe haber contribuido al desinterés de los capitalistas locales.

El Estado provincial suscribió una parte de las acciones al comienzo de las obras, tal como había sido convenido en el contrato de concesión;

más tarde, tomó la decisión de hacer aportes directos o de financiar la realización del proyecto con créditos del Banco de la Provincia. De acuerdo al balance del 31 de mayo de 1860, el capital suscrito sumaba 3.462.500 pesos, formado por 1.385 acciones. De ellas, había 841 compradas por particulares, 24 que se habían entregado en compensación por la cesión de tierras en la franja ocupada por la línea y 620 adquiridas por el gobierno. Es decir que poco más de un tercio del capital realizado por esta Sociedad privada fue aportado por el Estado. Éste no estaba decidido a quedarse con las acciones que poseía y entregó una parte a los concesionarios de otra empresa a modo de compensación formal cuando se resolvió la finalización anticipada de las tareas contratadas. Se trataba de La Draga del Riachuelo, constituida para dragar el curso de este río y que había dejado de funcionar debido tanto a las dificultades operativas como a los problemas de recursos del propio Estado provincial. El mero hecho de que el gobierno cediera esas acciones a otros empresarios locales señala que todavía en enero de 1859, cuando adopta esa decisión (con el ferrocarril ya en Morón y avanzando hacia Moreno), quería fortalecer al capital privado y seguía esperando que la sociedad anónima se mantuviera como tal.[1]

Pero esas expectativas se vieron superadas por otros problemas que llevaron a la transferencia de la empresa al Estado provincial. El mayor de ellos, aunque de ninguna manera el único, fue el compromiso de los directivos que se vieron obligados a tomar el crédito del Banco de la Provincia poniendo sus garantías personales. En efecto, esta institución de crédito aceptó prestar un monto que llegó finalmente a 6,4 millones de pesos, o sea, el doble del capital suscrito por la Sociedad.[2]

---

[1] Según *La Tribuna* del 27 de enero de 1859, el gobierno compra la empresa La Draga del Riachuelo con acciones del Ferrocarril del Oeste y menciona una suma de 12 mil libras, equivalente a los montos de las acciones entregadas.

[2] No hemos encontrado referencias claras a las fechas de entrega del crédito del Banco de la Provincia. Al llegar a Flores, la Comisión Directiva tenía una deuda con el Banco de 3,3 millones de pesos (según *La Tribuna* del 16 de mayo de 1860), de modo que el resto fue aportado en los años siguientes, durante la segunda etapa de la obra.

El Banco no consideró a la sociedad anónima como sujeto de crédito, de modo que exigió que los directores firmaran una garantía a título personal. Esa garantía fue una de las mayores preocupaciones de los directores a partir de entonces, puesto que estaban respondiendo con sus bienes a los compromisos de la empresa.

Esa situación puede explicar que el gobierno prefiriera, luego, realizar aportes directos de dinero a la Sociedad. Estos montos no tenían el carácter de crédito, sino que se computaban como subsidios en las cuentas de la empresa (o, al menos, así figuran en el balance mencionado). Esos aportes públicos sumaron 10 millones de pesos; de ellos, 4 fueron entregados en 1856 para finalizar las obras, que se hicieron efectivos en cuotas mensuales para seguir el paso de la obra, ya contratada con Bragge. Los otros 6 millones destinados a seguir hasta Morón, primero, y hasta Moreno, después, fueron autorizados inmediatamente de terminada la vía hasta la Floresta. El proyecto de seguir era tan decisivo que uno de los dirigentes de aquella época, Eusebio Aguirre, afirmaba que el gobierno aportará fondos aunque haya que "agotar el erario [...] y empeñar el crédito".[3]

En definitiva, el monto invertido en las obras superó los 20 millones de pesos, aunque el capital social apenas llegaba a 3,4 millones de pesos, incluyendo las acciones del Estado transferidas luego a los propietarios de La Draga. Una porción de ese aporte tenía forma de subsidio, de modo que no era pasible de reclamo inmediato, mientras que otra porción era un crédito sobre el que no se pagaban intereses (aunque algunas veces los directores mencionan esos pagos que no aparecen en las cuentas). Tampoco los accionistas recibían dividendos, pese a lo decidido en el estatuto, hasta 1860, porque todos los ingresos se destinaban a consolidar el avance del ferrocarril y luego por causas que no se hacen explícitas.

---

[3] Mencionado en el discurso de S. Brian en el 50º aniversario de la inauguración de la línea.

LOS ACCIONISTAS EN EL MOMENTO DE LA COMPRA DE LAS ACCIONES

La compra de las acciones, que se hizo efectiva en los primeros meses de 1863, con el gobierno ya a cargo de la conducción del FCO, se efectuó con el pago del 6% anual de intereses comprometidos desde el momento de la suscripción, como se explicó más arriba. Ese beneficio no fue extendido a los propietarios de La Draga debido a la forma en que habían recibido sus acciones.

Una hoja detallada de la Tesorería registra los pagos realizados en la compra de esas acciones con un detalle que permite conocer a fondo a todos los accionistas de la empresa y sus respectivas tenencias.[4] La lista está organizada por propietario, y presenta la cantidad de acciones de cada uno, la numeración correspondiente de esos títulos, los pagos que deben hacerse por capital y los pagos adicionales por interés cuando corresponden. Los pagos por capital sumaron 3.269.000 pesos (debido a que sólo se pagó una porción del valor de la acción a algunos inversores que la compraron en cuotas y no aportaron la totalidad de su valor nominal) más 915.471 de intereses que pagó la provincia a esos inversores. La generosidad oficial contrasta con el hecho de que al mismo tiempo no le computaba ningún costo a la Sociedad por los créditos del Banco de la Provincia ni por los subsidios para la obra. De todos modos, esa cifra de casi un millón de pesos apenas representaba el 5% del costo total de la inversión en el ferrocarril.

La numeración de las acciones es sugestiva dado que es la única información localizada al respecto. Hay una serie que va del número 1 al 144 (aunque faltan 5 acciones intermedias, que no habrían sido rescatadas o emitidas) y otra que comienza en el 2001 y termina en el 3213 (faltando 45 intermedias). Es probable que la primera haya sido

---

[4] Se trata de un documento titulado *Ferrocarril del Oeste. Nómina de sus accionistas y cálculo de su capital total. Año 1863*, que está en el Archivo del Banco de la Provincia y que se ha reproducido en una hoja a máquina con el mismo título en el Museo Ferroviario, carpeta del Ferrocarril del Oeste.

destinada a los accionistas particulares y la segunda al Estado, aunque los primeros compraron más de 150 acciones; en las segundas, en cambio, hay varios miembros de la empresa de La Draga, de modo que entre ellas estaban las recibidas originalmente por el gobierno.

El total de receptores del dinero por la compra de esas acciones sumó 274 personas, pero aparecen diversos casos en que se repiten los nombres de una misma familia. Si se toma a estas últimas en su forma más simple (es decir, computando sólo el mismo apellido y no otras relaciones familiares) resulta que había 197 familias propietarias de acciones del FCO. La distribución de los títulos estaba relativamente concentrada dado que 7 accionistas tenían el 30% del capital y bastaban 20 para llegar al 50%. En el otro extremo, 153 accionistas, con una o dos acciones cada uno, disponían del 29,6% del capital nominal de la empresa.

Los mayores accionistas eran los dueños de La Draga y un par de directores de la Sociedad. En efecto, entre los cuatro primeros por la magnitud de sus tenencias estaban la familia Casares (con el 13,6% del total) y Santa María (con el 3,3%), que eran los directivos de La Draga; ellos estaban acompañados en ese mismo listado por las familias Guerrico (con el 4,7%) y Gowland (con el 2,4%). Entre los cuatro sumaban 24% del total de las acciones.

Esta división entre accionistas mayoritarios y minoritarios permite efectuar otras observaciones significativas. En primer lugar, es un hecho que los directivos del FCO no habían realizado aportes accionarios apreciables más allá de los mencionados. El cruce de directivos y accionistas arroja una lista como la siguiente, que incluye siempre a la familia directa de cada uno:

Gowland	2,4%
Balbín	1,0%
De la Riestra	0,2%
Van Praet	-
Larroudé	0,9%
Rams y Rupert	-
Llavallol	1,2%

En conjunto, los miembros de la Comisión Directiva disponían del 5,7% del capital nominal de la Sociedad, una suma que no permite suponer que se viesen a sí mismos como capitalistas; más bien, ellos eran gestores del proyecto, como se adelantó más arriba, y sus intereses no incluían una expectativa de un retorno significativo sobre el capital. Por otro lado, la lista del resto de los accionistas cubre a buena parte de los apellidos conocidos de la época, incluyendo a diputados y funcionarios del gobierno, aunque prácticamente ninguno hubiera efectuado una inversión superior a 5 mil pesos. Entre los nombres más conocidos se pueden mencionar: Alsina, Anchorena, Atucha, Bullrich, Bunge Burnerfeld, Cambaceres, Casado, Casares (por La Draga), Castex, Ortiz Basualdo, Elizalde, Díaz Vélez, Estrada, Fragueiro, Guerrero, Hale, Lanús, Lanusse, Lezama, Lezica, Martínez de Hoz, Montes de Oca, Obligado, Ocampo, Peralta Ramos, Unzué, Vélez Sarsfield, Zapiola y Zumaran.[5]

Es de señalar que Lezica era accionista pero se había presentado para ganar la concesión del ferrocarril a Chivilcoy, criticando a los directores, que, según él, defendían sus propios intereses. Esos choques confirman que los accionistas se veían en un rol pasivo y con intereses distintos de los de la Comisión Directiva; probablemente, habían invertido por un interés patriótico en la empresa (aunque no exento del espíritu de lucro que terminó asegurado por la acción oficial).

Hay indicios de que algunas acciones se compraban y vendían en Buenos Aires en esos años, de modo que algunos de los primeros propietarios pueden haber desaparecido como tales en el momento del rescate final de esos títulos. Esta posibilidad es mencionada por el informe del 14 de mayo de 1860: "El número de accionistas que representaba originariamente dichas acciones es de 239. Sin una reunión general, no podría saberse hoy si aquel número ha aumentado o dis-

---

[5] Con tono irónico, R. Scalabrini Ortiz dice que "los primitivos suscriptores recibieron sus aportes originarios y podrán dedicarse a especular" (*Historia de los ferrocarriles argentinos, op. cit.,* p. 33), pero los análisis realizados muestran que había pocos capitales importantes y que sus propietarios se dedicaban a diversas actividades en Buenos Aires.

minuido, por el efecto de las ventas o traspasos que tienen lugar en la plaza, siendo los títulos transferibles al portador".[6]

Vida institucional: las asambleas

El mismo informe señala que la Sociedad no tuvo "vida propia", pues sólo sobrevivió gracias a los aportes del gobierno y al auxilio del crédito personal de los directores. Estas circunstancias, se agrega, justifican que no se hayan cumplido algunas disposiciones de los estatutos y en especial la convocatoria a las asambleas de accionistas, aunque "ningún mal hubiera ocurrido en citar a aquellos para imponerlos oficialmente de los sucesos extraordinarios que tenían lugar y del estado y marcha de sus intereses".[7] Este paso no se debe postergar por más tiempo, concluye el informe; y, efectivamente, se realizó una asamblea poco después donde se dio a conocer la *Memoria leída* que reseña las actividades de la empresa hasta 1860.

La aseveración de que no hubo llamados a asamblea no puede tomarse como absoluta, pues los periódicos mencionan al menos una realizada al comienzo de la Sociedad; se detectó que hubo un par de reuniones en los primeros meses de 1855, aunque con muy pocas personas presentes.[8] En cambio, se registran diversas protestas de los accionistas que no reciben respuesta de la Comisión Directiva y publican cartas en los periódicos.[9] Esas actitudes sugieren que había cierta posibilidad potencial de interesar a los inversores así como de hacerlos participar, que, quizás, no se aprovechó adecuadamente. Hay,

---

[6] Informe de Vélez Sarsfield y De la Riestra al gobierno en *Antecedentes legales del Ferrocarril del Oeste*, Buenos Aires, Escuela de Artes y Oficios de la Provincia, 1885, p. LXIV.

[7] *Ibid.*, p. LXVI.

[8] Mencionado en *La Tribuna* del 14 de enero de 1855 y del 9 de mayo de 1855.

[9] Hay notas sobre protestas de accionistas, por ejemplo, en *El Nacional* del 3 de noviembre de 1854, en *La Constitución* del 9 de enero de 1857 y, de nuevo, en *El Nacional* del 13 de julio de 1860.

sí, asambleas de accionistas a mediados de 1860, cuando la vía llegó a Moreno y la Sociedad comienza a plantearse su futuro, que no se definió hasta un par de años más tarde.

No vuelve a registrarse actividad de los accionistas hasta fines de 1862, cuando se decide la venta de la empresa al gobierno. Una primera asamblea tiene lugar el 27 de julio de 1862, bajo la presidencia de Felipe Llavallol; las opiniones se hallaban divididas porque estaban en juego las propuestas de Lezica y la presentada por la Comisión Directiva, cuyas diferencias para los accionistas no eran muy claras. Elizalde fue uno de los voceros de los que no querían ceder sus acciones a la espera de ventajas adicionales. Todo indica que varios de los presentes querían pagar la deuda con el Banco y continuar con la operación de la Sociedad, pero la asamblea termina sin definir posiciones al respecto.[10]

El 24 de octubre de ese año, Diputados ya había sancionado la ley para comprar la empresa y continuar el ferrocarril y la Comisión Directiva se lanza en varias gestiones para lograr una asamblea representativa que resuelva la venta definitiva. El 22 de noviembre llaman a una asamblea en la Bolsa para el día 27, que, aparentemente, fracasa; el 29 de noviembre vuelven a llamar a otra para el 3 de diciembre cuando se reúnen 30 accionistas.[11] La asamblea decide nombrar una comisión de seis personas para llevar a cabo las tratativas formales con el gobierno; la comisión estaba formada por los tres directores, acompañados por M. Azcuénaga, R. de Elizalde y J. Martínez de Hoz. Esta experiencia es la primera, y la única, en que algunos accionistas son llamados a acompañar a la Comisión Directiva en una negociación con el gobierno, cuyo resultado no trascendió. El 17 de diciembre, la Comisión Directiva vuelve a llamar a asamblea para el

---

[10] La información sobre esta asamblea de accionistas, llevada a cabo en los salones de la Bolsa, figura en *La Tribuna* del 28 de junio de 1862. El mismo diario amplía el tema el 3 de julio de 1862 y afirma que la asamblea no tuvo propuestas.

[11] Estos datos están tomados de *La Tribuna*, los días 22 y 29 de noviembre, 3, 17 y 24 de diciembre de 1862.

23, un día antes de la Nochebuena. En esa asamblea, la Comisión informa lo conversado con el gobierno; éste va a comprar las acciones pagando el interés del 6%, excepto a los tenedores de acciones por La Draga; además, pagará todas las deudas de la empresa y cederá a favor de ésta todos sus haberes en ella a condición de que la vía se prolongue hasta Mercedes. Los accionistas aceptan esa proposición de vender las acciones al gobierno con el 6% de interés añadido, y ésta sería la última decisión de la Sociedad. La semana siguiente, el gobierno asume el control del ferrocarril y pocos días después hace efectivo el pago comprometido a los accionistas.

Se observa que la Sociedad no tuvo vida institucional y que la única decisión de una asamblea, que también fue la última, consistió en vender las acciones. Toda la información disponible sugiere que la sociedad anónima tenía poco más que una existencia virtual; en ella no había debate ni participación de los accionistas y el propio Banco de la Provincia no la reconocía como sujeto de crédito. Su concreción fue más un tributo simbólico a la modernidad que un sistema de organización empresaria. Sarmiento, con su habitual franqueza, dijo en repetidas ocasiones que no había empresa y que utilizaban ese término como un reconocimiento al "lenguaje vulgar".[12]

Dadas esas condiciones, no parece sorprendente que la Comisión Directiva haya controlado la Sociedad durante todo el período de concreción de la empresa.

La Comisión Directiva

La Comisión Directiva fue formada por los promotores, como se recordará, y ellos permanecieron en el control de las operaciones durante los casi diez años que transcurrieron entre el pedido de la

[12] Afirmaciones de Sarmiento en el debate en Diputados del 24 de septiembre de 1860, cuando justifica que no hay empresa porque tampoco hay "accionistas suscriptores". El prócer repite estos conceptos en el debate en el Senado del 29 de octubre de 1860: "la compañía no existe".

concesión y la venta al gobierno. Más aún, algunos de ellos siguieron en la dirección de la nueva empresa estatal;[13] es probable que fueran elegidos, entre otras causas, porque formaban parte del escaso grupo de personas que había tenido alguna relación con el fenómeno ferroviario.

No es posible seguir los cambios en la Comisión Directiva durante esos años porque no hay información ordenada al respecto. Hay unos ocho miembros y un presidente que se suceden mutuamente, o que entran y salen por razones que no se explican. Guerrico, uno de ellos, renuncia en un momento dado debido a un conflicto interno pero reaparece pocos meses después. De la Riestra renuncia en un par de ocasiones como tesorero, lo que hace suponer que dejaba ese cargo cuando tenía otra responsabilidad en el gobierno y volvía a ocupar esa función en la siguiente oportunidad. Llavallol combinaba su cargo de presidente de la Comisión con sus funciones legislativas, etcétera.

Ellos se designaron a sí mismos en el inicio de la Sociedad, asumiendo que sus cargos debían durar hasta que terminaran las obras. Luego, en 1860, pareció surgir una oportunidad de que la Asamblea eligiera un nuevo Directorio. En ese momento, y sin duda frente a ese cambio, se exigió que los candidatos debían poseer al menos diez acciones, según una resolución de ese año; este criterio limitaba claramente las posibilidades de una alternativa, dada la ya mencionada distribución efectiva de esos títulos. Finalmente, quedaron los mismos dirigentes en esa única oportunidad en que fueron ratificados por los accionistas.

Los directores no cobraban por sus funciones pero actuaban como agentes de la Sociedad. Los bienes y equipos que llegaban a Buenos Aires venían a nombre de alguno de los miembros de la Comisión Directiva y los contratos (como el acordado con Bragge) eran firmados por ellos casi a título personal. Entre esos compromisos, el más

---

[13] En efecto, F. Llavallol y N. de la Riestra son designados vocales de la nueva Comisión Directiva que preside Mariano Haedo y que se hace cargo de la empresa el 1º de enero de 1863 (véase *La Nación Argentina* del 28 de diciembre de 1862).

importante fue la garantía que debieron dar con sus bienes al Banco de la Provincia y que los mantuvo muy preocupados desde entonces puesto que 6 millones de pesos era mucho dinero y superaba en más de treinta veces el monto que habían invertido como accionistas.

En noviembre de 1860, el ministro de Hacienda explica en Diputados que la Comisión Directiva "no sabe cómo salir" de esa deuda y que el objetivo del gobierno consiste en "descargarla de esa situación".[14] De todos modos, la solución no llega hasta fines de 1862 debido a distintos problemas, entre los que se cuenta que tampoco la Comisión Directiva quiere perder el control de la gestión de la empresa. En medio de esas declaraciones, el ministro comenta que algunos accionistas habían querido nombrar una nueva Comisión Directiva, pero los que ya estaban en ella pedían que esos electos firmasen la garantía por las letras, demanda no aceptada por estos últimos. Si eso era cierto, resulta que la deuda habría servido como una barrera adicional para asegurar el control de los directivos sobre la Sociedad.

Esta confusión entre directivos que tenían todo el control y accionistas que sólo ocupaban un rol pasivo explica algunas críticas que no pueden tomarse como tales. En una sesión del Senado en 1857, por ejemplo, se afirma que la mitad del Senado que votó la concesión eran accionistas, incluyendo el propio ministro de Hacienda.[15] Los datos eran ciertos, pero ser accionista minoritario no era un factor importante en las decisiones que se tomaban ni ofrecía una promesa de beneficios apreciables en las condiciones de funcionamiento de la empresa.

Es cierto, sin embargo, que las relaciones personales y sociales anudadas entre los funcionarios públicos y los agentes privados eran tan permanentes y estrechas que resultaba difícil trazar una separación entre los objetivos de unos y otros. Vélez Sarsfield era un ejemplo típico que responde con enojo a esas críticas. Es correcto, dice en medio de una breve polémica al respecto, que fui abogado de la

---

[14] Sesión de Diputados del 30 de noviembre de 1860.
[15] Sesión del Senado del 4 de agosto de 1857.

empresa del gas y que ayudé a la empresa del FCO, pero soy "representante del pueblo" y actúo en su nombre.[16] Eran pocos, en ese momento, los que podían haberse atrevido a tirar la primera piedra ante esas declaraciones.

LA ESTRATEGIA DE LA EMPRESA

La estrategia de la empresa, que era la estrategia de sus directivos, puede definirse en dos aspectos ampliamente tratados en el texto: el control máximo posible del negocio inmobiliario que surgía con el avance del ferrocarril y la menor inversión posible de capital, con escasa preocupación por la calidad y las características técnicas de los equipos. El primer objetivo fue llevado a cabo con toda conciencia y claridad a lo largo del tiempo. El cuidadoso secreto mantenido sobre la traza definitiva, la ocupación de terrenos estratégicos en el ínterin y la asociación con otros poseedores de lotes ubicados en puntos neurálgicos a lo largo de la línea (que se orienta hacia ellos) son actitudes repetidas que señalan un esfuerzo constante por captar el máximo de esos beneficios que brotaban, casi mágicamente, de la construcción de la línea. Esas ganancias inmobiliarias eran mayores en la zona urbana que en la rural, y eso permite poner en su contexto la escasa longitud de las primeras líneas llevadas a cabo en Buenos Aires. Éstas no buscaban salir de la ciudad porque en su zona de influencia encontraban negocios de gran magnitud gracias a la suba acelerada del valor de la tierra aledaña; esa zona se fue ampliando y la llegada a Moreno señala hasta qué punto podía llegar la influencia de la urbe.

En cambio, el salto a la pampa planteaba una modificación de escala en la magnitud de la inversión requerida (que era proporcional a la longitud total de la vía) mientras ofrecía menores posibilidades de valorización de la tierra; parece claro que relaciones de costo ferroviario y beneficio terrateniente generaron un largo atraso de los pro-

---

[16] Sesión del Senado del 27 de agosto de 1857.

yectos hasta que se tomaron las decisiones finales. A comienzos de la década de 1860 había un par de líneas urbanas, sumadas a otras en proyecto, y la salida a la pampa comenzaba a definir un claro reparto de tareas entre los mayores agentes económicos que interactuaban en el sistema. El capital privado local no estaba demasiado interesado en invertir en ferrocarriles, un esfuerzo demasiado grande y poco rentable, en términos relativos, en el corto plazo; por eso, prefería captar parte de las economías externas, como la valorización de la tierra, que llegó a provocar una auténtica euforia en la década de 1880. El sector público era reticente a entrar en ese negocio, porque consideraba que el Estado no era un buen administrador, pero impulsado por la esperanza de hacer realidad la estructura ferroviaria en el menor tiempo posible financió la primera línea y se quedó como propietario de ella, aunque siempre dispuesto a venderla en la primera oportunidad que se le presentara. Las restricciones presupuestarias planteaban otra limitación para la inversión pública. En consecuencia, sólo quedaba atraer al capital extranjero (inglés), que sería utilizado ávidamente por los promotores con contactos en ambos lados del Atlántico; la posibilidad de captar el dinero de accionistas pasivos, gracias a la garantía de un Estado que no sabía cómo controlar el negocio ferroviario, ofrecía pingües oportunidades a los intermediarios que mantenían el control de la inversión y la operación de la línea. A partir de esas primeras experiencias, el reparto de las ganancias quedó bien definido: los accionistas (básicamente ingleses) eran pasivos y se limitaban a recibir una renta fija (garantizada, y muchas veces pagada, por el Estado argentino); los terratenientes locales captaban el acelerado aumento de valor de sus tierras y la posibilidad de ampliar sus negocios agrarios gracias a la oferta del nuevo medio de transporte; los promotores se quedaban con la ganancia del fundador en asociación con los intermediarios financieros y los proveedores de obras y equipos que actuaban simultáneamente como contratistas y accionistas de la empresa; el Estado obtenía la deseada red de transportes que impulsaría el desarrollo nacional a costa de cargar con ingentes compromisos cuyos pagos erosionaban las cuentas públicas en el ínterin.

La experiencia de aquella primera inversión en el FCO señala otros aspectos esenciales aprendidos por los hombres de negocios. En primer lugar se verificó muy rápido que las obras se podían llevar a cabo con inversiones muy bajas, abriendo la posibilidad de mejorar esa infraestructura a partir de los ingresos corrientes del tráfico. Bastaba con instalar una sola vía, comprar una cantidad muy reducida de equipos y construir las facilidades mínimas en términos de estaciones y galpones para iniciar el servicio. Luego, se podía seguir ampliando las comodidades y la oferta a medida que aumentaba la demanda. El FCO había comenzado con ese criterio, que permitió invertir de 4 mil a 5 mil libras por kilómetro para tener el mínimo necesario para comenzar. La infraestructura inicial estaba caracterizada por un mínimo de dos locomotoras (imprescindible para asegurar el servicio en caso de que una fallara), una cantidad insuficiente de coches de pasajeros (y de vagones, aunque en los primeros momentos la carga era escasa) además de edificios y estaciones y lugares de espera que apenas podían considerarse como tales (aunque una gran reja en El Parque diera un tono puntual de grandeza acorde con el proyecto). Apenas comenzado el servicio, esa infraestructura se fue ampliando con nuevas adiciones realizadas gradualmente todo el tiempo. En esas condiciones, no era necesario comenzar con inversiones masivas que disminuyeran la rentabilidad esperada sino que se podía graduar la acumulación del capital necesario.

La rentabilidad del proyecto se modificaba no sólo porque se reducía el monto de la inversión original sino porque, además, buena parte de las adiciones posteriores se registraban como gastos operativos gracias a los márgenes que quedaban entre ingresos y costos.

En su excelente estudio sobre los ferrocarriles británicos en la Argentina, Lewis considera que una línea donde se invertían 4 mil libras por milla estaba subcapitalizada y que era razonable llegar a las 6 mil libras para ofrecer un buen servicio.[17] Esa conclusión es correcta, en general,

---

[17] C. M. Lewis, *British Railways in Argentina. A Case Study of Foreign Investment*, University of London, Institute of Latinoamerican Studies, 1983, p. 10.

pero la experiencia del FCO, sumada a lo observado con el inicio del FCN y el FCS, señala que era posible comenzar con una línea "subcapitalizada" cuya infraestructura podía ser mejorada a medida que aumentaban los ingresos derivados del tráfico. Debido a esa posibilidad, la garantía oficial aseguraba un beneficio superior al estimado, mientras que el uso de una parte del flujo de fondos excedentes utilizados por la empresa permitía que la empresa se fuera capitalizando, en términos físicos y monetarios, a lo largo del tiempo.

Esa alternativa no era reconocida por todos. En un debate en el Senado en 1863, cuando algunos mencionan que 10 mil libras era una cifra "carísima" para construir un ferrocarril, De la Riestra responde afirmando que en Gran Bretaña esos costos llegaban a 33 mil libras y en Francia a 55 mil.[18] A pesar de haber sido director del FCO, De la Riestra no hace ninguna mención al peso diferencial de los costos del terreno (sumamente elevado en Europa y casi nulo en Buenos Aires), a las grandes obras de infraestructura necesarias allá (puentes y viaductos), a la instalación de sistemas de doble vía y no de vía simple, etc., como si los costos ferroviarios fueran todos semejantes y a desembolsarse en el primer momento. La escasa noción sobre los requisitos de un sistema ferroviario permitía jugar con cifras que se han mantenido hasta hoy como objeto de debate.

Esas operaciones, por otra parte, requerían del saber técnico de un ingeniero, factor que los promotores no siempre parecían dispuestos a reconocer. No es fácil concluir si su actitud se debía a la ignorancia o al miedo a perder su capacidad de control del negocio, pero lo cierto es que los resultados fueron negativos. El caso del FCO, con cinco ingenieros que se sucedieron para construir 40 kilómetros de vía, señala hasta qué punto estos conflictos estaban presentes en esos momentos iniciales. Los directores del FCO no dudaron en remplazar a cada uno de esos profesionales aunque, en definitiva, debían depender de alguno de ellos. Los conflictos con Moulliard, que reclamaba un mínimo de autonomía para tomar las decisiones técnicas,

---

[18] Debate en el Senado del 6 de junio de 1863.

los obligaron a entregarse en manos de Bragge, que asumió una independencia mayor, como contratista; más tarde, no dudaron en remplazar a éste nuevamente cuando encontraron la posibilidad de hacerlo. Esos conflictos silenciosos fueron fuente de errores cometidos en la construcción y costos adicionales que no pueden ser medidos pero que no eran pequeños. Los cambios sucesivos de rieles o la escasa potencia de las locomotoras adquiridas fueron costos pagados en el proceso de aprendizaje de los requisitos técnicos del nuevo sistema de transporte.

No fue sólo una actitud de los directivos del FCO. La sociedad porteña tardó mucho en reconocer la importancia de recurrir a esos profesionales y la necesidad de usarlos al mismo tiempo que se los controlaba. Peor aún parece haber sido la pasividad del Estado, que expresaba su ignorancia en estos temas mientras se resistía, por ejemplo, a contratar a un profesional para que lo auxiliara en sus decisiones. Esas actitudes no eran un rasgo menor del espíritu de la época y su lenta superación mantuvo esos mismos problemas durante largas décadas.

Los impactos externos del ferrocarril

El FCO no generó impactos, o eslabonamientos, sobre otros sectores de actividad semejantes a los observados en las naciones desarrolladas. El medio local no permitía esos efectos. Como se vio, su instalación en la Argentina demandó la importación de todos los bienes y equipos precisados, incluyendo a los profesionales necesarios y hasta a la propia mano de obra encargada de construirlo. El intento de captar capitales locales, que podía haber generado un efecto de cascada en el futuro, quedó trunco por razones que se analizaron más arriba pero que sólo pueden quedar en el ámbito de las hipótesis. Los impactos del servicio se concentraron notablemente en los primeros años dentro del medio urbano y sobre los pasajeros más que sobre las cargas. El ferrocarril tardó años, todavía, hasta generar un impulso apreciable sobre la capacidad productiva de la pampa, aunque las expectativas al respecto se reflejaban en todos los ambientes.

Los problemas de ingeniería se resolvieron atrayendo a distintos expertos, pero sin generar una capacidad local para formarlos. Este fenómeno recién se notaría una década más tarde, cuando la extensión de los ferrocarriles hizo que comenzaran a surgir los primeros ingenieros argentinos. La necesidad de traer un maquinista extranjero para operar la locomotora ofrece otro indicador de la pobreza técnica del medio local, que sólo comenzaría a resolverse muchos años más tarde porque parecía más fácil importar que aprender.

Aun así, el ferrocarril demandaba algunas tareas técnicas menores, como el armado y la reparación de vagones, que comenzaron a llevarse a cabo en el taller que se montó al costado de la vía, en la calle Corrientes esquina Paso, que evolucionaría más tarde hacia una instalación más sofisticada y compleja.

En cambio, el ferrocarril tuvo un impacto extraordinario en el uso de la tierra urbana y en la movilización de los porteños hacia los alrededores de la ciudad. No parece casual que esos impactos, percibidos por amplios sectores sociales, terminaran justificando la instalación de más ferrocarriles sin que se prestara atención a otros factores involucrados. Esos efectos, que recorrieron la historia argentina en el resto del siglo, fueron condicionando el rol del ferrocarril y la posibilidad de que tuviera impactos en otras áreas de la actividad local.

La tasa de ganancia

Para la teoría convencional, la empresa es una unidad económica que busca maximizar una función de beneficio, reflejada en su tasa de ganancia. De allí que se registra un largo debate en el país sobre la existencia o no de ganancias desmedidas en las empresas ferroviarias. Pero la teoría convencional ha sido superada por las modernas teorías de la empresa que ven a ésta como un ámbito organizado específico sometido a las pujas de distintos actores internos y externos con intereses diferentes. Esos actores comprenden a los accionistas (representantes en teoría del capital), los directivos (con intereses propios y que van a actuar de una u otra manera en función de los controles que tengan), los trabajadores (que demandan su parte de la riqueza creada por la empresa), los proveedores y los clientes (que pueden tener relaciones de asociación o de conflicto con la empresa) y el Estado (como regulador en nombre del interés general).[19]

En este juego de intereses, los objetivos de la empresa dependen de las fuerzas relativas de los participantes y los resultados no pueden predecirse a priori. La empresa puede maximizar el beneficio de los accionistas, el beneficio de los relacionados con ella (como los propietarios de tierra en el caso argentino) o el de los directivos (como se sugiere en el caso analizado en este libro), etc. Y su estrategia será distinta en cada uno de estos casos, con consecuencias evidentes sobre la magnitud y la orientación de la inversión respectiva así como sobre el desarrollo nacional.[20]

La historia de los primeros años del FCO señala que ninguna de esas fuerzas operaba realmente sobre su conducción, que, por lo tanto, liberada de restricciones, debió estar más preocupada por maximizar su beneficio como grupo social que por elevar el generado por la empresa. En estas condiciones, no era conveniente aumentar el capital ni el número de accionistas, porque esa situación permitía mante-

---

[19] Las teorías modernas de la empresa, resumidas en la búsqueda de la *governance*, acumulan ya una enorme cantidad de perspectivas económicas, sociales y políticas y están en plena efervescencia intelectual debido a los problemas actuales que surgen en las grandes empresas mundiales, de allí que no se trata de ofrecer un listado de autores sobre el tema.

[20] Las experiencias recientes del caso Enron, una de las empresas más grandes de los Estados Unidos que quebró en 2001 cuando se descubrió la voracidad de sus directivos por apropiarse de la crema del negocio, o bien de Parmalat, una de las mayores empresas italianas, que quebró en 2003 por causas parecidas, sugieren las enormes actualidad e importancia de esta distinción entre los intereses abstractos de la empresa (supuesta como una unidad económica) y los intereses concretos de quienes operan en su nombre.

ner el control, tal como efectivamente ocurrió. El Estado, por su parte, era técnica y operativamente incapaz de establecer objetivos para la empresa, más allá de su interés en la construcción de la línea, y no tenía elementos para controlar las decisiones de inversión o los costos del servicio.

La maximización de ganancias pasaba entonces por el apoderamiento de la tierra que se estaba por valorizar y por el control de las operaciones de compra de equipos e instalaciones. La experiencia de esos primeros 40 kilómetros de vía, que hizo brotar ganancias fabulosas para los propietarios de la tierra, los contratistas y otros, definió los lineamientos del proceso masivo de avance ferroviario en el siglo XIX. Durante varias décadas, que escapan a este análisis, la empresa (nacional primero y estatal o extranjera después) era una especie de cáscara de los fenomenales negocios que se hacían en su entorno y que beneficiaban a un amplio grupo de operadores al mismo tiempo que impulsaban la economía nacional.

El FCO, aquella primera gran empresa de los argentinos, fue la primera experiencia de cómo resolver de la manera más simple y rápida posible la demanda de construir líneas férreas. En pocos años, su avance mostró los rasgos generales de una solución que sería tomada por otros para continuar el proceso. En ese sentido, el FCO no sólo fue un pionero sino que mostró ser un vehículo decisivo en el desarrollo posterior de los ferrocarriles en el país. Ese mérito indudable no debe hacer perder de vista que esa empresa también fue la experiencia original de un sistema particular en el que algunos agentes decisivos, más que la empresa en sí, tomaron a su cargo, y para su beneficio, las riendas del proyecto y la orientación de la inversión.

En ese sentido, el análisis microeconómico de la empresa permite captar el recorrido de un sistema que fue estudiado más desde el ángulo macro con los resultados que se conocen. Pero la micro y la macro son dependientes entre sí. Por eso, la reconstrucción de ese modelo efectuada aquí permite acercarse más a la comprensión de un pasado que, pese a su éxito formal, generó luego las condiciones de la frustración actual.

BIBLIOGRAFÍA

A. TEXTOS OFICIALES Y DOCUMENTOS DE LA ÉPOCA

Antecedentes Legales del Ferro-carril del Oeste, Buenos Aires, Escuela de Artes y Oficios de la Provincia, 1885.

Celebración del 50° aniversario de su primer ferrocarril 1857 –30 de agosto– 1907, documento editado en Buenos Aires conteniendo los discursos pronunciados en el banquete del Prince George's Hall por el ministro de Obras Públicas, ing. C. Maschwitz, y el ing. S. Brian, 1907.

Diarios de Sesiones de las Cámaras Legislativas de Buenos Aires y de la Nación, 1855 a 1862.

Dirección de Informaciones y Publicaciones Ferroviarias, *Origen y Desarrollo de los Ferrocarriles argentinos*, Buenos Aires, El Ateneo, 1946.

Estatutos de la Sociedad del Ferro-carril al Oeste, Buenos Aires, folleto sin pie de imprenta, 11 de marzo de 1854.

Ferro-carril al Oeste (folleto), Buenos Aires, Tipografía de J. A. Bernbreim, 1855.

Ferro-carril del Oeste. Reglamento general, Buenos Aires, Imprenta del Mercurio, 1872.

Leyes y decretos referidos al Ferrocarril del Oeste y Telégrafos del Estado, Buenos Aires, 1881.

Ley general de ferrocarriles de la provincia de Buenos Aires, Buenos Aires, Imprenta de Obras de la Nación, 1882.

Memoria anual del Ferrocarril Oeste, memoria del Ministerio de Hacienda (contiene datos de los años 1863 a 1866).

Memoria leída en la Asamblea general de accionistas del Ferrocarril del Oeste el 18 de junio de 1860, Buenos Aires, Imprenta del Comercio del Plata, 1860.

Mensajes del Gobernador de la Provincia de Buenos Aires.

Ministerio del Interior, Dirección Nacional de Ferrocarriles, *Estadísticas de los Ferrocarriles en explotación*, Buenos Aires, 1881.

Proyectos de ley sobre el Ferro-carril del Oeste y artículos de El Nacional apoyándolos, Buenos Aires, Imprenta Argentina de El Nacional, 1860.

Proyectos presentados al Gobierno y pasados a las Honorables Cámaras para la continuación del Ferro-carril al Oeste, Buenos Aires, Imprenta Argentina de El Nacional, 1862.

Diarios

El Comercio del Plata, octubre de 1859 y enero a junio de 1860.
El Industrial, enero de 1856.
El Mercurio, noviembre y diciembre de 1854 y enero de 1856.
El Nacional, noviembre de 1853 a diciembre de 1863 (salvo meses faltantes).
El Orden, diciembre de 1855 a diciembre de 1858 (salvo abril a diciembre de 1856).
La Constitución, noviembre de 1856 a junio de 1857.
La Crónica, abril a diciembre de 1854.
La Nación Argentina, septiembre a diciembre de 1862, enero a diciembre de 1863 y julio a diciembre de 1864.
La Opinión, diciembre de 1854.
La Razón, agosto de 1917.
La Revista del Plata, núms. 5, 6, 13 y 17, de enero de 1854 a enero de 1855.
La Tribuna, agosto de 1853 a enero de 1854 y enero de 1855 a diciembre de 1862.
Los Debates, junio de 1856.
L'Union, Journal Politique, Commercial et Litteraire, octubre a diciembre de 1855.
The British Packet and Argentine News, abril de 1854 a julio de 1855.
The Railway Gazette.

Textos publicados en el exterior

Manual del Ferrocarril de Madrid a Aranjuez, Madrid, Imprenta del Semanario Pintoresco y de la Ilustración a cargo de Alhambra, 1851.

B. LIBROS Y ARTÍCULOS CITADOS

Adams, W. P., *Los Estados Unidos de América*, Madrid, Siglo XXI, 1996.
Andreucci, B., "Ocupantes y enfiteutas en el Camino hacia el Oeste. Chivilcoy 1825-1840", en: S. Rega de Mendoza y M. Valencia (coords.), *Brasil e Argentina, Estado, Agricultura e Empresarios*, La Plata, Universidad Nacional de La Plata, Río de Janeiro, 2001.
Archivo del General Mitre, Cartas confidenciales de varios, t. XV.
Ardigó, D., "Los ferrocarriles y la economía argentina en el período 1895-1945", en: *Revista La Ingeniería*, Buenos Aires, núm. 257, septiembre de 1945.
Barry, V., "El proyecto de 1860 de dividir y colonizar las tierras por las que debía pasar el Ferrocarril Oeste hasta Chivilcoy: propuestas y debates", Fundación Museo Ferroviario, agosto de 2000, mimeo.
Belín Sarmiento, A., *Sarmiento anecdótico (ensayo biográfico)*, Saint Cloud, Francia, Imprenta Belín, 1929.
Birabent, M., *Chivilcoy, la región y las chacras*, La Plata, Publicación del Archivo Histórico de la Provincia de Buenos Aires, 1941.
—————, *El pueblo de Sarmiento. Chivilcoy desde sus orígenes hasta 1880*, Buenos Aires, El Ateneo, 1938.
Bidabehere, F., *Norberto de la Riestra. Su obra en bien de la patria*, Buenos Aires, Plus Ultra, 1980.
Boorstin, D. J., *Historia de los norteamericanos. La experiencia nacional*, Buenos Aires, Tipográfica Editora Argentina, 1973 [traducción del original, *The Americans*, t. II, de 1965].
Bordi de Ragucci, O., *El agua privada en Buenos Aires. Negocio y fracaso*, Instituto Histórico de la Ciudad de Buenos Aires, Vinciguerra, 1997.
Cárcano, M. A., *Evolución histórica del régimen de la tierra pública, 1810-1916*, Buenos Aires, Eudeba, 1972.
Castellani, A., "Una convergencia en el Oeste: Chivilcoy (Apuntes para una filosofía de la colonización en la Argentina)", separata del Tercer Congreso de Historia Argentina y Regional, Santa Fe-Paraná, 10 a 12 de julio, Academia Nacional de la Historia, 1975.
Castro, J., *Sarmiento y los ferrocarriles argentinos*, Buenos Aires, Museo Histórico Sarmiento, 1950.
Cerutti, M., "Ferrocarriles y actividad productiva en el norte de México, 1880-1910", en: C. Marichal (coord.), *Las inversiones extranjeras en Amé-

rica Latina, 1850-1930. Nuevos debates y problemas en historia económica comparada, México, Fondo de Cultura Económica, 1995.

Chandler, A., *La mano visible. La revolución en la dirección de la empresa norteamericana*, Madrid, Centro de Publicaciones del Ministerio de Trabajo y Seguridad Social, 1977.

Chandler, A. y H. Daems, *Managerial Hierarchies. Comparative Perspectives on the Rise of the Modern Industrial Entreprise*, Harvard University Press, 1980.

Ciliverto, M. V., "La agricultura a las puertas de la ciudad: arrendatarios, pequeños propietarios y grandes chacareros", en: *Quinto Sol*, Revista de Historia Regional, año 4, núm. 4, 2000, pp. 39-65.

Cortés Conde, R., *Dinero, deuda y crisis. Evolución fiscal y monetaria en la Argentina*, Buenos Aires, Instituto Torcuato Di Tella, Sudamericana, 1989.

Cunietti-Ferrando, A. J., *San José de Flores*, Honorable Consejo Deliberante de la Ciudad de Buenos Aires, 2000.

Cútolo, V. O., *Nuevo diccionario biográfico argentino*, Buenos Aires, 1969.

D'Amico, C., *Buenos Aires, sus hombres, su política, 1860-1890*, Buenos Aires, Cedal [edición original de 1890].

De Paula, A. y N. Girbal de Blacha (comps.), *Historia del Banco de la Provincia de Buenos Aires*, Buenos Aires, Macchi, 1997.

Destefani, L. H., "La Porteña no estuvo en la guerra de Crimera", en: *Boletín de la Academia Nacional de Historia*, Buenos Aires, vol. LIX, 1987.

Dorfman, A., *Historia de la industria argentina*, Buenos Aires, Losada, 1940.

Fernández Comia, V., et al., "Algo sobre los ferrocarriles argentinos", en: *Revista La Ingeniería*, Buenos Aires, núm. 257, septiembre de 1945.

Ferns, H. S., *Gran Bretaña y Argentina en el siglo XIX*, Buenos Aires, Solar-Hachette, 1966.

Fogel, R. W., *Los ferrocarriles y el crecimiento económico de los Estados Unidos. Ensayos de historia econométrica*, Madrid, Tecnos, 1972 [versión original en inglés de 1964].

Gallo, E., *La pampa gringa*, Buenos Aires, Sudamericana, 1984.

Gondra, L. E., *Historia económica de la República Argentina*, Buenos Aires, Sudamericana, 1943.

González Bernaldo de Quirós, *Civilité et politique aux origines de la Nation Argentine. Les sociabilités à Buenos Aires 1829-1862*, París, Publications de la Sorbonne, 1999.

Goodwin, P. B., *Los ferrocarriles británicos y la UCR, 1916-1930*, Buenos Aires, La Bastilla, 1974.

———, "The Central Argentine Railway and the Economic Development of Argentina, 1854-1881", en: *Hispanic American Historical Review*, Duke University, vol. 54, núm. 4, 1977.

Gordillo, T., *Memorias*, en *Todo es Historia*, Buenos Aires, núm. 185, octubre de 1982.

Graham-Yooll, A., *La colonia olvidada. Tres siglos de presencia británica en la Argentina*, Buenos Aires, Emecé, 2000.

Guajardo, G., "Nuevos datos para un viejo debate: los vínculos entre ferrocarriles e industria en Chile y México", en *El Trimestre Económico*, México, núm. 258, 1998.

Hinchliff, W., *Viaje al Plata en 1861*, Buenos Aires, Hachette, 1955 [traducción y edición de 1955].

Irigoin, M. A., "Del dominio autocrático al de la negociación. Las razones económicas del renacimiento de la política en Buenos Aires en la década de 1850", en: *Anuario IHES, UNCPBA*, núm. 14, 1999.

Jenks, L. H., *The Migration Of British Capital to 1875*, Londres, Jonathan Cape, 1938.

Kuntz Ficker, S. y P. Riguzzi, *et al.*, *Ferrocarriles y vida económica en México*, México, El Colegio Mexicanense, 1996.

Kuntz Ficker, S., *Empresa extranjera y mercado interno. El Ferrocarril Central Mexicano 1880-1907*, México, El Colegio de México, 1995.

———, "La mayor empresa privada del porfiriato. El Ferrocarril Central Mexicano, 1880-1907", en: C. Marichal y M. Cerutti (comps.), *Historia de las grandes empresas en México, 1850-1930*, México, Fondo de Cultura Económica, 1997.

Lewis, C. M., *British Railways in Argentina. A Case Study of Foreign Investment*, University of London, Institute of Latinoamerican Studies, 1983.

———, "The Financing of Railway Development in Latin America, 1850-1914", en: *Iberto-Amerikanishes Archiv*, Berlín, 9.3/4, 1983b.

López, M. J., *Historia de los ferrocarriles de la Provincia de Buenos Aires*, Buenos Aires, Lumiere, 1991.

———, *Historia de los ferrocarriles nacionales. 1866-1886*, Buenos Aires, Lumiere, 1994.

Lynch, J., "El crecimiento del comercio", en: J. L. Romero y L. A. Romero (dirs.), *Buenos Aires, historia de cuatro siglos*, Buenos Aires, Abril, 1983.

Madero, G., *Historia del puerto de Buenos Aires*, Buenos Aires, 1955.

Marichal, C., "Los ferrocarriles franceses en la Argentina", en: *Todo es Historia*, Buenos Aires, núm. 105, 1974.

—————, "Liberalismo y política fiscal: la paradoja argentina, 1820-1862", en: *Anuario IHES*, Tandil, núm. 10, 1995.

Mariluz Urquijo, J. M., *Las sociedades anónimas en Buenos Aires antes del Código de Comercio*, Buenos Aires, Imprenta de la Universidad, 1965.

—————, *La industria molinera porteña a mediados del siglo XIX*, Buenos Aires, 1966.

—————, "Fomento industrial y crédito bancario en el Estado de Buenos Aires", en: *Trabajos y Comunicaciones*, Univ. Nac. de La Plata, Facultad de Humanidades y Ciencias de la Educación, núm. 19, 1969.

Muzlera, J., *Recopilación de Leyes, Decretos y Resoluciones de la Provincia de Buenos Aires sobre tierras públicas, desde 1810 a 1895*, La Plata.

Obligado, P., *Tradiciones argentinas*, Buenos Aires, La Semana Médica, séptima serie, 1908.

Olarra Jiménez, R., *Evolución monetaria argentina*, Buenos Aires, Eudeba, 1968.

Ortiz, R., *El valor económico de los puertos argentinos*, Buenos Aires, Losada, 1943.

—————, *El ferrocarril en la economía argentina*, Buenos Aires, Cátedra Lisandro de la Torre, 1958.

—————, *Historia económica de la Argentina, 1850-1930*, Buenos Aires, Pampa y Cielo, 1964.

Oszlak, O., *La formación del Estado argentino*, Buenos Aires, Editorial de Belgrano, 1982.

Pendle, G., "Railways in Argentina", en: *History Today*, Londres, Oxford University, vol. VIII, núm. 2, febrero, 1958.

Pusateri, C. J., *A History of American Business*, Illinois, Harlan Davidson, 1984.

Rebuelto, E., "Historia del desarrollo de los ferrocarriles argentinos" en: E. Shickendantz y E. Rebuelto, *Los ferrocarriles en la Argentina*, Buenos Aires, Fundación Museo Ferroviario, 1994.

Regalsky, A., *Las inversiones extranjeras en la Argentina*, Buenos Aires, Cedal, 1986.

―――, *Capital extranjero y desarrollo ferroviario en la Argentina: Las inversiones francesas, 1900-1914*, Buenos Aires, Instituto Torcuato Di Tella, Documento de Trabajo núm. 113, 1991.

Ribeill, G., *La révolution ferroviaire. La formation des compagnies de chemins de fer en France (1823-1870)*, París, Belin, 1993.

Riguzzi, P., "Inversión extranjera e interés nacional en los ferrocarriles mexicanos, 1880-1914", en: C. Marichal (coord.), *Las inversiones extranjeras en América Latina, 1850-1930. Nuevos debates y problemas en historia económica comparada*, México, Fondo de Cultura Económica, 1995.

Robbins, M., "The Balaklava Railway", en: *Journal of Transport History*, I-1, 1953.

―――, "The Balaklava Railway. A Footnote", en: *Journal of Transport History*, vol. II (1955-1956), 1956.

Rögind, W., *Historia del Ferrocarril Sud*, Buenos Aires, Establecimiento Gráfico Argentino, 1937.

Roigt, H., *Presente y futuro de los ferrocarriles argentinos*, Buenos Aires, Hachette, 1956.

Rosenberg, N., "Desarrollo económico y transferencia de tecnología: algunas perspectivas históricas", en: N. Rosenberg, *Tecnología y economía*, Barcelona, Gilli, 1976.

Sábato, H., *Capitalismo y ganadería en Buenos Aires: la fiebre del lanar, 1850-1890*, Buenos Aires, Sudamericana, 1989.

Sábato, H. y L. A. Romero, *Los trabajadores de Buenos Aires. La experiencia del mercado: 1850-1880*, Buenos Aires, Sudamericana, 1992.

Salcedo, J., *Alcorta, la élite y la herencia recibida*, San Miguel, Provincia de Buenos Aires, Talleres Gráficos Copy-center, 1995.

Sarrailh, E., "Lámparas y adoquines", en: J. L. Romero y L. A. Romero (dirs.), *Buenos Aires, historia de cuatro siglos*, Buenos Aires, Abril, 1983.

Sarmiento, D. F., *Obras Completas*, t. XXII, *Discursos Populares*, vol. 2, Buenos Aires, Luz del Día, 1951.

Scalabrini Ortiz, R., *Política británica en el Río de la Plata*, Buenos Aires, Reconquista, 1940.

―――, *Historia de los ferrocarriles argentinos*, Buenos Aires, Plus Ultra, 1964 [edición original de 1940.]

―――, *Los ferrocarriles deben ser argentinos*, Buenos Aires, Peña Lillo, 1965.

Scobie, J. R., *Buenos Aires, del centro a los barrios, 1870-1910*, Buenos Aires, Solar-Hachette, 1977.

Shickendantz, E., "Los ferrocarriles argentinos en 1910. Historia de su desarrollo", en: E. Shickendantz y E. Rebuelto, *Los ferrocarriles en la Argentina*, Buenos Aires, Fundación Museo Ferroviario, 1994.

Shickendantz, E. y E. Rebuelto, *Los ferrocarriles en la Argentina*, Buenos Aires, Fundación Museo Ferroviario, 1994.

Schvarzer, J., *La industria que supimos conseguir. Una historia político social de la industria argentina*, Buenos Aires, Planeta, 1996.

Stones, H. R., *British Railways in Argentina, 1860-1948*, Inglaterra, P. E. Waters & Associates, 1993.

Tenembaun, L., *Tribunales. Vida y tiempo de un antiguo barrio porteño que llamaban del Parque*, Buenos Aires, Fundación Banco de Boston, Cuadernos del Águila, 1989.

Valencia, M., *Ferrocarriles y tierras públicas. V Congreso nacional y regional de historia argentina*, Buenos Aires, Academia Nacional de la Historia, 1987.

―――, "Los derechos adquiridos y las nuevas ocupaciones de la frontera bonaerense: el sistema de arriendo público 1857-1876", en: Amaral y Valencia (comps.), *Argentina, país nuevo*, Universidad Nacional de La Plata, 1999.

Valeri, R., "La polis del Plata", en: J. L. Romero y l. A. Romero (dirs.), *Buenos Aires, historia de cuatro siglos*, Buenos Aires, Abril, 1983.

Vázquez Presedo, V., *El caso argentino. Migración de factores, comercio exterior y desarrollo, 1875-1914*, Buenos Aires, Eudeba, 1971.

Vidal, J., *La formación de los directivos en la gran empresa: el caso de la Compañía de los Ferrocarriles del Norte de España, 1858,1936*, Madrid, Fundación Empresa Pública, Documento de Trabajo 9702, 1997.

Wright, W., *Los ferrocarriles ingleses en la Argentina*, Buenos Aires, Emecé, 1980.

Zalduendo, E. A., *Libras y rieles*, Buenos Aires, El Coloquio, 1975.

C. Bibliografía mencionada por Paulo Roberto Cimó Querioz (Universidad Federal de Mato Grosso do Sul) sobre el primer ferrocarril de Brasil:

Caldeira, J., *Mauá: empresario do Imperio*, San Pablo, Companhia das Letras, 1997

Duncan, J., *Public and private operation of railways in Brazil*, Nueva York, Columbia University Press, 1932.

Freyre, G., *Ingleses no Brasil. Aspectos da influencia británica sobre a vida, a paisem e a cultura do Brasil*, Río de Janeiro, Jose Olympyo, 1977.

Graham, R., *Grã-Bretanha e o início da modernização no Brasil: 1859-1914*, San Pablo, Brasiliense, 1973.

Katinsky, J., "Ferrovias nacionais", en: S. Motoyama (comp.), *Tecnología e industrializacao no Brasil: uma perspectiva histórica*, San Pablo, UNESP, 1994.

Manchester, A., *Preeminência inglesa no Brasil*, San Pablo, Brasiliense, 1973.

Matos, O., *Café e ferrovias: a evolucão ferroviária de Sao Paulo e o desenvolvimiento da cultura cafeteira*, Campinas, Pontes, 1990.

Saes, F., *As ferrovias de Sao Paulo: 1870-1940*, San Pablo, Hucitec, 1981.

Silva, J., "Estradas de ferro", en *O Brasil: suas riquezas naturaes, suas industrias*, Centro Industrial do Brasil, 1909 [reimp. IBGE, Río de Janeiro].

Telles, P., *Historia da Engenharia no Brasil: séculos XVI a XIX*, Río de Janeiro, Livros Técnicos e Científicos, 1984.

Esta edición de *La primera gran empresa de los argentinos,*
de Jorge Schvarzer y Teresita Gómez,
se terminó de imprimir en el mes de agosto de 2006
en Nuevo Offset, Viel 1444, Buenos Aires, Argentina.